THÉATRE CLASSIQUE
DES FRANÇAIS.
TOME XVII.

THÉATRE
CHOISI
DE VOLTAIRE.
TOME PREMIER.

THÉATRE
CHOISI
DE VOLTAIRE.

TOME PREMIER.

PARIS,
CHEZ TREUTTEL ET WÜRTZ, RUE DE LILLE, N° 17;

ET MÊME MAISON DE COMMERCE,

A STRASBOURG, GRAND'RUE, N° 15. — LONDRES, 30, SOHO-SQUARE.

1831.

PRÉFACE

DES

ÉDITEURS.

L'art tragique, perfectionné par Voltaire, est devenu un art vraiment moral. Ce poète éminent a fait du théâtre une école d'humanité et de philosophie. Parmi les pièces même de son déclin, celles du genre historique continuent d'offrir ce caractère de raison et de morale mise en action. Après avoir donné les Préfaces et autres Préliminaires qui caractérisent les meilleures pièces de Voltaire, nous avons fait connaître, relativement aux pièces plus ou moins distinguées, les motifs particuliers de notre choix.

Nous ajouterons à ces motifs ceux que nous donnons ici, en suivant l'ordre général de la publication des pièces.

1.° Quoique, dans un parallèle de l'auteur d'*Œdipe* avec Sophocle et Shakspeare, un de nos orateurs les plus éloquents ait donné l'avantage au poète grec et au tragique anglais, les Lettres et les Préfaces de notre grand poète ont répondu d'avance à ces assertions par des parallèles, motivés sur la supériorité du théâtre français dans l'action comme dans l'expression dramatique.

2.° *Mariamne,* qui est à-peu-près le même sujet qu'*Artémire,* pièce dans laquelle Voltaire a échoué, offre un plus grand intérêt, non-seulement à cause des scènes principales qui sont d'ailleurs supérieurement écrites, et qui ont, comme dit Laharpe, le ton de la vraie tragédie, mais parce que le rôle de Mariamne, quelque peu passionné qu'il soit, ne laisse pas d'exciter de la compassion. Le rôle d'Hérode, d'une autre part, émeut, malgré la cruauté du personnage. On aime son retour, quoique passager, à des sentiments plus doux. Ce sont les beaux détails, entre autres, de la quatrième scène du troisième acte, comme de celle, non moins pathétique, du quatrième acte, et la même au fond que le fragment d'*Artémire* conservé dans les variantes, qui ont fait surtout réussir cette pièce avec éclat à la reprise, après quarante années.

3° *Brutus.* Le premier acte passe justement pour l'une des plus nobles expositions qu'il y ait au théâtre. Elle est toute en action, et aussi claire qu'éloquente. Le langage a souvent dans cette pièce, comme dans la première scène, un ton de grandeur qui a fait dire que Corneille n'était plus le seul qui sût faire parler les Romains. Il n'est guère, dans la langue dramatique, de pièce plus purement et plus fortement écrite que Brutus, et surtout le premier acte.

4° *Zaïre.* Laharpe, dont nous empruntons plusieurs traits dans ces Remarques sommaires, a comparé cette pièce, pour la pureté et le charme de la diction, à *Andromaque;* et, pour la vérité et l'énergie d'expression du rôle d'Orosmane, à celui d'Hermione dans Racine. Au reste, les Lettres qui tiennent lieu de Préface, caractérisent suffisamment la pièce de Voltaire la plus touchante, et qui renferme d'ailleurs des vers philosophiques devenus proverbes : *J'eusse été près du Gange,* etc.

5° et 6° *Adélaïde du Guesclin* s'est fait principalement remarquer par le rôle énergique du duc de Vendôme; et la *Mort de César* offre, dans plusieurs morceaux, des modèles de vigueur dignes de Corneille, même après Shakspeare. Nous avons fait précéder chacune de ces pièces d'un Avertissement, l'un historique, l'autre dramatique, et qui suffit pour donner l'idée de la pièce, comparativement au *Brutus,* et à *Rome sauvée* ou *Catilina,* du même auteur, ainsi qu'au *Jules-César* du poète anglais.

PRÉFACE

7° *Alzire*. L'Auteur, dans un Discours préliminaire, motive l'objet qu'il avait en vue, en opposant l'humanité du véritable chrétien au fanatisme sanguinaire d'un barbare. Nous nous bornerons ici à cette remarque du Commentateur déjà cité, qu'on ne peut refuser à l'auteur d'Alzire la gloire d'avoir fait le premier entendre sur la scène ces maximes de bienfaisance, et ces principes d'une philosophie éclairée qu'on ne saurait trop reproduire et mettre en action.

8° Notre Avertissement, mis en tête de *Zulime*, qui a été jugée à plusieurs égards supérieure pour le plan à celui de *Bajazet*, nous dispense de nouveaux détails sur cette pièce et sur les changements qui l'ont améliorée.

9° *Mahomet*, ou le *Fanatisme*. Le rôle de Zopire peut être mis à côté de celui d'Alvarès dans *Alzire*. Dans ces pièces, dont la première, sans doute à cause du beau rôle de Zopire, a valu à Voltaire l'honneur d'être approuvé par un pape ami des lettres et de la philosophie, le poëte a le mérite d'avoir peint des personnages purs et vertueux plus souvent qu'aucun autre auteur, et d'avoir fait honorer, comme le dit Chénier, la vieillesse, la vertu et l'humanité.

10° *Mérope*. Nous ajoutons aux motifs exprimés dans les *Lettres* qui précèdent cette pièce, que le

P. Tournemine lui-même, auteur de l'une de ces Lettres, adressée au P. Brumoy, observait qu'une tragédie sans amour, comme celle de Mérope, peut contribuer à rendre le théâtre une école de mœurs, lorsque les sentiments vertueux y sont puisés dans la nature, et rendus avec cette force qui distingue l'action et le caractère de la pièce de Voltaire.

11° *Sémiramis*. Le sujet d'*Eriphyle*, dont la situation a beaucoup de ressemblance à celle de *Sémiramis*, est la fable d'Alcméon, vengeant sur sa mère la mort de son père Amphiaraüs. *Eriphyle* était plutôt l'esquisse d'une tragédie où les situations sont seulement indiquées, qu'une véritable pièce. Les beaux vers qui s'y rencontrent ont d'ailleurs trouvé place dans *Sémiramis* et dans *Mérope*; et Voltaire lui-même la retira du théâtre. La Dissertation qui est en tête de *Sémiramis*, développe tout ce qui est relatif à cet imposant et terrible sujet.

12° – 16° Les pièces suivantes ont des Préliminaires auxquels nous renvoyons.

17° – 20° Le caractère historique des pièces qui terminent la série des Tragédies, est surtout ce qui en a motivé l'insertion dans cette Collection. Les mœurs et les caractères sont tracés dans le *Triumvirat* avec autant de fidélité que d'énergie.

— Le contraste entre les Persans et les *Scythes*, dans la Pièce sous ce dernier nom, est rendu avec des traits souvent dignes des premiers ouvrages de l'Auteur; et la morale en est exprimée avec autant de simplicité que de grandeur. — *Sophonisbe*, suivant Laharpe, est enfin de toutes les productions de ce genre qui ont paru depuis les *Scythes*, celle qui se ressent le moins de l'âge de l'Auteur.

21° – 28° Les Comédies, au nombre de huit, sont la plupart précédées d'Avertissements qui les caractérisent et qui en motivent le choix.

Il ne nous reste qu'à faire mention des Remarques grammaticales mises à la fin des volumes : elles sont extraites du Commentaire de Laharpe; et nous y avons joint les nôtres, en les séparant par un tiret, pour suppléer ou compléter celles qui ont paru manquer.

OEDIPE,

TRAGÉDIE

AVEC DES CHŒURS;

Représentée, pour la première fois, le 18 novembre 1718.

LETTRES

A M. DE GENONVILLE[*],

Concernant la critique de l'OEdipe de Sophocle, de l'OEdipe de Corneille, et de celui de Voltaire.

1719.

LETTRE PREMIÈRE.

Je vous envoie, Monsieur, ma tragédie d'*OEdipe,* que vous avez vue naître. Vous savez que j'ai commencé cette pièce à dix-neuf ans : si quelque chose pouvait faire pardonner la médiocrité d'un ouvrage, ma jeunesse me servirait d'excuse. Du moins, malgré les défauts dont cette tragédie est pleine, et que je suis le premier à reconnaître, j'ose me flatter que vous verrez quelque différence entre cet ouvrage et ceux que l'ignorance et la malignité m'ont imputés.

Vous savez mieux que personne que cette satire, intitulée les *J'ai vu,* est d'un poète du Marais, nommé le Brun, auteur de l'opéra d'Hippocrate amoureux, qu'assurément personne ne mettra en musique.

---

[*] Mort conseiller au parlement de Paris : il fut, depuis ces lettres, l'intime ami de M. de Voltaire.

Ces *J'ai vu* sont grossièrement imités de ceux de l'abbé Régnier de l'académie, avec qui l'auteur n'a rien de commun; ils finissent par ce vers :

> J'ai vu ces maux, et je n'ai pas vingt ans.

Il est vrai que je n'avais pas vingt ans alors; mais ce n'est pas une raison qui puisse faire croire que j'aie fait les vers de M. le Brun.

. . . .
. . . .

Je m'attends bien que plusieurs personnes, accoutumées à juger de tout sur le rapport d'autrui, seront étonnées de me trouver si innocent, après m'avoir cru, sans me connaître, coupable des plus plats vers du temps présent. Je souhaite que mon exemple puisse leur apprendre à ne plus précipiter leurs jugements sur les apparences, et à ne plus condamner ce qu'ils ne connaissent pas. On rougirait bientôt de ses décisions, si l'on voulait réfléchir sur les raisons par lesquelles on se détermine.

Il s'est trouvé des gens qui ont cru sérieusement que l'auteur de la tragédie d'*Atrée* était un méchant homme, parce qu'il avait rempli la coupe d'Atrée du sang du fils de Thyeste; et aujourd'hui il y a des consciences timorées qui prétendent que je n'ai point de religion, parce que Jocaste se défie des oracles d'Apollon. C'est ainsi qu'on décide presque toujours dans le monde; et ceux qui sont accoutumés à juger de la sorte, ne se corrigeront pas par la lecture de cette lettre : peut-être même ne la liront-ils point.

Je ne prétends donc pas ici faire taire la calomnie ; elle est trop inséparable des succès : mais du moins il m'est permis de souhaiter que ceux qui ne sont en place que pour rendre justice, ne fassent point de malheureux, sur le rapport vague et incertain du premier calomniateur. Faudra-t-il donc qu'on regarde désormais comme un malheur d'être connu par les talents de l'esprit, et qu'un homme soit persécuté dans sa patrie, uniquement parce qu'il court une carrière dans laquelle il peut faire honneur à sa patrie même ?

Ne croyez pas, Monsieur, que je compte parmi les preuves de mon innocence le présent dont M. le Régent a daigné m'honorer ; cette bonté pourrait n'être qu'une marque de sa clémence : il est au nombre des princes qui, par des bienfaits, savent lier à leur devoir ceux mêmes qui s'en sont écartés. Une preuve plus sûre de mon innocence, c'est qu'il a daigné dire que je n'étais point coupable, et qu'il a reconnu la calomnie lorsque le temps a permis qu'il pût la découvrir.

Je ne regarde point non plus cette grâce que monseigneur le duc d'Orléans m'a faite, comme une récompense de mon travail, qui ne méritait tout au plus que son indulgence ; il a moins voulu me récompenser, que m'engager à mériter sa protection.

Sans parler de moi, c'est un grand bonheur pour les lettres, que nous vivions sous un prince qui aime les beaux-arts autant qu'il hait la flatterie, et dont on peut obtenir la protection plutôt par de bons ouvrages que par des louanges, pour lesquelles il a un dégoût peu ordinaire dans ceux qui, par leur naissance et par leur rang, sont exposés à être loués toute leur vie.

LETTRE II.

Monsieur, avant de vous faire lire ma tragédie, souffrez que je vous prévienne sur le succès qu'elle a eu, non pas pour m'en applaudir, mais pour vous assurer combien je m'en défie.

Je sais que les premiers applaudissements du public ne sont pas toujours de sûrs garants de la bonté d'un ouvrage. Souvent un auteur doit le succès de sa pièce, ou à l'art des acteurs qui la jouent, ou à la décision de quelques amis accrédités dans le monde, qui entraînent pour un temps les suffrages de la multitude; et le public est étonné, quelques mois après, de s'ennuyer à la lecture du même ouvrage qui lui arrachait des larmes à la représentation.

Je me garderais donc bien de me prévaloir d'un succès peut-être passager, et dont les comédiens ont plus à s'applaudir que moi-même.

On ne voit que trop d'auteurs dramatiques qui impriment, à la tête de leurs ouvrages, des préfaces pleines de vanité; *qui comptent les princes et les prin-*

cesses qui sont venus pleurer aux représentations ; qui ne donnent d'autres réponses à leurs censeurs que l'approbation du public; et qui enfin, après s'être placés à côté de Corneille et de Racine, se trouvent confondus dans la foule des mauvais auteurs, dont ils sont les seuls qui s'exceptent.

J'éviterai du moins ce ridicule; je vous parlerai de ma pièce, plus pour avouer mes défauts que pour les excuser : mais aussi je traiterai Sophocle et Corneille avec autant de liberté que je me traiterai moi-même avec justice.

J'examinerai les trois *Œdipes* avec une égale exactitude. Le respect que j'ai pour l'antiquité de Sophocle et pour le mérite de Corneille ne m'aveuglera pas sur leurs défauts; l'amour-propre ne m'empêchera pas non plus de trouver les miens. Au reste, ne regardez point ces dissertations comme les décisions d'un critique orgueilleux, mais comme les doutes d'un jeune homme qui cherche à s'éclairer. La décision ne convient ni à mon âge, ni à mon peu de génie; et si la chaleur de la composition m'arrache quelques termes peu mesurés, je les désavoue d'avance, et je déclare que je ne prétends parler affirmativement que sur mes fautes.

LETTRE III,

Contenant la critique de l'OEdipe de Sophocle.

Monsieur, mon peu d'érudition ne me permet pas d'examiner *si la tragédie de Sophocle fait son imitation par le discours, le nombre et l'harmonie; ce qu'Aristote appelle expressément un discours agréablement assaisonné* (1). Je ne discuterai pas non plus *si c'est une pièce du premier genre, simple et implexe : simple, parce qu'elle n'a qu'une seule catastrophe; et implexe, parce qu'elle a la reconnaissance avec la péripétie.*

Je vous rendrai seulement compte, avec simplicité, des endroits qui m'ont révolté, et sur lesquels j'ai besoin des lumières de ceux qui, connaissant mieux que moi les anciens, peuvent mieux excuser tous leurs défauts.

La scène ouvre, dans Sophocle, par un chœur de Thébains prosternés au pied des autels, et qui, par leurs larmes et par leurs cris, demandent aux Dieux la fin de leurs calamités. OEdipe, leur libérateur et leur roi, paraît au milieu d'eux.

Je suis OEdipe, leur dit-il, *si vanté par tout le*

---

(1) M. Dacier, préface sur l'*OEdipe* de Sophocle.

monde. Il y a quelque apparence que les Thébains n'ignoraient pas qu'il s'appelait OEdipe.

A l'égard de cette grande réputation dont il se vante, M. Dacier dit que c'est une adresse de Sophocle, qui veut fonder par-là le caractère d'OEdipe, qui est orgueilleux.

Mes enfants, dit OEdipe, *quel est le sujet qui vous amène ici ?* Le grand-prêtre lui répond : *Vous voyez devant vous des jeunes gens et des vieillards. Moi qui vous parle, je suis le grand-prêtre de Jupiter. Votre ville est comme un vaisseau battu de la tempête ; elle est près d'être abîmée, et n'a pas la force de surmonter les flots qui fondent sur elle.* De là le grand-prêtre prend occasion de faire une description de la peste, dont OEdipe était aussi bien informé que du nom et de la qualité du grand-prêtre de Jupiter ; d'ailleurs, ce grand-prêtre rend-il son homélie bien pathétique, en comparant cette ville pestiférée, couverte de morts et de mourants, à un vaisseau battu de la tempête ? Ce prédicateur ne savait-il pas qu'on affaiblit les grandes choses quand on les compare aux petites ?

Tout cela n'est guère une preuve de cette perfection où l'on prétendait, il y a quelques années, que Sophocle avait poussé la tragédie ; et il ne paraît pas qu'on ait si grand tort, dans ce siècle, de refuser son admiration à un poète qui n'emploie d'autre artifice pour faire connaître ses personnages, que de faire dire à l'un : *Je m'appelle OEdipe, si vanté par tout le monde* ; et à l'autre : *Je suis le grand-prêtre de Jupiter.*

Cette grossièreté n'est plus regardée aujourd'hui comme une noble simplicité.

La description de la peste est interrompue par l'arrivée de Créon, frère de Jocaste, que le roi avait envoyé consulter l'oracle, et qui commence par dire à OEdipe :

Seigneur, nous avons eu autrefois un roi qui s'appelait Laïus.

OEDIPE.

Je le sais, quoique je ne l'aie jamais vu.

CRÉON.

Il a été assassiné; et Apollon veut que nous punissions ses meurtriers.

OEDIPE.

Fut-ce dans sa maison, ou à la campagne que Laïus fut tué?

Il est déjà contre la vraisemblance qu'OEdipe, qui règne depuis si long-temps, ignore comment son prédécesseur est mort : mais, qu'il ne sache pas même si c'est aux champs ou à la ville que ce meurtre a été commis, et qu'il ne donne pas la moindre raison, ni la moindre excuse de son ignorance, j'avoue que je ne connais point de terme pour exprimer une pareille absurdité.

C'est une faute du sujet, dit-on, et non de l'auteur : comme si ce n'était pas à l'auteur à corriger son sujet lorsqu'il est défectueux. Je sais qu'on peut me reprocher à peu près la même faute; mais aussi je ne me ferai pas plus de grâce qu'à Sophocle, et j'espère que la sincérité avec laquelle j'avouerai mes défauts justifiera la hardiesse que je prends de relever ceux d'un ancien.

Ce qui suit, me paraît également déraisonnable : OEdipe demande s'il ne revint personne de la suite de Laïus, à qui l'on puisse en demander des nouvelles. On lui répond « qu'un de ceux qui accompa-
« gnaient ce malheureux roi, s'étant sauvé, vint dire
« dans Thèbes que Laïus avait été assassiné par des
« voleurs, qui n'étaient pas en petit, mais en grand
« nombre. »

Comment se peut-il faire qu'un témoin de la mort de Laïus dise que son maître a été accablé sous le nombre, lorsqu'il est pourtant vrai que c'est un homme seul qui a tué Laïus et toute sa suite?

Pour comble de contradiction, OEdipe dit, au second acte, qu'il a ouï dire que Laïus avait été tué par des voyageurs, mais qu'il n'y a personne qui dise l'avoir vu; et Jocaste, au troisième acte, en parlant de la mort de ce roi, s'explique ainsi à OEdipe :

« Soyez bien persuadé, Seigneur, que celui qui
« accompagnait Laïus a rapporté que son maître avait
« été assassiné par des voleurs; il ne saurait changer
« présentement, ni parler d'une autre manière : toute
« la ville l'a entendu comme moi. »

Les Thébains auraient été bien plus à plaindre, si l'énigme du sphinx n'avait pas été plus aisée à deviner que toutes ces contradictions.

Mais ce qui est encore plus étonnant, ou plutôt ce qui ne l'est point, après de telles fautes contre la vraisemblance, c'est qu'OEdipe, lorsqu'il apprend que Phorbas vit encore, ne songe pas seulement à le faire chercher; il s'amuse à faire des imprécations et à consulter les oracles, sans donner ordre qu'on amène devant lui le seul homme qui pouvait lui fournir des lumières. Le chœur lui-même, qui est si intéressé à voir finir les malheurs de Thèbes, et qui donne toujours des conseils à OEdipe, ne lui donne pas celui d'interroger ce témoin de la mort du feu roi : il le prie seulement d'envoyer chercher Tirésie.

Enfin, Phorbas arrive au quatrième acte. Ceux qui ne connaissent point Sophocle, s'imaginent sans doute qu'OEdipe, impatient de connaître le meurtrier de Laïus et de rendre la vie aux Thébains, va l'interroger avec empressement sur la mort du feu roi. Rien de tout cela. Sophocle oublie que la vengeance de la mort de Laïus est le sujet de sa pièce. On ne dit pas un mot à Phorbas de cette aventure; et la tragédie finit sans que Phorbas ait seulement ouvert la bouche sur la mort du roi son maître. Mais continuons à examiner de suite l'ouvrage de Sophocle.

Lorsque Créon a appris à OEdipe que Laïus a été assassiné par des voleurs, qui n'étaient pas en petit, mais en grand nombre, OEdipe répond, au sens de plusieurs interprètes : *Comment des voleurs auraient-ils pu entreprendre cet attentat, puisque Laïus n'avait point d'argent sur lui?* La plupart des autres scoliastes entendent autrement ce passage, et font dire à OEdipe : *Comment des voleurs auraient-ils pu entreprendre cet attentat, si on ne leur avait donné de l'ar-*

gent? Mais ce sens-là n'est guère plus raisonnable que l'autre : on sait que des voleurs n'ont pas besoin qu'on leur promette de l'argent pour les engager à faire un mauvais coup.

Puisqu'il dépend souvent des scoliastes de faire dire tout ce qu'ils veulent à leurs auteurs, que leur coûterait-il de leur donner un peu de bon sens ?

OEdipe, au commencement du second acte, au lieu de mander Phorbas, fait venir devant lui Tirésie. Le roi et le devin commencent par se mettre en colère l'un contre l'autre ; Tirésie finit par lui dire :

C'est vous qui êtes le meurtrier de Laïus ; vous vous croyez fils de Polybe, roi de Corinthe : vous ne l'êtes point ; vous êtes Thébain. La malédiction de votre père et de votre mère vous a autrefois éloigné de cette terre : vous y êtes revenu, vous avez tué votre père, vous avez épousé votre mère, vous êtes l'auteur d'un inceste et d'un parricide ; et si vous trouvez que je mente, dites que je ne suis pas prophète.

Tout cela ne ressemble guère à l'ambiguité ordinaire des oracles. Il était difficile de s'expliquer moins obscurément ; et si vous joignez aux paroles de Tirésie le reproche qu'un ivrogne a fait autrefois à OEdipe, qu'il n'était pas fils de Polybe, et l'oracle d'Apollon qui lui prédit qu'il tuerait son père et qu'il épouserait sa mère, vous trouverez que la pièce est entièrement finie au commencement de ce second acte.

Nouvelle preuve que Sophocle n'avait pas perfectionné son art, puisqu'il ne savait pas même préparer les événements, ni cacher sous le voile le plus mince la catastrophe de ses pièces.

Allons plus loin. OEdipe traite Tirésie de *fou* et de *vieux enchanteur*: cependant, à moins que l'esprit ne lui ait tourné, il doit le regarder comme un véritable prophète. Eh! de quel étonnement, de quelle horreur ne doit-il point être frappé, en apprenant de la bouche de Tirésie tout ce qu'Apollon lui a prédit autrefois? Quel retour ne doit-il point faire sur lui-même, en apprenant ce rapport fatal qui se trouve entre les reproches qu'on lui a faits à Corinthe, qu'il n'était qu'un fils supposé, et les oracles de Thèbes, qui lui disent qu'il est Thébain? entre Apollon, qui lui a prédit qu'il épouserait sa mère et qu'il tuerait son père, et Tirésie, qui lui apprend que ses destins affreux sont remplis? Cependant, comme s'il avait perdu la mémoire de ces événements épouvantables, il ne lui vient d'autre idée que de soupçonner Créon, son *ancien et fidèle ami* (comme il l'appelle), d'avoir tué Laïus; et cela, sans aucune raison, sans aucun fondement, sans que le moindre jour puisse autoriser ses soupçons, et (puisqu'il faut appeler les choses par leur nom) avec une extravagance dont il n'y a guère d'exemples parmi les modernes, ni même parmi les anciens.

« Quoi! tu oses paraître devant moi! dit-il à Créon:
« tu as l'audace d'entrer dans ce palais, toi qui es as-
« surément le meurtrier de Laïus, et qui as manifes-
« tement conspiré contre moi pour me ravir ma cou-
« ronne!

« Voyons, dis-moi, au nom des Dieux, as-tu re-
« marqué en moi de la lâcheté ou de la folie, pour
« que tu aies entrepris un si hardi dessein ? N'est-ce
« pas la plus folle de toutes les entreprises, que d'as-
« pirer à la royauté sans troupes et sans amis ; comme
« si, sans ce secours, il était aisé de monter au trône?»

Créon lui répond :

«Vous changerez de sentiment, si vous me donnez
« le temps de parler. Pensez-vous qu'il y ait un homme
« au monde qui préférât d'être roi, avec toutes les
« frayeurs et toutes les craintes qui accompagnent la
« royauté, à vivre dans le sein du repos avec toute
« la sûreté d'un particulier qui, sous un autre nom,
« posséderait la même puissance ? »

Un prince qui seroit accusé d'avoir conspiré contre
son roi, et qui n'auroit d'autre preuve de son innocence que le verbiage de Créon, aurait grand besoin
de la clémence de son maître. Après tous ces longs
discours, étrangers au sujet, Créon demande à
OEdipe :

Voulez-vous me chasser du royaume ? (1)

OEDIPE.

Ce n'est pas ton exil que je veux ; je te condamne à la mort.

CRÉON.

Il faut que vous me fassiez voir auparavant si je suis coupable.

(1) On avertit qu'on a suivi partout la traduction de M. Dacier.

OEDIPE.

Tu parles en homme résolu de ne pas obéir.

CRÉON.

C'est parce que vous êtes injuste.

OEDIPE.

Je prends mes sûretés.

CRÉON.

Je dois prendre aussi les miennes.

OEDIPE.

O Thèbes! Thèbes!

CRÉON.

Il m'est permis de crier aussi : Thèbes! Thèbes!

Jocaste vient pendant ce beau discours, et le chœur la prie d'emmener le roi : proposition très-sage; car, après toutes les folies qu'OEdipe vient de faire, on ne ferait par mal de l'enfermer.

JOCASTE.

J'emmenerai mon mari quand j'aurai appris la cause de ce désordre.

LE CHŒUR.

OEdipe et Créon ont eu ensemble des paroles sur des rapports fort incertains. On se pique souvent sur des soupçons très-injustes.

JOCASTE.

Cela est-il venu de l'un et de l'autre?

LE CHŒUR.

Oui, Madame.

JOCASTE.

Quelles paroles ont-ils donc eues?

LE CHŒUR.

C'est assez, Madame; les princes n'ont pas poussé la chose plus loin, et cela suffit.

Effectivement, comme si cela suffisait, Jocaste n'en demande pas davantage au chœur.

C'est dans cette scène qu'OEdipe raconte à Jocaste qu'un jour, à table, un homme ivre lui reprocha qu'il était un fils supposé : « J'allai, continue-t-il, « trouver le roi et la reine; je les interrogeai sur ma « naissance; ils furent tous deux très-fâchés du re- « proche qu'on m'avait fait. Quoique je les aimasse « avec beaucoup de tendresse, cette injure, qui était « devenue publique, ne laissa pas de me demeurer « sur le cœur et de me donner des soupçons. Je partis « donc, à leur insu, pour aller à Delphes : Apollon « ne daigna pas répondre précisément à ma demande; « mais il me dit les choses les plus affreuses et les plus « épouvantables dont on ait jamais ouï parler; que « j'épouserais infailliblement ma propre mère; que « je ferais voir aux hommes une race malheureuse « qui les rempliroit d'horreur, et que je serais le « meurtrier de mon père. »

Voilà encore la pièce finie. On avait prédit à Jocaste que son fils tremperait ses mains dans le sang de Laïus, et porterait ses crimes jusqu'au lit de sa mère. Elle avait fait exposer ce fils sur le mont Cithéron, et lui avait fait percer les talons (comme elle l'avoue dans cette même scène) : OEdipe porte encore les cicatrices de cette blessure; il sait qu'on lui a reproché qu'il n'était point fils de Polybe : tout cela n'est-il pas pour Œdipe et pour Jocaste une démonstration de leurs malheurs? et n'y a-t-il pas un aveuglement ridicule à en douter?

Je sais que Jocaste ne dit point dans cette scène qu'elle dût un jour épouser son fils; mais cela même est une nouvelle faute : car, lorsqu'Œdipe dit à Jocaste : « On m'a prédit que je souillerais le lit de « ma mère, et que mon père serait massacré par mes « mains, » Jocaste doit répondre sur-le-champ : « On « en avait prédit autant à mon fils; » ou du moins elle doit faire sentir au spectateur qu'elle est convaincue dans ce moment de son malheur.

Tant d'ignorance dans Œdipe et dans Jocaste n'est qu'un artifice grossier du poète, qui, pour donner à sa pièce une juste étendue, fait filer jusqu'au cinquième acte une reconnaissance déjà manifestée au second, et qui viole les règles du sens commun, pour ne point manquer en apparence à celles du théâtre.

Cette même faute subsiste dans tout le cours de la pièce.

Cet Œdipe, qui expliquait les énigmes, n'entend pas les choses les plus claires. Lorsque le pasteur de Corinthe lui apporte la nouvelle de la mort de Polybe, et lui apprend que Polybe n'était pas son père, qu'il a été exposé par un Thébain sur le mont Cithéron, que ses pieds avaient été percés et liés avec des courroies, Œdipe ne soupçonne rien encore. Il n'a d'autre crainte que d'être né d'une famille obscure; et le chœur, toujours présent dans le cours de la pièce, ne prête aucune attention à tout ce qui aurait dû instruire OEdipe de sa naissance. Le chœur, qu'on donne pour une assemblée de gens éclairés, montre aussi peu de pénétration qu'OEdipe ; et dans le temps que les Thébains devraient être saisis de pitié et d'horreur à la vue des malheurs dont ils sont témoins, il s'écrie : « Si je puis juger de l'avenir, et « si je ne me trompe dans mes conjectures, Cithéron, « le jour de demain ne se passera pas que vous ne « nous fassiez connaître la patrie et la mère d'OEdipe, « et que nous ne menions des danses en votre hon- « neur, pour vous rendre grâces du plaisir que vous « aurez fait à nos princes. Et vous, prince, duquel « des Dieux êtes-vous donc fils ? Quelle nymphe vous « a eu de Pan, Dieu des montagnes ? Etes-vous le fruit « des amours d'Apollon ? car Apollon se plaît aussi « sur les montagnes. Est-ce Mercure, ou Bacchus qui « se tient aussi sur les sommets des montagnes ? etc. »

Enfin, celui qui a autrefois exposé OEdipe arrive sur la scène. OEdipe l'interroge sur sa naissance ; curiosité que M. Dacier condamne après Plutarque, et qui me paraîtrait la seule chose raisonnable qu'OEdipe eût faite dans toute la pièce, si cette juste envie de se connaître n'était pas accompagnée d'une ignorance ridicule de lui-même.

OEdipe sait donc enfin tout son sort au quatrième acte. Voilà donc encore la pièce finie.

M. Dacier, qui a traduit l'*OEdipe* de Sophocle, prétend que le spectateur attend avec beaucoup d'impatience le parti que prendra Jocaste, et la manière dont OEdipe accomplira sur lui-même les malédictions qu'il a prononcées contre le meurtrier de Laïus. J'avais été séduit là-dessus par le respect que j'ai pour ce savant homme; et j'étais de son sentiment lorsque je lus sa traduction. La représentation de ma pièce m'a bien détrompé; et j'ai reconnu qu'on peut sans péril louer tant qu'on veut les poètes grecs, mais qu'il est dangereux de les imiter.

J'avais pris dans Sophocle une partie du récit de la mort de Jocaste et de la catastrophe d'OEdipe. J'ai senti que l'attention du spectateur diminuait avec son plaisir au récit de cette catastrophe; les esprits, remplis de terreur au moment de la reconnaissance, n'écoutaient plus qu'avec dégoût la fin de la pièce. Peut-être que la médiocrité des vers en était la cause; peut-être que le spectateur, à qui cette catastrophe est connue, regrettait de n'entendre rien de nouveau : peut-être aussi que la terreur ayant été poussée à son comble, il était impossible que le reste ne parût languissant. Quoi qu'il en soit, je me suis cru obligé de retrancher ce récit, qui n'était pas de plus de quarante vers; et dans Sophocle il tient tout le cinquième acte. Il y a grande apparence qu'on ne doit point passer à un ancien deux ou trois cents vers inutiles, lorsqu'on n'en passe pas quarante à un moderne.

M. Dacier avertit dans ses notes que la pièce de Sophocle n'est point finie au quatrième acte. N'est-ce pas avouer qu'elle est finie, que d'être obligé de prouver qu'elle ne l'est pas? On ne se trouve pas dans la nécessité de faire de pareilles notes sur les tragédies de Corneille et de Racine; il n'y a que les *Horaces* qui auraient besoin d'un tel commentaire : mais le cinquième acte des *Horaces* n'en paraîtrait pas moins défectueux.

Je ne puis m'empêcher de parler ici d'un endroit du cinquième acte de Sophocle, que Longin a admiré, et que Boileau a traduit :

Hymen, funeste hymen, tu m'as donné la vie :
Mais dans ces mêmes flancs où je fus renfermé,
Tu fais rentrer ce sang dont tu m'avais formé ;
Et par-là tu produis et des fils et des pères,
Des frères, des maris, des femmes et des mères,
Et tout ce que du sort la maligne fureur
Fit jamais voir au jour et de honte et d'horreur.

Premièrement, il fallait exprimer que c'est dans la même personne qu'on trouve ces mères et ces maris; car il n'y a point de mariage qui ne produise de tout cela. En second lieu, on ne passerait pas aujourd'hui à Œdipe de faire une si curieuse recherche des circonstances de son crime, et d'en combiner ainsi toutes les horreurs : tant d'exactitude à compter tous ses titres incestueux, loin d'ajouter à l'atrocité de l'action, semble plutôt l'affaiblir.

Ces deux vers de Corneille disent beaucoup plus :

Ce sont eux qui m'ont fait l'assassin de mon père,
Ce sont eux qui m'ont fait le mari de ma mère.

Les vers de Sophocle sont d'un déclamateur, et ceux de Corneille sont d'un poète.

Vous voyez que, dans la critique de l'*Œdipe* de

Sophocle, je ne me suis attaché à relever que les défauts qui sont de tous les temps et de tous les lieux : les contradictions, les absurdités, les vaines déclamations sont des fautes par tout pays.

Je ne suis point étonné que, malgré tant d'imperfections, Sophocle ait surpris l'admiration de son siècle. L'harmonie de ses vers, et le pathétique qui règne dans son style, ont pu séduire les Athéniens, qui, avec tout leur esprit et toute leur politesse, ne pouvaient avoir une juste idée de la perfection d'un art qui était encore dans son enfance.

Sophocle touchait au temps où la tragédie fut inventée : Eschyle, contemporain de Sophocle, était le premier qui se fût avisé de mettre plusieurs personnages sur la scène. Nous sommes aussi touchés de l'ébauche la plus grossière dans les premières découvertes d'un art, que des beautés les plus achevées lorsque la perfection nous est une fois connue. Ainsi, Sophocle et Euripide, tout imparfaits qu'il sont, ont autant réussi chez les Athéniens que Corneille et Racine parmi nous. Nous devons nous-mêmes, en blâmant les tragédies des Grecs, respecter le génie de leurs auteurs : leurs fautes sont sur le compte de leur siècle; leurs beautés n'appartiennent qu'à eux : et il est à croire que, s'ils étaient nés de nos jours, ils auraient perfectionné l'art qu'ils ont presque inventé de leur temps.

Il est vrai qu'ils sont bien déchus de cette haute estime où ils étaient autrefois; leurs ouvrages sont aujourd'hui ou ignorés, ou méprisés : mais je crois que cet oubli et ce mépris sont au nombre des injustices dont on peut accuser notre siècle. Leurs ouvrages méritent d'être lus sans doute : et s'ils sont trop défectueux pour qu'on les approuve, ils sont aussi trop pleins de beautés pour qu'on les méprise entièrement.

Euripide surtout, qui me paraît si supérieur à Sophocle, et qui serait le plus grand des poètes s'il était né dans un temps plus éclairé, a laissé des ouvrages qui décèlent un génie parfait, malgré les imperfections de ses tragédies.

Eh! quelle idée ne doit-on point avoir d'un poète qui a prêté des sentiments à Racine même? Les endroits que ce grand homme a traduits d'Euripide, dans son inimitable rôle de Phèdre, ne sont pas les moins beaux de son ouvrage.

> Dieux, que ne suis-je assise à l'ombre des forêts!
> Quand pourrai-je, au travers d'une noble poussière,
> Suivre de l'œil un char fuyant dans la carrière!
> . . . . . . Insensée, où suis-je et qu'ai-je dit?
> Où laissé-je égarer mes vœux et mon esprit?
> Je l'ai perdu, les Dieux m'en ont ravi l'usage.
> OEnone, la rougeur me couvre le visage;
> Je te laisse trop voir mes honteuses douleurs,
> Et mes yeux, malgré moi, se remplissent de pleurs.

Presque toute cette scène est traduite mot pour mot d'Euripide. Il ne faut pas cependant que le lecteur, séduit par cette traduction, s'imagine que la pièce d'Euripide soit un bon ouvrage. Voilà le seul bel endroit de sa tragédie, et même le seul raisonnable; car c'est le seul que Racine ait imité. Et comme on ne s'avisera jamais d'approuver l'*Hippolyte* de Sénèque, quoique Racine ait pris dans cet auteur toute la déclaration de Phèdre, aussi ne doit-on pas admirer l'*Hippolyte* d'Euripide, pour trente ou quarante vers qui se sont trouvés dignes d'être imités par le plus grand de nos poètes.

Molière prenait quelquefois des scènes entières dans Cyrano de Bergerac, et disait pour son excuse : *Cette scène est bonne, elle m'appartient de droit; je reprends mon bien partout où je le trouve.*

Racine pouvait à peu près en dire autant d'Euripide.

Pour moi, après vous avoir dit bien du mal de Sophocle, je suis obligé de vous en dire tout le bien que j'en sais : tout différent en cela des médisants, qui commencent toujours par louer un homme, et qui finissent par le rendre ridicule.

J'avoue que peut-être, sans Sophocle, je ne serais jamais venu à bout de mon *Œdipe*. Je ne l'aurais même jamais entrepris. Je traduisis d'abord la première scène de mon quatrième acte : celle du grand-prêtre qui accuse le roi est entièrement de lui : la scène des deux vieillards lui appartient encore. Je voudrais lui avoir d'autres obligations; je les avouerais avec la même bonne-foi. Il est vrai que, comme je lui dois des beautés, je lui dois aussi des fautes; et j'en parlerai dans l'examen de ma pièce, où j'espère vous rendre compte des miennes.

LETTRE IV,

Contenant la critique de l'Œdipe de Corneille.

Monsieur, après vous avoir fait part de mes sentiments sur l'*Œdipe* de Sophocle, je vous dirai ce que je pense de celui de Corneille. Je respecte beaucoup plus, sans doute, ce tragique français que le grec ; mais je respecte encore plus la vérité, à qui je dois les premiers égards. Je crois même que quiconque ne fait pas connaître les fautes des grands hommes, est incapable de sentir le prix de leurs perfections. J'ose donc critiquer l'*Œdipe* de Corneille ; et je le ferai avec d'autant plus de liberté, que je ne crains point que vous me soupçonniez de jalousie, ni que vous me reprochiez de vouloir m'égaler à lui. C'est en l'admirant que je hasarde ma censure ; et je crois avoir une estime plus véritable pour ce fameux poète, que ceux qui jugent de l'*Œdipe* par le nom de l'auteur, non par l'ouvrage même, et qui eussent méprisé dans tout autre ce qu'ils admirent dans l'auteur de *Cinna*.

Corneille sentit bien que la simplicité, ou plutôt la sécheresse de la tragédie de Sophocle, ne pouvait fournir toute l'étendue qu'exigent nos pièces de théâtre. On se trompe fort lorsqu'on pense que tous ces sujets, traités autrefois avec succès par Sophocle et par Euripide, l'*Œdipe*, le *Philoctète*, l'*Electre*, l'*Iphigénie en Tauride*, sont des sujets heureux et aisés à manier ; ce sont les plus ingrats et les plus impraticables : ce sont des sujets d'une ou de deux scènes tout au plus, et non pas d'une tragédie. Je sais qu'on ne peut guère voir sur le théâtre des événements plus affreux ni plus attendrissants ; et c'est cela même qui rend le succès plus difficile. Il faut joindre à ces événements des passions qui les préparent : si ces passions sont trop fortes, elles étouffent le sujet ; si elles sont trop faibles, elles languissent. Il fallait que Corneille marchât entre ces deux extrémités, et qu'il suppléât, par la fécondité de son génie, à l'aridité de la matière. Il choisit donc l'épisode de Thésée et de Dircé ; et quoique cet épisode ait été universellement condamné, quoique Corneille eût pris dès long-temps la glorieuse habitude d'avouer ses fautes, il ne reconnut point celle-ci ; et parce que cet épisode était tout entier de son invention, il s'en applaudit dans sa préface : tant il est difficile aux plus grands hommes, et même aux plus modestes, de se sauver des illusions de l'amour-propre.

Il faut avouer que Thésée joue un étrange rôle pour un héros. Au milieu des maux les plus horribles dont un peuple puisse être accablé, il débute par dire que,

Quelque ravage affreux que fasse ici la peste,
L'absence aux vrais amants est encor plus funeste.

Et parlant, dans la seconde scène, à OEdipe :

> Il veut lui faire voir un beau feu dans son sein,
> Et tâcher d'obtenir un aveu favorable,
> Qui peut faire un heureux d'un amant misérable.
> ...... Il est vrai, j'aime en votre palais;
> Chez vous est la beauté qui fait tous mes souhaits.
> Vous l'aimez à l'égal d'Antigone et d'Ismène,
> Elle tient même rang chez vous et chez la reine;
> En un mot, c'est leur sœur, la princesse Dircé,
> Dont les yeux. . . .

OEdipe répond :

> .... Quoi ! ses yeux, Prince, vous ont blessé ?
> Je suis fâché pour vous que la reine sa mère
> Ait su vous prévenir pour un fils de son frère.
> Ma parole est donnée, et je n'y puis plus rien :
> Mais je crois qu'après tout ses sœurs la valent bien.

THÉSÉE.

> Antigone est parfaite, Ismène est admirable;
> Dircé, si vous voulez, n'a rien de comparable;
> Elles sont, l'une et l'autre, un chef-d'œuvre des cieux;
> Mais. . . . .
> Ce n'est pas offenser deux si charmantes sœurs,
> Que voir en leur aînée aussi quelques douceurs.

Il faut avouer que les discours de Guillot-Gorju et de Tabarin ne sont guère différents.

Cependant l'ombre de Laïus demande un prince ou une princesse de son sang pour victime. Dircé, seul reste du sang de ce roi, est prête à s'immoler sur le tombeau de son père. Thésée, qui veut mourir pour elle, lui fait accroire qu'il est son frère, et ne laisse pas de lui parler d'amour, malgré la nouvelle parenté.

> J'ai mêmes yeux encore, et vous mêmes appas.
> Mon cœur n'écoute point ce que le sang veut dire;
> C'est d'amour qu'il gémit, c'est d'amour qu'il soupire;
> Et pour pouvoir sans crainte en goûter la douceur,
> Il se révolte exprès contre le nom de sœur.

Cependant, qui le croirait? Thésée, dans cette même scène, se lasse de son stratagème. Il ne peut pas soutenir plus long-temps le personnage de frère; et sans attendre que le frère de Dircé soit connu, il lui avoue toute la feinte, et la remet par-là dans le péril dont il voulait la tirer, en lui disant pourtant :

> Que l'amour, pour défendre une si chère vie,
> Peut faire vanité d'un peu de tromperie.

Enfin, lorsqu'OEdipe reconnaît qu'il est le meurtrier de Laïus, Thésée, au lieu de plaindre ce malheureux roi, lui propose un duel pour le lendemain; et il épouse Dircé à la fin de la pièce. Ainsi la passion de Thésée fait tout le sujet de la tragédie, et les malheurs d'OEdipe n'en sont que l'épisode.

Dircé, personnage plus défectueux que Thésée, passe tout son temps à dire des injures à OEdipe et à sa mère; elle dit à Jocaste, sans détour, qu'elle est indigne de vivre :

> Votre second hymen peut avoir d'autres causes :
> Mais j'oserai vous dire, à bien juger des choses,

Que pour avoir puisé la vie en votre flanc,
J'y dois avoir sucé fort peu de votre sang.
Celui du grand Laïus, dont je m'y suis formée,
Trouve bien qu'il est doux d'aimer et d'être aimée ;
Mais il ne trouve pas qu'on soit digne du jour,
Lorsqu'aux soins de sa gloire on préfère l'amour.

Il est étonnant que Corneille, qui a senti ce défaut, ne l'ait connu que pour l'excuser. *Ce manque de respect,* dit-il, *de Dircé envers sa mère, ne peut être une faute de théâtre, puisque nous ne sommes pas obligés de rendre parfaits ceux que nous y faisons voir.* Non, sans doute, on n'est pas obligé de faire des gens de bien de tous ses personnages ; mais les bienséances exigent du moins qu'une princesse, qui a assez de vertu pour vouloir sauver son peuple aux dépens de sa vie, en ait assez pour ne point dire des injures atroces à sa mère.

Pour Jocaste, dont le rôle devrait être intéressant, puisqu'elle partage tous les malheurs d'OEdipe, elle n'en est pas même le témoin ; elle ne paraît point au cinquième acte, lorsqu'OEdipe apprend qu'il est son fils : en un mot, c'est un personnage absolument inutile, qui ne sert qu'à raisonner avec Thésée, et à excuser les insolences de sa fille, qui agit, dit-elle,

En amante à bon titre, en princesse avisée.

Finissons par examiner le rôle d'OEdipe, et avec lui la contexture du poème.

OEdipe commence par vouloir marier une de ses filles avant de s'attendrir sur les malheurs des Thébains; bien plus condamnable en cela que Thésée, qui, n'étant point chargé comme lui du salut de tout ce peuple, peut sans crime écouter sa passion.

Cependant, comme il fallait bien dire au premier acte quelque chose du sujet de la pièce, on en touche un mot dans la cinquième scène. Œdipe soupçonne que les Dieux sont irrités contre les Thébains, parce que Jocaste avait autrefois fait exposer son fils, et trompé par-là les oracles des Dieux, qui prédisaient que ce fils tuerait son père et épouserait sa mère.

Il me semble qu'il doit plutôt croire que les Dieux sont satisfaits que Jocaste ait étouffé un monstre au berceau; et vraisemblablement ils n'ont prédit les crimes de ce fils qu'afin qu'on l'empêchât de les commettre.

Jocaste soupçonne, avec aussi peu de fondement, que les Dieux punissent les Thébains de n'avoir pas vengé la mort de Laïus. Elle prétend qu'on n'a jamais pu venger cette mort : comment donc peut-elle croire que les Dieux la punissent de n'avoir pas fait l'impossible?

Avec moins de fondement encore, Œdipe répond :

Pourrons-nous en punir des brigands inconnus,
Que peut-être jamais en ces lieux on n'a vus?
Si vous m'avez dit vrai, peut-être ai-je moi-même
Sur trois de ces brigands vengé le diadème.
. . . .
Au lieu même, au temps même, attaqué seul par trois,
J'en laissai deux sans vie, et mis l'autre aux abois.

OEdipe n'a aucune raison de croire que ces trois voyageurs fussent des brigands, puisqu'au quatrième acte, lorsque Phorbas paraît devant lui, il lui dit :

> Et tu fus un des trois que je sus arrêter
> Dans ce passage étroit qu'il fallut disputer.

S'il les a arrêtés lui-même, et s'il ne les a combattus que parce qu'ils ne voulaient pas lui céder le pas, il n'a point dû les prendre pour des voleurs, qui font ordinairement très-peu de cas des cérémonies, et qui songent plutôt à dépouiller les passants qu'à leur disputer le haut du pavé.

Mais il me semble qu'il y a dans cet endroit une faute encore plus grande. OEdipe avoue à Jocaste qu'il s'est battu contre trois inconnus au temps même et au lieu même où Laïus a été tué. Jocaste sait que Laïus n'avait avec lui que deux compagnons de voyage. Ne devait-elle donc pas soupçonner que Laïus est peut-être mort de la main d'OEdipe? Cependant elle ne fait nulle attention à cet aveu, de peur que la pièce ne finisse au premier acte : elle ferme les yeux sur les lumières qu'OEdipe lui donne; et, jusqu'à la fin du quatrième acte, il n'est pas dit un mot de la mort de Laïus, qui pourtant est le sujet de la pièce. Les amours de Thésée et de Dircé occupent toute la scène.

C'est au quatrième acte qu'OEdipe, en voyant Phorbas, s'écrie :

> C'est un de mes brigands à la mort échappé,

Madame, et vous pouvez lui choisir des supplices :
S'il n'a tué Laïus, il fut un des complices.

Pourquoi prendre Phorbas pour un brigand? et pourquoi affirmer avec tant de certitude qu'il est complice de la mort de Laïus? il me paraît que l'*OEdipe* de Corneille accuse Phorbas avec autant de légèreté que l'*OEdipe* de Sophocle accuse Créon.

Je ne parle point de l'action gigantesque d'OEdipe, qui tue trois hommes tout seul dans Corneille, et qui en tue sept dans Sophocle. Mais il est bien étrange qu'OEdipe se souvienne, après seize ans, de tous les traits de ces trois hommes; *que l'un avait le poil noir, la mine assez farouche, le front cicatrisé, et le regard un peu louche; que l'autre avait le teint frais et l'œil perçant, qu'il était chauve sur le devant, et mêlé sur le derrière.* Et pour rendre la chose encore moins vraisemblable, il ajoute :

On en peut voir en moi la taille et quelques traits.

Ce n'était point à OEdipe à parler de cette ressemblance : c'était à Jocaste, qui, ayant vécu avec l'un et avec l'autre, pouvait en être bien mieux informée qu'OEdipe, qui n'a jamais vu Laïus qu'un moment en sa vie. Voilà comme Sophocle a traité cet endroit : mais il fallait que Corneille, ou n'eût point lu du tout Sophocle, ou le méprisât beaucoup, puisqu'il n'a rien emprunté de lui, ni beautés ni défauts.

Cependant comment se peut-il faire qu'OEdipe ait seul tué Laïus, et que Phorbas, qui a été blessé à côté de ce roi, dise pourtant qu'il a été tué par des voleurs? Il était difficile de concilier cette contradiction, et Jocaste, pour toute réponse, dit que

> C'est un conte,
> Dont Phorbas, au retour, voulut cacher sa honte.

Cette petite tromperie de Phorbas devrait-elle être le nœud de la tragédie d'*OEdipe?* Il s'est pourtant trouvé des gens qui ont admiré cette puérilité; et un homme distingué à la cour par son esprit m'a dit que c'était-là le plus bel endroit de Corneille.

Au cinquième acte, OEdipe, honteux d'avoir épousé la veuve d'un roi qu'il a massacré, dit qu'il veut se bannir et retourner à Corinthe; et cependant il envoie chercher Thésée et Dircé,

> Pour lire dans leur ame
> S'ils prêteraient la main à quelque sourde trame.

Et que lui importent les sourdes trames de Dircé, et les prétentions de cette princesse sur une couronne à laquelle il renonce pour jamais?

Enfin, il me paraît qu'OEdipe apprend avec trop de froideur son affreuse aventure. Je sais qu'il n'est point coupable, et que sa vertu peut le consoler d'un crime involontaire. Mais s'il a assez de fermeté dans l'esprit pour sentir qu'il n'est que malheureux, doit-il se punir de son malheur? et s'il est assez furieux et assez désespéré pour se crever les yeux, doit-il être assez froid pour dire à Dircé, dans un moment si terrible :

> Votre frère est connu, le savez-vous, Madame?

Votre amour pour Thésée est dans un plein repos.
....

Aux crimes, malgré moi, l'ordre du ciel m'attache;
Pour m'y faire tomber, à moi-même il me cache;
Il offre, en m'aveuglant sur ce qu'il a prédit,
Mon père à mon épée, et ma mère à mon lit.
Hélas! qu'il est bien vrai qu'en vain on s'imagine
Dérober notre vie à ce qu'il nous destine!
Les soins de l'éviter font courir au-devant,
Et l'adresse à le fuir y plonge plus avant.

Doit-il rester sur le théâtre à débiter plus de quatre-vingts vers avec Dircé et Thésée, qui est un étranger pour lui, tandis que Jocaste, sa femme et sa mère, ne sait encore rien de son aventure, et ne paraît pas sur la scène?

Voilà à peu près les principaux défauts que j'ai cru apercevoir dans l'*OEdipe* de Corneille. Je m'abuse peut-être : mais je parle de ses fautes avec la même sincérité que j'admire les beautés qui y sont répandues; et quoique les beaux morceaux de cette pièce me paraissent très-inférieurs aux grands traits de ses autres tragédies, je désespère pourtant de les égaler jamais; car ce grand homme est toujours au-dessus des autres, lors même qu'il n'est pas entièrement égal à lui-même.

Je ne parle point de la versification; on sait qu'il n'a jamais fait de vers si faibles et si indignes de la tragédie. En effet, Corneille ne connaissait guère la médiocrité, et il tombait dans le bas avec la même facilité qu'il s'élevait au sublime.

J'espère que vous me pardonnerez, Monsieur, la témérité avec laquelle je parle; si pourtant c'en est une de trouver mauvais ce qui est mauvais, et de respecter le nom de l'auteur sans en être l'esclave.

Et quelles fautes voudrait-on que l'on relevât? Seraient-ce celles des auteurs médiocres, dont on ignore tout, jusqu'aux défauts? C'est sur les imperfections des grands hommes qu'il faut attacher sa critique : car si le préjugé nous faisait admirer leurs fautes, bientôt nous les imiterions; et il se trouverait peut-être que nous n'aurions pris de ces célèbres écrivains que l'exemple de mal faire.

LETTRE V,

Qui contient la critique du nouvel OEdipe.

Monsieur, me voilà enfin parvenu à la partie de ma dissertation la plus aisée, c'est-à-dire à la critique de mon ouvrage; et pour ne point perdre de temps, je commencerai par le premier défaut, qui est celui du sujet. Régulièrement, la pièce d'*OEdipe* devrait finir au premier acte. Il n'est pas naturel qu'OEdipe ignore comment son prédécesseur est mort. Sophocle ne s'est point mis du tout en peine de corriger cette faute : Corneille, en voulant la sauver, a fait encore plus mal que Sophocle; et je n'ai pas mieux réussi qu'eux. OEdipe, chez moi, parle ainsi à Jocaste :

> On m'avait toujours dit que ce fut un Thébain
> Qui leva sur son prince une coupable main.
> Pour moi qui, sur son trône élevé par vous-même,
> Deux ans après sa mort ai ceint le diadème,
> Madame, jusqu'ici respectant vos douleurs,
> Je n'ai point rappelé le sujet de vos pleurs,
> Et de vos seuls périls chaque jour alarmée,
> Mon ame à d'autres soins semblait être fermée.

Ce compliment ne me paraît point une excuse valable de l'ignorance d'OEdipe. La crainte de déplaire à sa femme, en lui parlant de son premier mari, ne doit point du tout l'empêcher de s'informer des circonstances de la mort de son prédécesseur. C'est avoir trop de discrétion et trop peu de curiosité. Il ne lui est pas permis non plus de ne point savoir l'histoire de Phorbas. Un ministre d'état ne saurait jamais être un homme assez obscur pour être en prison plusieurs années sans qu'on en sache rien.

Jocaste a beau dire :

> Dans un château voisin conduit secrètement,
> Je dérobai sa tête à leur emportement;

on voit bien que ces deux vers ne sont mis que pour prévenir la critique; c'est une faute qu'on tâche de déguiser, mais qui n'est pas moins une faute.

Voici un défaut plus considérable, qui n'est pas du sujet, et dont je suis seul responsable. C'est le personnage de Philoctète. Il semble qu'il ne soit venu à

Thèbes que pour y être accusé : encore est-il soupçonné peut-être un peu légèrement. Il arrive au premier acte, et s'en retourne au troisième : on ne parle de lui que dans les trois premiers actes, et l'on n'en dit pas un seul mot dans les derniers. Il contribue un peu au nœud de la pièce, et le dénouement se fait absolument sans lui. Ainsi il paraît que ce sont deux tragédies, dont l'une roule sur Philoctète, et l'autre sur OEdipe.

J'ai voulu donner à Philoctète le caractère d'un héros; mais j'ai bien peur d'avoir poussé la grandeur d'ame jusqu'à la fanfaronnade. Heureusement j'ai lu dans madame Dacier qu'un homme peut parler avantageusement de soi, lorsqu'il est calomnié : voilà le cas où se trouve Philoctète. Il est réduit par la calomnie à la nécessité de dire du bien de lui-même. Dans une autre occasion, j'aurais tâché de lui donner plus de politesse que de fierté; et s'il s'était trouvé dans les mêmes circonstances que Sertorius et Pompée, j'aurais pris la conversation héroïque de ces deux grands hommes pour modèle, quoique je n'eusse pas espéré de l'atteindre. Mais comme il est dans la situation de Nicomède, j'ai donc cru devoir le faire parler à peu près comme ce jeune prince, et qu'il lui était permis de dire : *Un homme tel que moi, lorsqu'on l'outrage.* Quelques personnes s'imaginent que Philoctète était un pauvre écuyer d'Hercule, qui n'avait d'autre mérite que d'avoir porté ses flèches, et qui veut s'égaler à son maître dont il parle toujours. Cependant il est certain que Philoctète était un prince de la Grèce, fameux par ses exploits, compagnon d'Hercule, et de qui même les Dieux avaient fait dépendre le destin de Troie. Je ne sais si je n'en ai point fait, en quelques endroits, un fanfaron; mais il est certain que c'était un héros.

Pour l'ignorance où il est, en arrivant, des affaires de Thèbes, je ne la trouve pas moins condamnable que celle d'OEdipe. Le mont OEta, où il avait vu mourir Hercule, n'était pas si éloigné de Thèbes qu'il ne pût savoir aisément ce qui se passait dans cette ville. Heureusement cette ignorance vicieuse de Philoctète m'a fourni une exposition du sujet, qui m'a paru assez bien reçue; c'est ce qui me persuade que les beautés d'un ouvrage naissent quelquefois d'un défaut.

Dans toutes les tragédies, on tombe dans un écueil tout contraire. L'exposition du sujet se fait ordinairement à un personnage qui en est aussi bien informé que celui qui lui parle. On est obligé, pour mettre les auditeurs au fait, de faire dire aux principaux acteurs ce qu'ils ont dû vraisemblablement déjà dire mille fois. Le point de perfection serait de combiner tellement les événements, que l'acteur qui parle n'eût jamais dû dire ce qu'on met dans sa bouche que dans le temps même où il le dit. Telle est, entre autres exemples de cette perfection, la première scène de la tragédie de *Bajazet*. Acomat ne peut être instruit de ce qui se passe dans l'armée; Osmin ne peut avoir de nouvelles du sérail : ils se font l'un à l'autre des confidences réciproques qui instruisent et qui intéressent également le spectateur; et l'artifice de cette exposition est conduit avec un ménagement dont je crois que Racine seul était capable.

Il est vrai qu'il y a des sujets de tragédie où l'on est tellement gêné par la bizarrerie des événements, qu'il est presque impossible de réduire l'exposition de sa pièce à ce point de sagesse et de vraisemblance. Je crois, pour mon bonheur, que le sujet d'*OEdipe* est de ce genre; et il me semble que, lorsqu'on se trouve si peu maître du terrain, il faut toujours songer à être intéressant plutôt qu'exact : car le spectateur pardonne tout, hors la langueur; et lorsqu'il est une fois ému, il examine rarement s'il a raison de l'être.

A l'égard de ce souvenir d'amour entre Jocaste et Philoctète, j'ose encore dire que c'est un défaut nécessaire. Le sujet ne me fournissait rien par lui-même pour remplir les trois premiers actes : à peine même avais-je de la matière pour les deux derniers. Ceux qui connaissent le théâtre, c'est-à-dire ceux qui sentent les difficultés de la composition aussi bien que les fautes, conviendront de ce que je dis. Il faut toujours donner des passions aux principaux personnages. Eh! quel rôle insipide aurait joué Jocaste, si elle n'avait eu du moins le souvenir d'un amour légitime, et si elle n'avait craint pour les jours d'un homme qu'elle avait autrefois aimé !

Il est surprenant que Philoctète aime encore Jocaste après une si longue absence : il ressemble assez aux chevaliers errants, dont la profession était d'être toujours fidèles à leurs maîtresses. Mais je ne puis être de l'avis de ceux qui trouvent Jocaste trop âgée pour faire naître encore des passions; elle a pu être mariée si jeune, et il est si souvent répété dans la pièce qu'OEdipe est dans une grande jeunesse, que, sans trop presser les temps, il est aisé de voir qu'elle n'a pas plus de trente-cinq ans. Les femmes seraient bien malheureuses, si l'on n'inspirait plus de sentiments à cet âge.

Je veux que Jocaste ait plus de soixante ans dans Sophocle et dans Corneille; la construction de leur fable n'est pas une règle pour la mienne : je ne suis pas obligé d'adopter leurs fictions; et s'il leur a été permis de faire revivre, dans plusieurs de leurs pièces, des personnes mortes depuis long-temps, et d'en faire mourir d'autres qui étaient encore vivantes, on doit bien me passer d'ôter à Jocaste quelques années.

Mais je m'aperçois que je fais l'apologie de ma pièce, au lieu de la critique que j'en avais promise : revenons vite à la censure.

Le troisième acte n'est point fini; on ne sait pourquoi les acteurs sortent de la scène. OEdipe dit à Jocaste :

Suivez mes pas, rentrons; il faut que j'éclaircisse
Un soupçon que je forme avec trop de justice.
. . . . Suivez-moi,
Et venez dissiper ou combler mon effroi.

Mais il n'y a pas de raison pour qu'OEdipe éclaircisse son doute plutôt derrière le théâtre que sur la scène : aussi, après avoir dit à Jocaste de le suivre, revient-il avec elle le moment d'après ; et il n'y a aucune autre distinction entre le troisième et le quatrième acte que le coup d'archet qui les sépare.

La première scène du quatrième acte est celle qui a le plus réussi : mais je ne me reproche pas moins d'avoir fait dire dans cette scène, à Jocaste et à Œdipe, tout ce qu'ils avaient dû s'apprendre depuis long-temps. L'intrigue n'est fondée que sur une ignorance bien peu vraisemblable : j'ai été obligé de recourir à un miracle pour couvrir ce défaut du sujet.

Je mets dans la bouche d'Œdipe :

Enfin, je me souviens qu'aux champs de la Phocide
(Et je ne conçois pas par quel enchantement
J'oubliais jusqu'ici ce grand événement :
La main des Dieux sur moi si long-temps suspendue,
Semble ôter le bandeau qu'ils mettaient sur ma vue),
Dans un chemin étroit je trouvai deux guerriers, etc.

Il est manifeste que c'était au premier acte qu'Œdipe devait raconter cette aventure de la Phocide : car, dès qu'il apprend de la bouche du grand-prêtre que les Dieux demandent la punition du meurtre de Laïus, son devoir est de s'informer scrupuleusement et sans délai de toutes les circonstances de ce meurtre. On doit lui répondre que Laïus a été tué en Phocide, dans un chemin étroit, par deux étrangers ; et lui, qui sait que dans ce temps-là même il s'est battu contre deux étrangers en Phocide, doit soupçonner dès ce moment que Laïus a été tué de sa main. Il est triste d'être obligé, pour cacher cette faute, de supposer que la vengeance des Dieux ôte dans un temps la mémoire à Œdipe, et la lui rend dans un autre. La scène suivante d'Œdipe et de Phorbas me paraît bien moins intéressante chez moi que dans Corneille. Œdipe, dans ma pièce, est déjà instruit de son malheur avant que Phorbas achève de l'en persuader. Phorbas ne laisse l'esprit du spectateur dans aucune incertitude; il ne lui inspire aucune surprise : il ne doit donc point l'intéresser. Dans Corneille, au contraire, Œdipe, loin de se douter d'être le meurtrier de Laïus, croit en être le vengeur ; et il se convainc lui-même en voulant convaincre Phorbas. Cet artifice de Corneille serait admirable, si Œdipe avait quelque lieu de croire que Phorbas est coupable, et si le nœud de la pièce n'était pas fondé sur un mensonge puéril.

C'est un conte,
Dont Phorbas, au retour, voulut cacher sa honte.

Je ne pousserai pas plus loin la critique de mon ouvrage; il me semble que j'en ai reconnu les défauts les plus importants. On ne doit pas en exiger davantage d'un auteur; et peut-être un censeur ne m'aurait-il pas plus maltraité. Si l'on me demande pourquoi je n'ai pas corrigé ce que je condamne, je répondrai qu'il y a souvent dans un ouvrage des défauts qu'on est obligé de laisser malgré soi; et d'ailleurs il y a peut-être autant d'honneur à avouer ses fautes qu'à les corriger : j'ajouterai encore que j'en ai ôté autant qu'il en reste. Chaque représentation de mon *OEdipe* était pour moi un examen sévère, où je recueillais les suffrages et les censures du public, et j'étudiais son goût pour former le mien. Il faut que j'avoue que monseigneur le prince du Conti est celui qui m'a fait les critiques les plus judicieuses et les plus fines. S'il n'était qu'un particulier, je me contenterais d'admirer son discernement : mais puisqu'il est élevé au-dessus des autres autant par son esprit que par son rang, j'ose ici le supplier d'accorder sa protection aux belles-lettres, dont il a tant de connaissance.

J'oubliais de dire que j'ai pris deux vers dans l'*OEdipe* de Corneille. L'un est au premier acte :

Ce monstre à voix humaine, aigle, femme et lion.

L'autre est au dernier acte; c'est une traduction de Sénèque :

Nec vivis mistus, nec sepultis.

Et le sort qui l'accable
Des morts et des vivants semble le séparer.

Je n'ai point fait scrupule de voler ces deux vers, parce qu'ayant précisément la même chose à dire que Corneille, il m'était impossible de l'exprimer mieux; et j'ai mieux aimé donner deux bons vers de lui, que d'en donner deux mauvais de moi.

Il me reste à parler de quelques rimes que j'ai hasardées dans ma tragédie. J'ai fait rimer *héros* à *tombeaux; contagion* à *poison,* etc. Je ne défends point ces rimes parce que je les ai employées; mais je ne m'en suis servi que parce que je les ai crues bonnes. Je ne puis souffrir qu'on sacrifie à la richesse de la rime toutes les autres beautés de la poésie, et qu'on cherche plutôt à plaire à l'oreille qu'au cœur et à l'esprit. On pousse même la tyrannie jusqu'à exiger qu'on rime pour les yeux encore plus que pour les oreilles. *Je ferois, j'aimerois,* etc., ne se prononcent point autrement que *traits* et *attraits :* cependant on prétend que ces mots ne riment point ensemble, parce qu'un mauvais usage veut qu'on les écrive différemment. M. Racine avait mis dans son *Andromaque :*

M'en croirez-vous? Lassé de ses trompeurs attraits,
Au lieu de l'enlever, Seigneur, je la fuirois.

Le scrupule lui prit, et il ôta la rime *fuirois,* qui me paraît, à ne consulter que l'oreille, beaucoup plus juste que celle de *jamais* qu'il lui substitua.

La bizarrerie de l'usage, ou plutôt des hommes qui l'établissent, est étrange sur ce sujet comme sur bien d'autres. On permet que le mot *abhorre,* qui a deux r, rime avec *encore,* qui n'en a qu'une. Par la même raison, *tonnerre* et *terre* devraient rimer avec *père* et *mère :* cependant on ne le souffre pas, et personne ne réclame contre cette injustice.

Il me paraît que la poésie française y gagnerait beaucoup, si l'on voulait secouer le joug de cet usage déraisonnable et tyrannique. Donner aux auteurs de nouvelles rimes, ce serait leur donner de nouvelles pensées ; car l'assujettissement à la rime fait que souvent on ne trouve dans la langue qu'un seul mot qui puisse finir en vers : on ne dit presque jamais ce qu'on voulait dire; on ne peut se servir du mot propre; et l'on est obligé de chercher une pensée pour la rime, parce qu'on ne peut trouver de rime pour exprimer ce que l'on pense.

C'est à cet esclavage qu'il faut imputer plusieurs impropriétés qu'on est choqué de rencontrer dans nos poëtes les plus exacts. Les auteurs sentent, encore mieux que les lecteurs, la dureté de cette contrainte; et ils n'osent s'en affranchir. Pour moi, dont l'exemple ne tire point à conséquence, j'ai tâché de regagner un peu de liberté; et si la poésie occupe encore mon loisir, je préférerai toujours les choses aux mots, et la pensée à la rime.

LETTRE VI,

Qui contient une dissertation sur les chœurs.

Monsieur, il ne me reste plus qu'à parler du chœur que j'introduis dans ma pièce. J'en ai fait un personnage qui paraît à son rang comme les autres acteurs, et qui se montre quelquefois sans parler, seulement pour jeter plus d'intérêt dans la scène, et pour ajouter plus de pompe au spectacle.

Comme on croit d'ordinaire que la route qu'on a tenue était la seule qu'on devait prendre, je m'imagine que la manière dont j'ai hasardé les chœurs est la seule qui pouvait réussir parmi nous.

Chez les anciens, le chœur remplissait l'intervalle des actes, et paraissait toujours sur la scène. Il y avait à cela plus d'un inconvénient : car, ou il parlait dans les entr'actes de ce qui s'était passé dans les actes précédents, et c'était une répétition fatigante; ou il prévenait de ce qui devait arriver dans les actes suivants, et c'était une annonce qui pouvait dérober le plaisir de la surprise; ou enfin il était étranger au sujet, et par conséquent il devait ennuyer.

La présence continuelle du chœur dans la tragédie me paraît encore plus impraticable. L'intrigue d'une pièce intéressante exige d'ordinaire que les principaux acteurs aient des secrets à se confier. Eh! le moyen de dire son secret à tout un peuple? C'est une chose plaisante de voir Phèdre, dans Euripide, avouer à une troupe de femmes un amour incestueux qu'elle doit craindre de s'avouer à elle-même. On demandera peut-être comment les anciens pouvaient conserver si scrupuleusement un usage si sujet au ridicule; c'est qu'ils étaient persuadés que le chœur était la base et le fondement de la tragédie. Voilà bien les hommes, qui prennent presque toujours l'origine d'une chose pour l'essence de la chose même. Les anciens savaient que ce spectacle avait commencé par une troupe de paysans ivres qui chantaient les louanges de Bacchus, et ils voulaient que le théâtre fût toujours rempli d'une troupe d'acteurs, qui, en chantant les louanges des Dieux, rappelassent l'idée que le peuple avait de l'origine de la tragédie. Long-temps même le poème dramatique ne fut qu'un simple chœur ; les personnages qu'on y ajouta, ne furent regardés que comme des épisodes, et il y a encore aujourd'hui des savants qui ont le courage d'assurer que nous n'avons aucune idée de la véritable tragédie depuis que nous en avons banni les chœurs : c'est comme si, dans une même pièce, on voulait que nous missions Paris, Londres et Madrid sur le théâtre, parce que nos pères en usaient ainsi lorsque la comédie fut établie en France.

M. Racine, qui a introduit des chœurs dans *Athalie* et dans *Esther*, s'y est pris avec plus de précaution que les Grecs : il ne les a guère fait paraître que dans les entr'actes ; encore a-t-il eu bien de la peine à le faire avec la vraisemblance qu'exige toujours l'art du théâtre.

A quel propos faire chanter une troupe de juives, lorsqu'Esther a raconté ses aventures à Elise ? Il faut nécessairement, pour amener cette musique, qu'Esther leur ordonne de chanter quelque air.

Mes filles, chantez-nous quelqu'un de ces cantiques...

Je ne parle pas du bizarre assortiment du chant et de la déclamation dans une même scène : mais du moins il faut avouer que des moralités mises en musique doivent paraître bien froides, après ces dialogues pleins de passion qui font le caractère de la tragédie. Un chœur serait bien mal venu après la déclaration de Phèdre, ou après la conversation de Sévère et de Pauline.

Je croirai donc toujours, jusqu'à ce que l'événement me détrompe, qu'on ne peut hasarder le chœur dans une tragédie qu'avec la précaution de l'introduire à son rang, et seulement lorsqu'il est nécessaire pour l'ornement de la scène : encore n'y a-t-il que très-peu de sujets où cette nouveauté puisse être reçue. Le chœur serait absolument déplacé dans *Bajazet*, dans *Mithridate*, dans *Britannicus*, et généralement dans toutes les pièces dont l'intrigue n'est fondée que sur les intérêts de quelques particuliers : il ne peut convenir qu'à des pièces où il s'agit du salut de tout un peuple.

Les Thébains sont les premiers intéressés dans le sujet de ma tragédie : c'est de leur mort ou de leur vie dont il s'agit; et il n'est pas hors des bienséances de faire paraître quelquefois sur la scène ceux qui ont le plus d'intérêt de s'y trouver.

LETTRE VII,

A l'occasion de plusieurs critiques qu'on a faites d'OEdipe.

Monsieur, on vient de me montrer une critique de mon OEdipe, qui, je crois, sera imprimée avant que cette seconde édition puisse paraître. J'ignore quel est l'auteur de cet ouvrage. Je suis fâché qu'il me prive du plaisir de le remercier des éloges qu'il me donne avec bonté, et des critiques qu'il fait de mes fautes avec autant de discernement que de politesse.

J'avais déjà reconnu, dans l'examen que j'ai fait de ma tragédie, une bonne partie des défauts que l'observateur relève; mais je me suis aperçu qu'un auteur s'épargne toujours quand il se critique lui-même, et que le censeur veille lorsque l'auteur s'endort. Celui qui me critique, a vu sans doute mes fautes d'un œil plus éclairé que moi. Cependant je ne sais si, comme j'ai été un peu indulgent, il n'est pas quelquefois un peu trop sévère. Son ouvrage m'a confirmé dans l'opinion où je suis, que le sujet d'OEdipe est un des plus difficiles qu'on ait jamais mis au théâtre. Mon censeur me propose un plan sur lequel il voudrait que j'eusse composé ma pièce; c'est au public à en juger : mais je suis persuadé que, si j'avais travaillé sur le modèle qu'il me présente, on ne m'aurait pas fait même l'honneur de me critiquer. J'avoue qu'en substituant, comme il le veut, Créon à Philoctète, j'aurais peut-être donné plus d'exactitude à mon ouvrage : mais Créon aurait été un personnage bien froid ; et j'aurais trouvé par-là le secret d'être à-la-fois ennuyeux et irrépréhensible.

On m'a parlé de quelques autres critiques : ceux qui se donnent la peine de les faire, me feront toujours beaucoup d'honneur, et même de plaisir, quand ils daigneront me les montrer. Si je ne puis à présent profiter de leurs observations, elles m'éclaireront du moins pour les premiers ouvrages que je pourrai composer, et me feront marcher d'un pas plus sûr dans cette carrière dangereuse.

On m'a fait apercevoir que plusieurs vers de ma pièce se trouvaient dans d'autres pièces de théâtre. Je dis qu'on m'en a fait apercevoir : car, soit qu'ayant la tête remplie de vers d'autrui, j'aie cru travailler d'imagination, quand je ne travaillais que de mémoire ; soit qu'on se rencontre quelquefois dans les mêmes pensées et dans les mêmes tours, il est certain que j'ai été plagiaire sans le savoir ; et que, hors ces deux beaux vers de Corneille, que j'ai pris hardiment, et dont je parle dans mes lettres, je n'ai eu dessein de voler personne.

Il y a dans *les Horaces* :

Est-ce vous, Curiace ? en croirai-je mes yeux ?

Et dans ma pièce il y avait :

Est-ce vous, Philoctète ? en croirai-je mes yeux ?

J'espère qu'on me fera l'honneur de croire que j'aurais bien tout seul trouvé un pareil vers. Je l'ai changé cependant, aussi-bien que plusieurs autres, et je voudrais que tous les défauts de mon ouvrage fussent aussi aisés à corriger que celui-là.

On m'apporte en ce moment une nouvelle critique de mon OEdipe : celle-ci me paraît moins instructive que l'autre, mais beaucoup plus maligne. La première est d'un religieux, à ce qu'on vient de me dire; la seconde est d'un homme de lettres : et ce qui est assez singulier, c'est que le religieux possède mieux le théâtre, et l'autre le sarcasme. Le premier a voulu m'éclairer, et y a réussi; le second a voulu m'outrager, mais il n'en est point venu à bout. Je lui pardonne sans peine ses injures, en faveur de quelques traits ingénieux et plaisants dont son ouvrage m'a paru semé. Ses railleries m'ont plus diverti qu'elles ne m'ont offensé; et même de tous ceux qui ont vu cette satire en manuscrit, je suis celui peut-être qui en ai jugé le plus avantageusement. Peut-être ne l'ai-je trouvée bonne que par la crainte où j'étais de succomber à la tentation de la trouver mauvaise : le public jugera de son prix.

Ce censeur assure dans son ouvrage que ma tragédie languira tristement dans la boutique de Ribou, lorsque sa lettre aura dessillé les yeux du public; heureusement il empêche lui-même le mal qu'il me veut faire. Si sa satire est bonne, tous ceux qui la liront auront quelque curiosité de voir la tragédie qui en est l'objet; et au lieu que les pièces de théâtre font vendre d'ordinaire leurs critiques, cette critique fera vendre mon ouvrage. Je lui aurai la même obligation qu'Escobar eut à Pascal. Cette comparaison me paraît assez juste : car ma poésie pourrait bien être aussi relâchée que la morale d'Escobar; et il y a, dans la satire de ma pièce, quelques traits qui sont peut-être dignes des *Lettres provinciales,* du moins par la malignité.

Je reçois une troisième critique : celle-ci est si misérable, que je n'en puis moi-même soutenir la lecture. On m'en promet encore deux autres. Voilà bien des ennemis : si je fais encore une tragédie, où fuirai-je?

LETTRE

Au père PORÉE, *jésuite.*

Je vous envoie, mon cher Père (1), la nouvelle édition qu'on vient de faire de la tragédie d'*OEdipe*. J'ai eu soin d'effacer, autant que je l'ai pu, les couleurs fades d'un amour déplacé, que j'avais mêlées malgré moi aux traits mâles et terribles que ce sujet exige.

Je veux d'abord que vous sachiez, pour ma justification, que, tout jeune que j'étais quand je fis l'*OEdipe*, je le composai à peu près tel que vous le voyez aujourd'hui. J'étais plein de la lecture des anciens et de vos leçons, et je connaissais fort peu le théâtre de Paris. Je travaillai à peu près comme si j'avais été à Athènes. Je consultai M. Dacier, qui était du pays : il me conseilla de mettre un chœur dans toutes les scènes, à la manière des Grecs. C'était me conseiller de me promener dans Paris avec la robe de Platon. J'eus bien de la peine seulement à obtenir que les comédiens de Paris voulussent exécuter les chœurs qui paraissent trois ou quatre fois dans la pièce; j'en eus

(1) Cette lettre a été trouvée dans les papiers du père Porée après sa mort.

bien davantage à faire recevoir une tragédie presque sans amour. Les comédiennes se moquèrent de moi, quand elles virent qu'il n'y avait point de rôle pour l'amoureuse. On trouva la scène de la double confidence entre OEdipe et Jocaste, tirée en partie de Sophocle, tout-à-fait insipide. En un mot, les acteurs, qui étaient dans ce temps-là petits maîtres et grands seigneurs, refusèrent de représenter l'ouvrage.

J'étais extrêmement jeune : je crus qu'ils avaient raison. Je gâtai ma pièce pour leur plaire, en affadissant, par des sentiments de tendresse, un sujet qui le comporte si peu. Quand on vit un peu d'amour, on fut moins mécontent de moi ; mais on ne voulut point du tout de cette grande scène entre Jocaste et OEdipe : on se moqua de Sophocle et de son imitateur. Je tins bon, je dis mes raisons, j'employai des amis ; enfin ce ne fut qu'à force de protections que j'obtins qu'on jouerait OEdipe.

Il y avait un acteur nommé Quinault, qui dit tout haut que, pour me punir de mon opiniâtreté, il fallait jouer la pièce telle qu'elle était, avec ce mauvais quatrième acte tiré du grec. On me regardait d'ailleurs comme un téméraire d'oser traiter un sujet où P. Corneille avait si bien réussi. On trouvait alors l'*OEdipe* de Corneille excellent ; je le trouvais un fort mauvais ouvrage, et je n'osais le dire : je ne le dis enfin qu'au bout de dix ans, quand tout le monde est de mon avis.

Il faut souvent bien du temps pour que justice soit rendue. On l'a fait un peu plus tôt aux *Deux*

Œdipes de M. de la Motte. Le révérend Père de Tournemine a dû vous communiquer la petite préface dans laquelle je lui livre bataille. M. de la Motte a bien de l'esprit : il est un peu comme cet athlète grec qui, quand il était terrassé, prouvait qu'il avait le dessus.

Je ne suis de son avis sur rien ; mais vous m'avez appris à faire une guerre d'honnête homme. J'écris avec tant de civilité contre lui, que je l'ai demandé lui-même pour examinateur de cette préface, où je tâche de lui prouver son tort à chaque ligne ; et il a lui-même approuvé ma petite dissertation polémique. Voilà comme les gens de lettres devraient se combattre ; voilà comme ils en useraient, s'ils avaient été à votre école : mais ils sont d'ordinaire plus mordants que des avocats, et plus emportés que des jansénistes. Les lettres humaines sont devenues très-inhumaines. On injurie, on cabale, on calomnie, on fait des couplets. Il est plaisant qu'il soit permis de dire aux gens par écrit ce qu'on n'oserait pas leur dire en face. Vous m'avez appris, mon cher Père, à fuir ces bassesses, et à savoir vivre comme à savoir écrire :

> Les Muses, filles du ciel,
> Sont des sœurs sans jalousie :
> Elles vivent d'ambrosie,
> Et non d'absinthe et de fiel ;
> Et quand Jupiter appelle
> Leur assemblée immortelle
> Aux fêtes qu'il donne aux dieux,
> Il défend que le satyre

Trouble les sons de leur lyre
Par ses sons audacieux.

Adieu, mon cher et révérend Père : je suis pour jamais à vous et aux vôtres, avec la tendre reconnaissance que je vous dois, et que ceux qui ont été élevés par vous ne conservent pas toujours, etc.

A Paris, le 7 janvier 1729.

PRÉFACE

DE L'ÉDITION DE 1729.

L'ŒDIPE dont on donne cette nouvelle édition fut représenté pour la première fois à la fin de l'année 1718. Le public le reçut avec beaucoup d'indulgence. Depuis même, cette tragédie s'est toujours soutenue sur le théâtre, et on la revoit encore avec quelque plaisir, malgré ses défauts ; ce que j'attribue en partie à l'avantage qu'elle a toujours eu d'être très-bien représentée, et en partie à la pompe et au pathétique du spectacle même.

Le père Folard, jésuite, et M. de la Motte, de l'académie française, ont depuis traité tous deux le même sujet, et tous deux ont évité les défauts dans lesquels je suis tombé. Il ne m'appartient pas de parler de leurs pièces ; mes critiques et même mes louanges paraîtraient également suspectes (1).

Je suis encore plus éloigné de prétendre donner une poétique à l'occasion de cette tragédie ; je

(1) M. de la Motte donna deux *OEdipes* en 1726, l'un en rimes, et l'autre en prose non rimée. L'*OEdipe* en rimes fut représenté quatre fois, et l'autre n'a jamais été joué.

suis persuadé que tous ces raisonnements délicats, tant rebattus depuis quelques années, ne valent pas une scène de génie, et qu'il y a bien plus à apprendre dans *Polyeucte* et dans *Cinna* que dans tous les préceptes de l'abbé d'Aubignac : Sévère et Pauline sont les véritables maîtres de l'art. Tant de livres faits sur la peinture par des connaisseurs, n'instruiront pas tant un élève que la seule vue d'une tête de Raphaël.

Les principes de tous les arts qui dépendent de l'imagination, sont tous aisés et simples, tous puisés dans la nature et dans la raison. Les Pradon et les Boyer les ont connus, aussi-bien que les Corneille et les Racine : la différence n'a été et ne sera jamais que dans l'application. Les auteurs d'*Armide* et d'*Issé*, et les plus mauvais compositeurs, ont eu les mêmes règles de musique. Le Poussin a travaillé sur les mêmes principes que Vignon. Il paraît donc aussi inutile de parler de règles à la tête d'une tragédie, qu'il le serait à un peintre de prévenir le public par des dissertations sur ses tableaux, ou à un musicien de vouloir démontrer que sa musique doit plaire.

Mais puisque M. de la Motte veut établir des règles toutes contraires à celles qui ont guidé nos grands maîtres, il est juste de défendre ces anciennes lois, non pas parce qu'elles sont anciennes, mais parce qu'elles sont bonnes et nécessaires, et qu'elles pourraient avoir, dans un homme de son mérite, un adversaire redoutable.

DES TROIS UNITÉS.

M. de la Motte veut d'abord proscrire l'unité d'action, de lieu et de temps.

Les Français sont les premiers, d'entre les nations modernes, qui ont fait revivre ces sages règles du théâtre; les autres peuples ont été long-temps sans vouloir recevoir un joug qui paraissait si sévère : mais comme ce joug était juste, et que la raison triomphe enfin de tout, ils s'y sont soumis avec le temps. Aujourd'hui même, en Angleterre, les auteurs affectent d'avertir, au-devant de leurs pièces, que la durée de l'action est égale à celle de la représentation; et ils vont plus loin que nous, qui en cela avons été leurs maîtres. Toutes les nations commencent à regarder comme barbares les temps où cette pratique était ignorée des plus grands génies, tels que don Lopez de Vega et Shakspeare; elles avouent même l'obligation qu'elles nous ont de les avoir retirées de cette barbarie : faut-il qu'un Français se serve aujourd'hui de tout son esprit pour nous y ramener ?

Quand je n'aurais autre chose à dire à M. de la Motte, sinon que messieurs Corneille, Racine, Molière, Addisson, Congrève, Maffei, ont tous observé les lois du théâtre, c'en serait assez pour devoir arrêter quiconque voudrait les violer : mais M. de la Motte mérite qu'on le combatte par des raisons plus que par des autorités.

PRÉFACE.

Qu'est-ce qu'une pièce de théâtre? la représentation d'une action. Pourquoi d'une seule, et non de deux ou trois? c'est que l'esprit humain ne peut embrasser plusieurs objets à-la-fois; c'est que l'intérêt qui se partage, s'anéantit bientôt; c'est que nous sommes choqués de voir, même dans un tableau, deux événements; c'est qu'enfin la nature seule nous a indiqué ce précepte, qui doit être invariable comme elle.

Par la même raison, l'unité de lieu est essentielle; car une seule action ne peut se passer en plusieurs lieux à-la-fois. Si les personnages que je vois, sont à Athènes au premier acte, comment peuvent-ils se trouver en Perse au second? M. le Brun a-t-il peint Alexandre à Arbelles et dans les Indes sur la même toile? «Je ne serais pas « étonné, dit adroitement M. de la Motte, qu'une « nation sensée, mais moins amie des règles, s'ac-« commodât de voir Coriolan condamné à Rome « au premier acte, reçu chez les Volsques au troi-« sième, et assiégeant Rome au quatrième, etc. » Premièrement, je ne conçois point qu'un peuple sensé et éclairé ne fût pas ami de règles toutes puisées dans le bon sens, et toutes faites pour son plaisir. Secondement, qui ne sent que voilà trois tragédies, et qu'un pareil projet, fût-il exécuté même en beaux vers, ne serait jamais qu'une pièce de Jodelle ou de Hardy, versifiée par un moderne habile?

L'unité de temps est jointe naturellement aux

deux premières. En voici, je crois, une preuve bien sensible. J'assiste à une tragédie, c'est-à-dire à la représentation d'une action; le sujet est l'accomplissement de cette action unique. On conspire contre Auguste dans Rome; je veux savoir ce qui va arriver d'Auguste et des conjurés. Si le poète fait durer l'action quinze jours, il doit me rendre compte de ce qui se sera passé dans ces quinze jours; car je suis là pour être informé de ce qui se passe, et rien ne doit arriver d'inutile. Or, s'il met devant mes yeux quinze jours d'événements, voilà au moins quinze actions différentes, quelque petites qu'elles puissent être. Ce n'est plus uniquement cet accomplissement de la conspiration auquel il fallait marcher rapidement, c'est une longue histoire qui ne sera plus intéressante, parce qu'elle ne sera plus vive, parce que tout sera écarté du moment de la décision, qui est le seul que j'attends. Je ne suis point venu à la comédie pour entendre l'histoire d'un héros, mais pour voir un seul événement de sa vie. Il y a plus : le spectateur n'est que trois heures à la comédie; il ne faut donc pas que l'action dure plus de trois heures. *Cinna, Andromaque, Bajazet, Œdipe,* soit celui du grand Corneille, soit celui de M. de la Motte, soit même le mien, si j'ose en parler, ne durent pas davantage. Si quelques autres pièces exigent plus de temps, c'est une licence qui n'est pardonnable qu'en faveur des beautés de l'ouvrage; et plus cette licence est grande, plus elle est faute.

Nous étendons souvent l'unité de temps jusqu'à vingt-quatre heures, et l'unité de lieu à l'enceinte de tout un palais. Plus de sévérité rendrait quelquefois d'assez beaux sujets impraticables, et plus d'indulgence ouvrirait la carrière à de trop grands abus : car s'il était une fois établi qu'une action théâtrale pût se passer en deux jours, bientôt quelque auteur y emploierait deux semaines, et un autre deux années; et si l'on ne réduisait pas le lieu de la scène à un espace limité, nous verrions en peu de temps des pièces telles que l'ancien *Jules-César* des Anglais, où Cassius et Brutus sont à Rome au premier acte, et en Thessalie dans le cinquième.

Ces lois observées, non-seulement servent à écarter les défauts, mais elles amènent de vraies beautés; de même que les règles de la belle architecture, exactement suivies, composent nécessairement un bâtiment qui plaît à la vue. On voit qu'avec l'unité de temps, d'action et de lieu, il est bien difficile qu'une pièce ne soit pas simple : aussi voilà le mérite de toutes les pièces de M. Racine, et celui que demandait Aristote. M. de la Motte, en défendant une tragédie de sa composition, préfère à cette noble simplicité la multitude des événements; il croit son sentiment autorisé par le peu de cas qu'on fait de *Bérénice*, par l'estime où est encore le *Cid*. Il est vrai que le *Cid* est plus touchant que *Bérénice* : mais *Bérénice* n'est condamnable que parce que c'est une élégie plutôt qu'une tragédie simple; et le *Cid*, dont l'action est véritablement tragique, ne doit point son succès à la multiplicité des événements, mais il plaît malgré cette multiplicité, comme il touche malgré l'infante, et non pas à cause de l'infante.

M. de la Motte croit qu'on peut se mettre au-dessus de toutes ces règles en s'en tenant à l'unité d'intérêt, qu'il dit avoir inventée, et qu'il appelle un paradoxe : mais cette unité d'intérêt ne me paraît autre chose que celle de l'action. « Si plu-
« sieurs personnages, dit-il, sont diversement inté-
« ressés dans le même événement, et s'ils sont tous
« dignes que j'entre dans leurs passions, il y a alors
« unité d'action, et non pas unité d'intérêt (1). »

(1) Je soupçonne qu'il y a une erreur dans cette proposition, qui m'avait paru d'abord très-plausible; je supplie M. de la Motte de l'examiner avec moi. N'y a-t-il pas dans *Rodogune* plusieurs personnages principaux diversement intéressés? Cependant il n'y a réellement qu'un seul intérêt dans la pièce, qui est celui de l'amour de Rodogune et d'Antiochus. Dans *Britannicus*, Agrippine, Néron, Narcisse, Britannicus, Junie, n'ont-ils pas tous des intérêts séparés, ne méritent-ils pas tous mon attention? Cependant ce n'est qu'à l'amour de Britannicus et de Junie que le public prend une part intéressante. Il est donc très-ordinaire qu'un seul et unique intérêt résulte de diverses passions bien ménagées. C'est un centre où plusieurs lignes différentes aboutissent : c'est la principale figure du tableau, que les autres font paraître sans se dérober à la vue. Le défaut n'est pas d'amener sur la scène plusieurs personnages avec des desirs et des desseins différents; le défaut est de ne savoir pas fixer notre intérêt sur un seul

PRÉFACE.

Depuis que j'ai pris la liberté de disputer contre M. de la Motte sur cette petite question, j'ai relu le discours du grand Corneille sur les trois unités ; il vaut mieux consulter ce grand maître que moi. Voici comme il s'exprime : *Je tiens donc, et je l'ai déjà dit, que l'unité d'action consiste en l'unité d'intrigue et en l'unité de péril.* Que le lecteur lise cet endroit de Corneille, et il décidera bien vite entre M. de la Motte et moi ; et quand je ne serais pas fort de l'autorité de ce grand homme, n'ai-je pas encore une raison plus convaincante ? c'est l'expérience. Qu'on lise nos meilleures tragédies françaises, on trouvera toujours les personnages principaux diversement intéressés ; mais ces intérêts divers se rapportent tous à celui du personnage principal, et alors il y a unité d'action. Si au contraire tous ces intérêts différents ne se rapportent pas au principal ac-

---

amour, lorsqu'on en présente plusieurs. C'est alors qu'il n'y a plus unité d'intérêt ; et c'est alors aussi qu'il n'y a plus unité d'action.

La tragédie de *Pompée* en est un exemple : César vient en Égypte pour voir Cléopâtre, Pompée pour s'y réfugier : Cléopâtre veut être aimée et régner : Cornélie veut se venger sans savoir comment : Ptolomée songe à conserver sa couronne. Toutes ces parties désassemblées ne composent point un tout ; aussi l'action est double et même triple, et le spectateur ne s'intéresse pour personne.

Si ce n'est point une témérité d'oser mêler mes défauts avec ceux du grand Corneille, j'ajouterai que mon *OEdipe* est encore une preuve que des intérêts très-divers, et, si je puis user de ce mot, mal assortis, font nécessairement une duplicité d'action. L'amour de Philoctète n'est point lié à la situation d'OEdipe ; et dès-là cette pièce est double.

Note tirée de l'édition de 1730.

teur, si ce ne sont pas des lignes qui aboutissent à un centre commun, l'intérêt est double, et ce qu'on appelle *action* au théâtre l'est aussi. Tenons-nous-en donc, comme le grand Corneille, aux trois unités, dans lesquelles les autres règles, c'est-à-dire les autres beautés, se trouvent renfermées.

M. de la Motte les appelle des *principes de fantaisie*, et prétend qu'on peut fort bien s'en passer dans nos tragédies, parce qu'elles sont négligées dans nos opéras. C'est, ce me semble, vouloir réformer un gouvernement régulier sur l'exemple d'une anarchie.

DE L'OPÉRA.

L'opéra est un spectacle aussi bizarre que magnifique, où les yeux et les oreilles sont plus satisfaits que l'esprit, où l'asservissement à la musique rend nécessaires les fautes les plus ridicules, où il faut chanter des *ariettes* dans la destruction d'une ville, et danser autour d'un tombeau; où l'on voit le palais de Pluton et celui du Soleil; des dieux, des démons, des magiciens, des prestiges, des monstres, des palais formés et détruits en un clin-d'œil. On tolère ces extravagances, on les aime même, parce qu'on est là dans le pays des fées, et pourvu qu'il y ait du spectacle, de belles danses, une belle musique, quelques scènes intéressantes, on est content. Il serait aussi ridicule d'exiger dans *Alceste* l'unité d'action, de lieu et de temps, que de vouloir introduire des danses et des démons dans *Cinna* ou dans *Rodogune*.

Cependant, quoique les opéras soient dispensés de ces trois règles, les meilleurs sont encore ceux où elles sont le moins violées : on les retrouve même, si je ne me trompe, dans plusieurs; tant elles sont nécessaires et naturelles, et tant elles servent à intésesser le spectateur. Comment donc M. de la Motte peut-il reprocher à notre nation la légèreté de condamner dans un spectacle les mêmes choses que nous approuvons dans un autre? Il n'y a personne qui ne pût répondre à M. de la Motte : « J'exige avec raison
« beaucoup plus de perfection d'une tragédie
« que d'un opéra, parce qu'à une tragédie mon
« attention n'est point partagée; que ce n'est ni
« d'une sarabande, ni d'un pas de deux que dé-
« pend mon plaisir, et que c'est à mon ame uni-
« quement qu'il faut plaire. J'admire qu'un
« homme ait su amener et conduire, dans un
« seul lieu et dans un seul jour, un seul événe-
« ment que mon esprit conçoit sans fatigue, et
« où mon cœur s'intéresse par degrés. Plus je
« vois combien cette simplicité est difficile, plus
« elle me charme; et si je veux ensuite me rendre
« raison de mon plaisir, je trouve que je suis de
« l'avis de M. Despréaux, qui dit :

« Qu'en un lieu, qu'en un jour, un seul fait accompli
« Tienne jusqu'à la fin le théâtre rempli.

« J'ai pour moi, *pourra-t-il dire*, l'autorité du
« grand Corneille : j'ai plus encore, j'ai son
« exemple, et le plaisir que me font ses ouvrages,
« à proportion qu'il a plus ou moins obéi à cette
« règle. »

M. de la Motte ne s'est pas contenté de vouloir
ôter du théâtre ses principales règles, il veut encore lui ôter la poésie, et nous donner des tragédies en prose.

DES TRAGÉDIES EN PROSE.

Cet auteur ingénieux et fécond, qui n'a fait
que des vers en sa vie, ou des ouvrages de prose
à l'occasion de ses vers, écrit contre son art
même, et le traite avec le même mépris qu'il a
traité Homère, que pourtant il a traduit. Jamais
Virgile, ni le Tasse, ni M. Despréaux, ni M. Racine, ni M. Pope, ne se sont avisés d'écrire contre
l'harmonie des vers; ni M. de Lulli contre la musique, ni M. Newton contre les mathématiques.
On a vu des hommes qui ont eu quelquefois la
faiblesse de se croire supérieurs à leur profession,
ce qui est le sûr moyen d'être au-dessous : mais
on n'en avait point encore vu qui voulussent
l'avilir. Il n'y a que trop de personnes qui mé-
prisent la poésie, faute de la connaître. Paris est
plein de gens de bon sens nés avec des organes
insensibles à toute harmonie, pour qui de la
musique n'est que du bruit, et à qui la poésie ne

paraît qu'une folie ingénieuse. Si ces personnes apprennent qu'un homme de mérite, qui a fait cinq ou six volumes de vers, est de leur avis, ne se croiront-elles pas en droit de regarder tous les autres poètes comme des fous, et celui-là comme le seul à qui la raison est revenue? Il est donc nécessaire de lui répondre pour l'honneur de l'art, et, j'ose dire, pour l'honneur d'un pays qui doit une partie de sa gloire, chez les étrangers, à la perfection de cet art même.

M. de la Motte avance que la rime est un usage barbare inventé depuis peu.

Cependant tous les peuples de la terre, excepté les anciens Romains et les Grecs, ont rimé et riment encore. Le retour des mêmes sons est si naturel à l'homme, qu'on a trouvé la rime établie chez les sauvages comme elle l'est à Rome, à Paris, à Londres et à Madrid. Il y a dans Montaigne une chanson en rimes américaines traduite en français : on trouve dans un des *Spectateurs* de M. Addisson une traduction d'une ode laponne rimée, qui est pleine de sentiment.

Les Grecs, *quibus dedit ore rotundo Musa loqui,* nés sous un ciel plus heureux, et favorisés, par la nature, d'organes plus délicats que les autres nations, formèrent une langue dont toutes les syllabes pouvaient, par leur longueur ou leur brièveté, exprimer les sentiments lents ou impétueux de l'ame. De cette variété de syllabes et d'intonations résultait dans leurs vers, et même aussi dans leur prose, une harmonie que les anciens Italiens sentirent, qu'ils imitèrent, et qu'aucune nation n'a pu saisir après eux. Mais soit rime, soit syllabes cadencées, la poésie, contre laquelle M. de la Motte se révolte, a été et sera toujours cultivée par tous les peuples.

Avant Hérodote, l'histoire même ne s'écrivait qu'en vers chez les Grecs, qui avaient pris cette coutume des anciens Egyptiens, le peuple le plus sage de la terre, le mieux policé et le plus savant. Cette coutume était très-raisonnable; car le but de l'histoire était de conserver à la postérité la mémoire du petit nombre de grands hommes qui lui devaient servir d'exemple. On ne s'était point encore avisé de donner l'histoire d'un couvent, ou d'une petite ville, en plusieurs volumes in-folio : on n'écrivait que ce qui en était digne, que ce que les hommes devaient retenir par cœur. Voilà pourquoi on se servait de l'harmonie des vers pour aider la mémoire. C'est pour cette raison que les premiers philosophes, les législateurs, les fondateurs des religions et les historiens, étaient tous poètes.

Il semble que la poésie dût manquer communément, dans de pareils sujets, ou de précision ou d'harmonie : mais depuis que Virgile et Horace ont réuni ces deux grands mérites, qui paraissent si incompatibles; depuis que messieurs Despréaux et Racine ont écrit comme Virgile et Horace, un homme qui les a lus, et qui sait qu'ils sont traduits dans presque toutes les langues de l'Europe, peut-il avilir à ce point un talent qui lui a fait tant d'honneur à lui-même? Je placerai nos Despréaux et nos Racine à côté de Virgile pour le mérite de la versification, parce que si l'auteur de l'*Enéide* était né à Paris, il aurait rimé comme eux; et si ces deux Français avaient vécu du temps d'Auguste, ils auraient fait le même usage que Virgile de la mesure des vers latins. Quand donc M. de la Motte appelle la versification *un travail mécanique et ridicule,* c'est charger de ce ridicule non-seulement tous nos grands poètes, mais tous ceux de l'antiquité.

Virgile et Horace se sont asservis à un travail aussi mécanique que nos auteurs : un arrangement heureux de spondées et de dactyles était aussi pénible que nos rimes et nos hémistiches. Il fallait que ce travail fût bien laborieux, puisque l'*Enéide*, après onze années, n'était pas encore dans sa perfection.

M. de la Motte prétend qu'au moins une scène de tragédie, mise en prose, ne perd rien de sa grâce ni de sa force. Pour le prouver, il tourne en prose la première scène de *Mithridate*, et personne ne peut la lire. Il ne songe pas que le grand mérite des vers est qu'ils soient aussi corrects que la prose. C'est cette extrême difficulté surmontée qui charme les connaisseurs : réduisez les vers en prose, il n'y a plus ni mérite ni plaisir.

PRÉFACE.

Mais, dit-il, *nos voisins ne riment point dans leurs tragédies*. Cela est vrai; mais ces pièces sont en vers, parce qu'il faut de l'harmonie à tous les peuples de la terre. Il ne s'agit donc plus que de savoir si nos vers doivent être rimés ou non. Messieurs Corneille et Racine ont employé la rime ; craignons que, si nous voulons ouvrir une autre carrière, ce ne soit plutôt par l'impuissance de marcher dans celle de ces grands hommes, que par le désir de la nouveauté. Les Italiens et les Anglais peuvent se passer de rimes, parce que leur langue a des inversions, et leur poésie mille libertés qui nous manquent. Chaque langue a son génie déterminé par la nature de la construction de ses phrases, par la fréquence de ses voyelles ou de ses consonnes, ses inversions, ses verbes auxiliaires, etc. Le génie de notre langue est la clarté et l'élégance; nous ne permettons nulle licence à notre poésie, qui doit marcher, comme notre prose, dans l'ordre précis de nos idées. Nous avons donc un besoin essentiel du retour des mêmes sons, pour que notre poésie ne soit pas confondue avec la prose. Tout le monde connaît ces vers :

Où me cacher? fuyons dans la nuit infernale.
Mais que dis-je? mon père y tient l'urne fatale :
Le sort, dit-on, l'a mise en ses sévères mains;
Minos juge aux enfers tous les pâles humains.

Mettez à la place :

> Où me cacher? fuyons dans la nuit infernale.
> Mais que dis-je? mon père y tient l'urne funeste :
> Le sort, dit-on, l'a mise en ses sévères mains ;
> Minos juge aux enfers tous les pâles mortels.

Quelque poétique que soit ce morceau, fera-t-il le même plaisir, dépouillé de l'agrément de la rime? Les Anglais et les Italiens diraient également, après les Grecs et les Romains, *les pâles humains Minos aux enfers juge,* et enjamberaient avec grâce sur l'autre vers. La manière même de réciter des vers, en italien et en anglais, fait sentir des syllabes longues et brèves, qui soutiennent encore l'harmonie sans besoin de rimes : nous qui n'avons aucun de ces avantages, pourquoi voudrions-nous abandonner ceux que la nature de notre langue nous laisse?

M. de la Motte compare nos poètes, c'est-à-dire nos Corneille, nos Racine, nos Despréaux, à des faiseurs d'acrostiches, et à un charlatan qui fait passer des grains de millet par le trou d'une aiguille; il ajoute que toutes ces puérilités n'ont d'autre mérite que celui de la difficulté surmontée. J'avoue que les mauvais vers sont à peu près dans ce cas : ils ne diffèrent de la mauvaise prose que par la rime; et la rime seule ne fait ni le mérite du poète, ni le plaisir du lecteur. Ce ne sont point seulement des dactyles et des spondées qui plaisent dans Homère et dans Virgile; ce qui enchante toute la terre, c'est l'harmonie charmante qui naît de cette mesure difficile. Quiconque se borne à vaincre une difficulté pour le mérite seul de la vaincre, est un fou; mais celui qui tire du fond de ces obstacles même des beautés qui plaisent à tout le monde, est un homme très-sage et presque unique. Il est très-difficile de faire de beaux tableaux, de belles statues, de bonne musique, de bons vers : aussi les noms des hommes supérieurs qui ont vaincu ces obstacles, dureront-ils beaucoup plus peut-être que les royaumes où ils sont nés.

Je pourrais prendre encore la liberté de disputer avec M. de la Motte sur quelques autres points : mais ce serait peut-être marquer un dessein de l'attaquer personnellement, et faire soupçonner une malignité dont je suis aussi éloigné que de ses sentiments. J'aime beaucoup mieux profiter des réflexions judicieuses et fines qu'il a répandues dans son livre, que de m'engager à en réfuter quelques-unes qui me paraissent moins vraies que les autres. C'est assez pour moi d'avoir tâché de défendre un art que j'aime, et qu'il eût dû défendre lui-même.

Je dirai seulement un mot, si M. de la Faye veut bien me le permettre, à l'occasion de l'ode en faveur de l'harmonie, dans laquelle il combat en beaux vers le système de M. de la Motte, et à laquelle ce dernier n'a répondu qu'en prose.

Voici une stance dans laquelle M. de la Faye a rassemblé, en vers harmonieux et pleins d'imagination, presque toutes les raisons que j'ai alléguées :

> De la contrainte rigoureuse
> Où l'esprit semble resserré,
> Il reçoit cette force heureuse
> Qui l'élève au plus haut degré.
> Telle, dans des canaux pressée,
> Avec plus de force élancée,
> L'onde s'élève dans les airs ;
> Et la règle, qui semble austère,
> N'est qu'un art plus certain de plaire,
> Inséparable des beaux vers.

Je n'ai jamais vu de comparaison plus juste, plus gracieuse, ni mieux exprimée. M. de la Motte, qui n'eût dû y répondre qu'en l'imitant seulement, examine si ce sont les canaux qui font que l'eau s'élève, ou si c'est la hauteur dont elle tombe qui fait la mesure de son élévation. *Or, où trouvera-t-on,* continue-t-il, *dans les vers plutôt que dans la prose, cette première hauteur de pensées ?* etc.

Je crois que M. de la Motte se trompe, comme physicien, puisqu'il est certain que, sans la gêne des canaux dont il s'agit, l'eau ne s'éleverait point du tout, de quelque hauteur qu'elle tombât. Mais ne se trompe-t-il pas encore plus comme poète ? Comment n'a-t-il pas senti que, comme la gêne de la mesure des vers produit une harmonie agréable à l'oreille, ainsi cette prison où l'eau coule renfermée produit un jet d'eau qui plaît à la vue? La comparaison n'est-elle pas aussi juste que riante? M. de la Faye a pris sans doute un meilleur parti que moi; il s'est conduit comme ce philosophe qui, pour toute réponse à un sophiste qui niait le mouvement, se contenta de marcher en sa présence. M. de la Motte nie l'harmonie des vers; M. de la Faye lui envoie des vers harmonieux : cela seul doit m'avertir de finir ma prose.

A MADAME,
FEMME DU RÉGENT.

Madame,

Si l'usage de dédier ses ouvrages à ceux qui en jugent le mieux n'était pas établi, il commencerait par votre Altesse Royale. La protection éclairée dont vous honorez les succès ou les efforts des auteurs, met en droit ceux même qui réussissent le moins d'oser mettre sous votre nom des ouvrages qu'ils ne composent que dans le dessein de vous plaire. Pour moi, dont le zèle tient lieu de mérite auprès de vous, souffrez que je prenne la liberté de vous offrir les faibles essais de ma plume. Heureux si, encouragé par vos bontés, je puis travailler long-temps pour votre Altesse Royale, dont la conservation n'est pas moins précieuse à ceux qui cultivent les beaux-arts qu'à toute la France, dont elle est les délices et l'exemple!

Je suis avec un profond respect,

Madame,

De votre Altesse Royale,

Le très-humble et très-obéissant serviteur,
Arouet de Voltaire.

PERSONNAGES.

OEDIPE, roi de Thèbes.
JOCASTE, reine de Thèbes.
PHILOCTÈTE, prince d'Eubée.
LE GRAND-PRÊTRE.
ARASPE, confident d'OEdipe.
ÉGINE, confidente de Jocaste.
DIMAS, ami de Philoctète.
PHORBAS, vieillard thébain.
ICARE, vieillard de Corinthe.
Chœur de Thébains.

La scène est à Thèbes.

ŒDIPE,
TRAGÉDIE.

ACTE PREMIER.

SCÈNE I.

PHILOCTÈTE, DIMAS.

DIMAS.

Philoctète, est-ce vous ? quel coup affreux du sort
Dans ces lieux empestés vous fait chercher la mort ?
Venez-vous de nos Dieux affronter la colère ? (1)
Nul mortel n'ose ici mettre un pied téméraire :
Ces climats sont remplis du céleste courroux ;
Et la mort dévorante habite parmi nous.
Thèbes, depuis long-temps aux horreurs consacrée,
Du reste des vivants semble être séparée :
Retournez...

PHILOCTÈTE.

Ce séjour convient aux malheureux :
Va, laisse-moi le soin de mes destins affreux,

---

(1) Voyez les Variantes à la fin de la pièce.

Et dis-moi si des Dieux la colère inhumaine,
En accablant ce peuple, a respecté la reine?
DIMAS.
Oui, Seigneur, elle vit; mais la contagion
Jusqu'au pied de son trône apporte son poison.
Chaque instant lui dérobe un serviteur fidèle;
Et la mort par degrés semble s'approcher d'elle.
On dit qu'enfin le Ciel, après tant de courroux,
Va retirer son bras appesanti sur nous :
Tant de sang, tant de morts ont dû le satisfaire.
PHILOCTÈTE.
Eh! quel crime a produit un courroux si sévère?
DIMAS.
Depuis la mort du roi...
PHILOCTÈTE.
   Qu'entends-je? quoi! Laïus...
DIMAS.
Seigneur, depuis quatre ans, ce héros ne vit plus.
PHILOCTÈTE.
Il ne vit plus! Quel mot a frappé mon oreille!
Quel espoir séduisant dans mon cœur se réveille!
Quoi! Jocaste... (les Dieux me seraient-ils plus doux?)
Quoi! Philoctète enfin pourrait-il être à vous?
Il ne vit plus!... quel sort a terminé sa vie?
DIMAS.
Quatre ans sont écoulés depuis qu'en Béotie
Pour la dernière fois le sort guida vos pas.
A peine vous quittiez le sein de vos Etats,
A peine vous preniez le chemin de l'Asie,
Lorsque, d'un coup perfide, une main ennemie

Ravit à ses sujets ce prince infortuné.

PHILOCTÈTE.

Quoi! Dimas, votre maître est mort assassiné?

DIMAS.

Ce fut de nos malheurs la première origine :
Ce crime a de l'empire entraîné la ruine.
Du bruit de son trépas mortellement frappés,
A répandre des pleurs nous étions occupés :
Quand du courroux des Dieux ministre épouvantable,
Funeste à l'innocent sans punir le coupable,
Un monstre, (loin de nous que faisiez-vous alors?)
Un monstre furieux vint ravager ces bords.
Le Ciel industrieux dans sa triste vengeance
Avait à le former épuisé sa puissance.
Né parmi des rochers, au pied du Cithéron,
Ce monstre à voix humaine, aigle, femme et lion *,
De la nature entière exécrable assemblage,
Unissait contre nous l'artifice à la rage.
Il n'était qu'un moyen d'en préserver ces lieux.
D'un sens embarrassé dans des mots captieux,
Le monstre, chaque jour, dans Thèbe épouvantée,
Proposait une énigme avec art concertée;
Et si quelque mortel voulait nous secourir,
Il devait voir le monstre et l'entendre, ou périr.
A cette loi terrible il nous fallut souscrire.
D'une commune voix, Thèbe offrit son empire
A l'heureux interprète inspiré par les Dieux
Qui nous dévoilerait ce sens mystérieux.

---

* Vers de l'*OEdipe* de Corneille.

Nos sages, nos vieillards, séduits par l'espérance,
Osèrent, sur la foi d'une vaine science,
Du monstre impénétrable affronter le courroux :
Nul d'eux ne l'entendit ; ils expirèrent tous.
Mais OEdipe, héritier du sceptre de Corinthe,
Jeune et dans l'âge heureux qui méconnaît la crainte, *
Guidé par la fortune en ces lieux pleins d'effroi,
Vint, vit ce monstre affreux, l'entendit, et fut roi.
Il vit, il règne encor ; mais sa triste puissance
Ne voit que des mourants sous son obéissance.
Hélas ! nous nous flattions que ses heureuses mains
Pour jamais à son trône enchaînaient les destins.
Déjà même les Dieux nous semblaient plus faciles :
Le monstre en expirant laissait ces murs tranquilles ;
Mais la stérilité, sur ce funeste bord,
Bientôt avec la faim nous rapporta la mort.
Les Dieux nous ont conduits de supplice en supplice ;
La famine a cessé, mais non leur injustice ;
Et la contagion, dépeuplant nos Etats,
Poursuit un faible reste échappé du trépas.
Tel est l'état horrible où les Dieux nous réduisent.
Mais vous, heureux guerrier, que ces Dieux favorisent,
Qui du sein de la gloire a pu vous arracher ?
Dans ce séjour affreux que venez-vous chercher ?

PHILOCTÈTE.

J'y viens porter mes pleurs et ma douleur profonde.
Apprends mon infortune et les malheurs du monde.

---

* Autre leçon :
    Au-dessus de son âge, au-dessus de la crainte.

Mes yeux ne verront plus ce digne fils des Dieux,
Cet appui de la terre, invincible comme eux.
L'innocent opprimé perd son dieu tutélaire;
Je pleure mon ami, le monde pleure un père.
DIMAS.
Hercule est mort?
PHILOCTÈTE.
Ami, ces malheureuses mains
Ont mis sur le bûcher le plus grand des humains;
Je rapporte en ces lieux ses flèches invincibles,
Du fils de Jupiter présents chers et terribles;
Je rapporte sa cendre, et viens à ce héros,
Attendant des autels, élever des tombeaux.
Crois-moi, s'il eût vécu, si d'un présent si rare
Le Ciel pour les humains eût été moins avare,
J'aurais loin de Jocaste achevé mon destin :
Et dût ma passion renaître dans mon sein,
Tu ne me verrais point, suivant l'amour pour guide,
Pour servir une femme abandonner Alcide.
DIMAS.
J'ai plaint long-temps ce feu si puissant et si doux;
Il naquit dans l'enfance, il croissait avec vous.
Jocaste, par un père à son hymen forcée,
Au trône de Laïus à regret fut placée.
Hélas! par cet hymen, qui coûta tant de pleurs,
Les destins en secret préparaient nos malheurs.
Que j'admirais en vous cette vertu suprême,
Ce cœur digne du trône et vainqueur de soi-même!
En vain l'Amour parlait à ce cœur agité :
C'est le premier tyran que vous avez dompté.

PHILOCTÈTE.

Il fallut fuir pour vaincre; oui, je te le confesse,
Je luttai quelque temps, je sentis ma faiblesse :
Il fallut m'arracher de ce funeste lieu;
Et je dis à Jocaste un éternel adieu.
Cependant l'univers, tremblant au nom d'Alcide,
Attendait son destin de sa valeur rapide;
A ses divins travaux j'osai m'associer;
Je marchai près de lui, ceint du même laurier.
C'est alors, en effet, que mon ame éclairée
Contre les passions se sentit assurée.
L'amitié d'un grand homme est un bienfait des Dieux [*].
Je lisais mon devoir et mon sort dans ses yeux,
Des vertus avec lui je fis l'apprentissage;
Sans endurcir mon cœur, j'affermis mon courage :
L'inflexible vertu m'enchaîna sous sa loi.
Qu'eussé-je été sans lui? rien que le fils d'un roi,
Rien qu'un prince vulgaire, et je serais peut-être
Esclave de mes sens, dont il m'a rendu maître.

DIMAS.

Ainsi donc désormais, sans plainte et sans courroux,
Vous reverrez Jocaste et son nouvel époux?

PHILOCTÈTE.

Comment! que dites-vous? un nouvel hyménée...

DIMAS.

OEdipe à cette reine a joint sa destinée.

PHILOCTÈTE.

OEdipe est trop heureux! je n'en suis pas surpris;

---

[*] A une représentation d'OEdipe, en présence de l'empereur Alexandre, on fit l'application de ces vers à un homme fameux.

ACTE I, SCÈNE I.

Et qui sauva son peuple est digne d'un tel prix :
Le Ciel est juste.

DIMAS.

OEdipe en ces lieux va paraître :
Tout le peuple avec lui, conduit par le grand-prêtre,
Vient des Dieux irrités conjurer les rigueurs.

PHILOCTÈTE.

Je me sens attendri, je partage leurs pleurs.
O toi, du haut des cieux, veille sur ta patrie,
Exauce en sa faveur un ami qui te prie ;
Hercule, sois le dieu de tes concitoyens ;
Que leurs vœux jusqu'à toi montent avec les miens !

SCÈNE II.

LE GRAND-PRÊTRE, LE CHŒUR.

La porte du temple s'ouvre, et le grand-prêtre paraît au milieu du peuple.

PREMIER PERSONNAGE DU CHOEUR.

Esprits contagieux, tyrans de cet empire,
Qui soufflez dans ces murs la mort qu'on y respire,
Redoublez contre nous votre lente fureur,
Et d'un trépas trop long épargnez-nous l'horreur.

SECOND PERSONNAGE.

Frappez, Dieux tout-puissants ; vos victimes sont prêtes :
O monts, écrasez-nous... Cieux, tombez sur nos têtes !
O Mort, nous implorons ton funeste secours !
O Mort, viens nous sauver, viens terminer nos jours !

LE GRAND-PRÊTRE.

Cessez, et retenez ces clameurs lamentables,
Faibles soulagements aux maux des misérables !
Fléchissons soûs un dieu qui veut nous éprouver,
Qui d'un mot peut nous perdre, et d'un mot nous sauver.
Il sait que dans ces murs la mort nous environne ;
Et les cris des Thébains sont montés vers son trône.
Le roi vient. Par ma voix, le Ciel va lui parler ;
Les destins à ses yeux veulent se dévoiler.
Les temps sont arrivés ; cette grande journée
Va du peuple et du roi changer la destinée.

SCÈNE III.

OEDIPE, JOCASTE, LE GRAND-PRÊTRE, ÉGINE, DIMAS, ARASPE, LE CHOEUR.

OEDIPE.

Peuple, qui dans ce temple apportant vos douleurs
Présentez à nos Dieux des offrandes de pleurs,
Que ne puis-je, sur moi détournant leurs vengeances,
De la mort qui vous suit étouffer les semences !
Mais un roi n'est qu'un homme en ce commun danger,
Et tout ce qu'il peut faire est de le partager.

(*Au grand-prêtre.*)

Vous, ministre des Dieux que dans Thèbe on adore,
Dédaignent-ils toujours la voix qui les implore ?
Verront-ils sans pitié finir nos tristes jours ?
Ces maîtres des humains sont-ils muets et sourds ?

LE GRAND-PRÊTRE.

Roi, peuple, écoutez-moi. Cette nuit à ma vue

Du ciel sur nos autels la flamme est descendue ;
L'ombre du grand Laïus a paru parmi nous,
Terrible et respirant la haine et le courroux.
Une effrayante voix s'est fait alors entendre :
« Les Thébains de Laïus n'ont point vengé la cendre ;
« Le meurtrier du roi respire en ces Etats,
« Et de son souffle impur infecte vos climats.
« Il faut qu'on le connaisse, il faut qu'on le punisse.
« Peuples, votre salut dépend de son supplice. »

OEDIPE.

Thébains, je l'avoûrai, vous souffrez justement
D'un crime inexcusable un rude châtiment.
Laïus vous était cher ; et votre négligence
De ses mânes sacrés a trahi la vengeance.
Tel est souvent le sort des plus justes des rois ! (2)
Tant qu'ils sont sur la terre, on respecte leurs lois,
On porte jusqu'aux cieux leur justice suprême ;
Adorés de leur peuple, ils sont des dieux eux-même :
Mais, après leur trépas, que sont-ils à vos yeux ?
Vous éteignez l'encens que vous brûliez pour eux ;
Et comme à l'intérêt l'ame humaine et liée,
La vertu qui n'est plus est bientôt oubliée.
Ainsi du Ciel vengeur implorant le courroux,
Le sang de votre roi s'élève contre vous.
Apaisons son murmure, et qu'au lieu d'hécatombe
Le sang du meurtrier soit versé sur sa tombe.
A chercher le coupable appliquons tous nos soins.
Quoi ! de la mort du roi n'a-t-on pas de témoins :
Et n'a-t-on jamais pu, parmi tant de prodiges,
De ce crime impuni retrouver les vestiges ?

On m'avait toujours dit que ce fut un Thébain
Qui leva sur son prince une coupable main.
(*A Jocaste.*)
Pour moi qui, de vos mains recevant sa couronne,
Deux ans après sa mort ai monté sur son trône,
Madame, jusqu'ici, respectant vos douleurs,
Je n'ai point rappelé le sujet de vos pleurs;
Et de vos seuls périls chaque jour alarmée,
Mon ame à d'autres soins semblait être fermée.
JOCASTE.
Seigneur, quand le destin me réservant à vous
Par un coup imprévu m'enleva mon époux;
Lorsque, de ses Etats parcourant les frontières,
Ce héros succomba sous des mains meurtrières;
Phorbas en ce voyage était seul avec lui.
Phorbas était du roi le conseil et l'appui :
Laïus, qui connaissait son zèle et sa prudence,
Partageait avec lui le poids de sa puissance.
Ce fut lui qui du prince, à ses yeux massacré,
Rapporta dans nos murs le corps défiguré :
Percé de coups lui-même, il se traînait à peine;
Il tomba tout sanglant aux genoux de sa reine.
« Des inconnus, dit-il, ont porté ces grands coups;
« Ils ont devant mes yeux massacré votre époux;
« Ils m'ont laissé mourant, et le pouvoir céleste
« De mes jours malheureux a ranimé le reste. »
Il ne m'en dit pas plus : et mon cœur agité
Voyait fuir loin de lui la triste vérité;
Et peut-être le Ciel, que ce grand crime irrite,
Déroba le coupable à ma juste poursuite :

Peut-être, accomplissant ses décrets éternels,
Afin de nous punir il nous fit criminels.
Le Sphinx bientôt après désola cette rive;
A ses seules fureurs Thèbes fut attentive :
Et l'on ne pouvait guère, en un pareil effroi,
Venger la mort d'autrui, quand on tremblait pour soi.

OEDIPE.

Madame, qu'a-t-on fait de ce sujet fidèle?

JOCASTE.

Seigneur, on paya mal son service et son zèle.
Tout l'Etat en secret était son ennemi :
Il était trop puissant pour n'être point haï;
Et du peuple et des grands la colère insensée
Brûlait de le punir de sa faveur passée.
On l'accusa lui-même; et d'un commun transport
Thèbe entière à grands cris me demanda sa mort :
Et moi, de tous côtés redoutant l'injustice,
Je tremblai d'ordonner sa grâce ou son supplice.
Dans un château voisin conduit secrètement,
Je dérobai sa tête à leur emportement.
Là, depuis quatre hivers, ce vieillard vénérable,
De la faveur des rois exemple déplorable,
Sans se plaindre de moi ni du peuple irrité,
De sa seule innocence attend sa liberté.

OEDIPE.

(A sa suite.)

Madame, c'est assez. Courez, que l'on s'empresse :
Qu'on ouvre sa prison, qu'il vienne, qu'il paraisse.
Moi-même devant vous je veux l'interroger.
J'ai tout mon peuple ensemble et Laïus à venger.

OEDIPE.

Il faut tout écouter; il faut, d'un œil sévère,
Sonder la profondeur de ce triste mystère.
Et vous, Dieux des Thébains, Dieux qui nous exaucez,
Punissez l'assassin, vous qui le connaissez.
Soleil, cache à ses yeux le jour qui nous éclaire :
Qu'en horreur à ses fils, exécrable à sa mère,
Errant, abandonné, proscrit dans l'univers,
Il rassemble sur lui tous les maux des enfers;
Et que son corps sanglant, privé de sépulture,
Des vautours dévorants devienne la pâture!

LE GRAND-PRÊTRE.

A ces serments affreux nous nous unissons tous.

OEDIPE.

Dieux, que le crime seul éprouve enfin vos coups!
Ou si de vos décrets l'éternelle justice
Abandonne à mon bras le soin de son supplice,
Et si vous êtes las enfin de nous haïr,
Donnez en commandant le pouvoir d'obéir.
Si sur un inconnu vous poursuivez le crime,
Achevez votre ouvrage et nommez la victime.
Vous, retournez au temple; allez, que votre voix
Interroge ces Dieux une seconde fois;
Que vos vœux parmi nous les forcent à descendre :
S'ils ont aimé Laïus, ils vengeront sa cendre;
Et, conduisant un roi facile à se tromper,
Ils marqueront la place où mon bras doit frapper.

FIN DU PREMIER ACTE.

ACTE SECOND.

SCÈNE I.

JOCASTE, ÉGINE, ARASPE, LE CHŒUR.

ARASPE.

Oui, ce peuple expirant, dont je suis l'interprète,
D'une commune voix accuse Philoctète,
Madame; et les destins dans ce triste séjour
Pour nous sauver, sans doute, ont permis son retour.

JOCASTE.

Qu'ai-je entendu? grands Dieux!

ÉGINE.

Ma surprise est extrême !

JOCASTE.

Qui? lui! qui? Philoctète!

ARASPE.

Oui, Madame, lui-même.
A quel autre en effet pourraient-ils imputer
Un meurtre qu'à nos yeux il sembla méditer?
Il haïssait Laïus, on le sait; et sa haine
Aux yeux de votre époux ne se cachait qu'à peine :
La jeunesse imprudente aisément se trahit;
Son front mal déguisé decouvrait son dépit.
J'ignore quel sujet animait sa colère :
Mais au seul nom du roi, trop prompt et trop sincère,

Esclave d'un courroux qu'il ne pouvait dompter,
Jusques à la menace il osa s'emporter :
Il partit; et depuis, sa destinée errante
Ramena sur nos bords sa fortune flottante.
Même il était dans Thèbe en ces temps malheureux
Que le ciel a marqués d'un parricide affreux :
Depuis ce jour fatal, avec quelque apparence
De nos peuples sur lui tomba la défiance.
Que dis-je? Assez long-temps les soupçons des Thébains
Entre Phorbas et lui flottèrent incertains :
Cependant ce grand nom qu'il s'acquit dans la guerre,
Ce titre si fameux de vengeur de la terre,
Ce respect qu'aux héros nous portons malgré nous,
Fit taire nos soupçons et suspendit nos coups.
Mais les temps sont changés: Thèbe, en ce jour funeste,
D'un respect dangereux dépouillera le reste;
En vain sa gloire parle à ces cœurs agités, (3)
Les Dieux veulent du sang, et sont seuls écoutés.

PREMIER PERSONNAGE DU CHOEUR.

O reine, ayez pitié d'un peuple qui vous aime;
Imitez de ces Dieux la justice suprême;
Livrez-nous leur victime, adressez-leur nos vœux :
Qui peut mieux les toucher qu'un cœur si digne d'eux?

JOCASTE.

Pour fléchir leur courroux s'il ne faut que ma vie,
Hélas! c'est sans regret que je la sacrifie.
Thébains, qui me croyez encor quelques vertus,
Je vous offre mon sang, n'exigez rien de plus.
Allez.

SCÈNE II.

JOCASTE, ÉGINE.

ÉGINE.

Que je vous plains!

JOCASTE.

Hélas! je porte envie
A ceux qui dans ces murs ont terminé leur vie.
Quel état, quel tourment pour un cœur vertueux!

ÉGINE.

Il n'en faut point douter, votre sort est affreux.
Ces peuples qu'un faux zèle aveuglément anime,
Vont bientôt à grands cris demander leur victime.
Je n'ose l'accuser : mais quelle horreur pour vous,
Si vous trouvez en lui l'assassin d'un époux!

JOCASTE.

Et l'on ose à tous deux faire un pareil outrage! (4)
Le crime, la bassesse eût été son partage!
Egine, après les nœuds qu'il a fallu briser,
Il manquait à mes maux de l'entendre accuser.
Apprends que ces soupçons irritent ma colère,
Et qu'il est vertueux, puisqu'il m'avait su plaire.

ÉGINE.

Cet amour si constant...

JOCASTE.

Ne crois pas que mon cœur
De cet amour funeste ait pu nourrir l'ardeur,
Je l'ai trop combattu. Cependant, chère Egine,

Quoi que fasse un grand cœur où la vertu domine,
On ne se cache point ces secrets mouvements
De la nature en nous indomptables enfants :
Dans les replis de l'ame ils viennent nous surprendre :
Ces feux qu'on croit éteints, renaissent de leur cendre ;
Et la vertu sévère, en de si durs combats,
Résiste aux passions, et ne les détruit pas.

ÉGINE.

Votre douleur est juste autant que vertueuse ;
Et de tels sentiments...

JOCASTE.

Que je suis malheureuse !
Tu connais, chère Egine, et mon cœur et mes maux :
J'ai deux fois de l'hymen allumé les flambeaux ;
Deux fois de mon destin subissant l'injustice,
J'ai changé d'esclavage, ou plutôt de supplice ;
Et le seul des mortels dont mon cœur fut touché,
A mes vœux pour jamais devait être arraché.
Pardonnez-moi, grands Dieux, ce souvenir funeste ;
D'un feu que j'ai dompté c'est le malheureux reste.
Egine, tu nous vis l'un de l'autre charmés ;
Tu vis nos nœuds rompus aussitôt que formés :
Mon souverain m'aima, m'obtint malgré moi-même ;
Mon front chargé d'ennuis fut ceint du diadème :
Il fallut oublier dans ses embrassements
Et mes premiers amours, et mes premiers serments.
Tu sais qu'à mon devoir toute entière attachée,
J'étouffai de mes sens la révolte cachée ;
Que, déguisant mon trouble et dévorant mes pleurs,
Je n'osais à moi-même avouer mes douleurs...

ÉGINE.

Comment donc pouviez-vous du joug de l'hyménée
Une seconde fois tenter la destinée?

JOCASTE.

Hélas!

ÉGINE.

M'est-il permis de ne vous rien cacher?

JOCASTE.

Parle.

ÉGINE.

OEdipe, Madame, a paru vous toucher;
Et votre cœur, du moins sans trop de résistance,
De vos Etats souvés donna la récompense.

JOCASTE.

Ah! grands Dieux!

ÉGINE.

Etait-il plus heureux que Laïus,
Ou Philoctète absent ne vous touchait-il plus?
Entre ces deux héros étiez-vous partagée?

JOCASTE.

Par un monstre cruel Thèbe alors ravagée
A son libérateur avait promis ma foi;
Et le vainqueur du Sphinx était digne de moi.

ÉGINE.

Vous l'aimiez?

JOCASTE.

Je sentis pour lui quelque tendresse :
Mais que ce sentiment fut loin de la faiblesse!

Ce n'était point, Egine, un feu tumultueux,
De mes sens enchantés enfant impétueux;
Je ne reconnus point cette brûlante flamme
Que le seul Philoctète a fait naître en mon ame,
Et qui, sur mon esprit répandant son poison,
De son charme fatal a séduit ma raison.
Je sentais pour OEdipe une amitié sévère :
OEdipe est vertueux, sa vertu m'était chère;
Mon cœur avec plaisir le voyait élevé
Au trône des Thébains qu'il avait conservé.
Cependant sur ses pas aux autels entraînée,
Egine, je sentis dans mon ame étonnée
Des transports inconnus que je ne conçus pas;
Avec horreur enfin je me vis dans ses bras.
Cet hymen fut conclu sous un affreux augure :
Egine, je voyais dans une nuit obscure,
Près d'OEdipe et de moi, je voyais des enfers
Les gouffres éternels à mes pieds entr'ouverts;
De mon premier époux l'ombre pâle et sanglante
Dans cet abîme affreux paraissait menaçante :
Il me montrait mon fils, ce fils qui dans mon flanc
Avait été formé de son malheureux sang;
Ce fils dont ma pieuse et barbare injustice
Avait fait à nos Dieux un secret sacrifice.
De les suivre tous deux ils semblaient m'ordonner :
Tous deux dans le Tartare ils semblaient m'entraîner.
De sentiments confus mon ame possédée
Se présentait toujours cette effroyable idée;
Et Philoctète encor trop présent dans mon cœur,
De ce trouble fatal augmentait la terreur.

ACTE II, SCÈNE II.

ÉGINE.

J'entends du bruit, on vient, je le vois qui s'avance.

JOCASTE.

C'est lui-même; je tremble : évitons sa présence.

SCÈNE III.

JOCASTE, PHILOCTÈTE.

PHILOCTÈTE.

Ne fuyez point, Madame, et cessez de trembler;
Osez me voir, osez m'entendre et me parler.
Ne craignez point ici que mes jalouses larmes
De votre hymen heureux troublent les nouveaux charmes:
N'attendez point de moi des reproches honteux,
Ni de lâches soupirs indignes de tous deux.
Je ne vous tiendrai point de ces discours vulgaires
Que dicte la mollesse aux amants ordinaires.
Un cœur qui vous chérit, et, s'il faut dire plus,
S'il vous souvient des nœuds que vous avez rompus,
Un cœur pour qui le vôtre avait quelque tendresse,
N'a point appris de vous à montrer de faiblesse.

JOCASTE.

De pareils sentiments n'appartenaient qu'à nous;
J'en dois donner l'exemple, ou le prendre de vous.
Si Jocaste avec vous n'a pu se voir unie,
Il est juste avant tout qu'elle s'en justifie.
Je vous aimais, Seigneur; une suprême loi
Toujours malgré moi-même a disposé de moi;
Et du Sphinx et des Dieux la fureur trop connue,
Sans doute à votre oreille est déjà parvenue.

Vous savez quels fléaux ont éclaté sur nous,
Et qu'OEdipe...

PHILOCTÈTE.

Je sais qu'OEdipe est votre époux;
Je sais qu'il en est digne : et malgré sa jeunesse,
L'empire des Thébains, sauvé par sa sagesse,
Ses exploits, ses vertus, et surtout votre choix,
Ont mis cet heureux prince au rang des plus grands rois.
Ah! pourquoi la fortune, à me nuire constante,
Emportait-elle ailleurs ma valeur imprudente?
Si le vainqueur du Sphinx devait vous conquérir,
Fallait-il loin de vous ne chercher qu'à périr?
Je n'aurais point percé les ténèbres frivoles
D'un vain sens déguisé sous d'obscures paroles;
Ce bras, que votre aspect eût encore animé,
A vaincre avec le fer était accoutumé :
Du monstre à vos genoux j'eusse apporté la tête.
D'un autre cependant Jocaste est la conquête !
Un autre a pu jouir de cet excès d'honneur !

JOCASTE.

Vous ne connaissez pas quel est votre malheur.

PHILOCTÈTE.

Je perds Alcide et vous : qu'aurais-je à craindre encore?

JOCASTE.

Vous êtes en des lieux qu'un dieu vengeur abhorre;
Un feu contagieux annonce son courroux,
Et le sang de Laïus est retombé sur nous.
Du Ciel qui nous poursuit la justice outragée,
Venge ainsi de ce roi la cendre négligée :

ACTE II, SCÈNE III.

On doit sur nos autels immoler l'assassin ;
On le cherche, on vous nomme, on vous accuse enfin.

PHILOCTÈTE.

Madame, je me tais ; une pareille offense
Etonne mon courage, et me force au silence.
Qui ? moi de tels forfaits ! moi des assassinats !
Et que de votre époux... Vous ne le croyez pas.

JOCASTE.

Non, je ne le crois point : et c'est vous faire injure
Que daigner un moment combattre l'imposture.
Votre cœur m'est connu, vous avez eu ma foi ;
Et vous ne pouvez point être indigne de moi.
Oubliez ces Thébains que les Dieux abandonnent,
Trop dignes de périr depuis qu'ils vous soupçonnent.
Fuyez-moi, c'en est fait ; nous nous aimions en vain ;
Les Dieux vous réservaient un plus noble destin ;
Vous étiez né pour eux : leur sagesse profonde
N'a pu fixer dans Thèbe un bras utile au monde,
Ni souffrir que l'amour, remplissant ce grand cœur,
Enchaînât près de moi votre obscure valeur.
Non, d'un lien charmant le soin tendre et timide
Ne doit point occuper le successeur d'Alcide :
De toutes vos vertus comptable à leurs besoins,
Ce n'est qu'aux malheureux que vous devez vos soins.
Déjà de tous côtés les tyrans reparaissent ;
Hercule est sous la tombe, et les monstres renaissent :
Allez, libre des feux dont vous fûtes épris,
Partez, rendez Hercule à l'univers surpris.
 Seigneur, mon époux vient, souffrez que je vous laisse :
Non que mon cœur troublé redoute sa faiblesse ;

Mais j'aurais trop peut-être à rougir devant vous,
Puisque je vous aimais et qu'il est mon époux.

SCÈNE IV.

OEDIPE, PHILOCTÈTE, ARASPE.

OEDIPE.
Araspe, c'est donc là le prince Philoctète?
PHILOCTÈTE.
Oui, c'est lui qu'en ces murs un sort aveugle jette,
Et que le Ciel encore, à sa perte animé,
A souffrir des affronts n'a point accoutumé.
Je sais de quels forfaits on veut noircir ma vie;
Seigneur, n'attendez pas que je m'en justifie :
J'ai pour vous trop d'estime, et je ne pense pas
Que vous puissiez descendre à des soupçons si bas.
Si sur les mêmes pas nous marchons l'un et l'autre,
Ma gloire d'assez près est unie à la vôtre.
Thésée, Hercule et moi, nous vous avons montré
Le chemin de la gloire où vous êtes entré.
Ne déshonorez point par une calomnie
La splendeur de ces noms où votre nom s'allie :
Et soutenez surtout, par un trait généreux, (5)
L'honneur que vous avez d'être placé près d'eux.
OEDIPE.
Être utile aux mortels, et sauver cet empire,
Voilà, Seigneur, voilà l'honneur seul où j'aspire,
Et ce que m'ont appris en ces extrémités
Les héros que j'admire et que vous imitez.

Certes je ne veux point vous imputer un crime :
Si le Ciel m'eût laissé le choix de la victime,
Je n'aurais immolé de victime que moi :
Mourir pour son pays, c'est le devoir d'un roi ;
C'est un honneur trop grand pour le céder à d'autres.
J'aurais donné mes jours et défendu les vôtres,
J'aurais sauvé mon peuple une seconde fois ;
Mais, Seigneur, je n'ai point la liberté du choix.
C'est un sang criminel que nous devons répandre :
Vous êtes accusé, songez à vous défendre.
Paraissez innocent : il me sera bien doux
D'honorer dans ma cour un héros tel que vous ;
Et je me tiens heureux, s'il faut que je vous traite
Non comme un accusé, mais comme Philoctète.

PHILOCTÈTE.

Je veux bien l'avouer, sur la foi de mon nom,
J'avais osé me croire au-dessus du soupçon.
Cette main qu'on accuse, au défaut du tonnerre,
D'infames assassins a délivré la terre ;
Hercule à les dompter avait instruit mon bras ;
Seigneur, qui les punit, ne les imite pas.

ŒDIPE.

Ah ! je ne pense point qu'aux exploits consacrées,
Vos mains par des forfaits se soient déshonorées,
Seigneur ; et si Laïus est tombé sous vos coups,
Sans doute avec honneur il expira sous vous ;
Vous ne l'avez vaincu qu'en guerrier magnanime :
Je vous rends trop justice.

PHILOCTÈTE.

Eh ! quel serait mon crime ?

Si ce fer chez les morts eût fait tomber Laïus,
Ce n'eût été pour moi qu'un triomphe de plus.
Un roi pour ses sujets est un dieu qu'on révère;
Pour Hercule et pour moi c'est un homme ordinaire.
J'ai défendu des rois; et vous devez songer
Que j'ai pu les combattre, ayant pu les venger.

OEDIPE.

Je connais Philoctète à ces illustres marques;
Des guerriers comme vous sont égaux aux monarques;
Je le sais : cependant, Prince, n'en doutez pas,
Le vainqueur de Laïus est digne du trépas;
Sa tête répondra des malheurs de l'empire,
Et vous...

PHILOCTÈTE.

Ce n'est point moi : ce mot doit vous suffire.
Seigneur, si c'était moi, j'en ferais vanité;
En vous parlant ainsi, je dois être écouté.
C'est aux hommes communs, aux ames ordinaires
A se justifier par des moyens vulgaires;
Mais un prince, un guerrier, tel que vous, tel que moi, *
Quand il a dit un mot, en est cru sur sa foi.
Du meurtre de Laïus OEdipe me soupçonne!
Ah! ce n'est point à vous d'en accuser personne :
Son sceptre et son épouse ont passé dans vos bras;
C'est vous qui recueillez le fruit de son trépas.
Ce n'est pas moi, surtout, de qui l'heureuse audace
Disputa sa dépouille et demanda sa place.

---

* Dans l'édition de 1719, on lisait :
    Mais un prince, un guerrier, *un homme* tel que moi.

Le trône est un objet qui n'a pu me tenter;
Hercule à ce haut rang dédaignait de monter.
Toujours libre avec lui, sans sujets et sans maître,
J'ai fait des souverains, et n'ai point voulu l'être.
Mais c'est trop me défendre et trop m'humilier;
La vertu s'avilit à se justifier.

OEDIPE.

Votre vertu m'est chère, et votre orgueil m'offense.
On vous jugera, Prince; et si votre innocence
De l'équité des lois n'a rien à redouter,
Avec plus de splendeur elle en doit éclater.
Demeurez parmi nous...

PHILOCTÈTE.

J'y resterai, sans doute;
Il y va de ma gloire, et le Ciel qui m'écoute
Ne me verra partir que vengé de l'affront
Dont vos soupçons honteux ont fait rougir mon front.

SCÈNE V.

OEDIPE, ARASPE. (6)

OEDIPE.

Je l'avoûrai, j'ai peine à le croire coupable.
D'un cœur tel que le sien l'audace inébranlable
Ne sait point s'abaisser à des déguisements;
Le mensonge n'a point de si hauts sentiments.
Je ne puis voir en lui cette bassesse infame.
Je te dirai bien plus; je rougissais dans l'ame
De me voir obligé d'accuser ce grand cœur :
Je me plaignais à moi de mon trop de rigueur.

Nécessité cruelle attachée à l'empire !
Dans le cœur des humains les rois ne peuvent lire :
Souvent sur l'innocence ils font tomber leurs coups ;
Et nous sommes, Araspe, injustes malgré nous.
Mais que Phorbas est lent pour mon impatience !
C'est sur lui seul enfin que j'ai quelque espérance ;
Car les Dieux irrités ne nous répondent plus :
Ils ont par leur silence expliqué leur refus.

ARASPE.

Tandis que par vos soins vous pouvez tout apprendre,
Quel besoin que le Ciel ici se fasse entendre ?
Ces Dieux dont le pontife a promis le secours,
Dans leurs temples, Seigneur, n'habitent pas toujours :
On ne voit point leur bras si prodigue en miracles ;
Ces antres, ces trépieds qui rendent leurs oracles,
Ces organes d'airain que nos mains ont formés,
Toujours d'un souffle pur ne sont pas animés.
Ne nous endormons point sur la foi de leurs prêtres ;
Au pied du sanctuaire il est souvent des traîtres,
Qui, nous asservissant sous un pouvoir sacré,
Font parler les destins, les font taire à leur gré.
Voyez, examinez avec un soin extrême
Philoctète, Phorbas, et Jocaste elle-même.
Ne nous fions qu'à nous ; voyons tout par nos yeux :
Ce sont là nos trépieds, nos oracles, nos dieux.

OEDIPE.

Serait-il dans le temple un cœur assez perfide ?...
Non, si le Ciel enfin de nos destins décide,
On ne le verra point mettre en d'indignes mains
Le dépôt précieux du salut des Thébains.

Je vais, je vais moi-même, accusant leur silence,
Par mes vœux redoublés fléchir leur inclémence.
Toi, si pour me servir tu montres quelque ardeur,
De Phorbas que j'attends, cours hâter la lenteur :
Dans l'état déplorable où tu vois que nous sommes,
Je veux interroger et les Dieux et les hommes.

FIN DU SECOND ACTE.

ACTE TROISIÈME.

SCÈNE I.

JOCASTE, ÉGINE.

JOCASTE.

Oui, j'attends Philoctète; et je veux qu'en ces lieux
Pour la dernière fois il paraisse à mes yeux.
ÉGINE.
Madame, vous savez jusqu'à quelle insolence
Le peuple a de ses cris fait monter la licence.
Ces Thébains, que la mort assiége à tout moment,
N'attendent leur salut que de son châtiment :
Vieillards, femmes, enfants, que leur malheur accable,
Tous sont intéressés à le trouver coupable.
Vous entendez d'ici leurs cris séditieux,
Ils demandent son sang de la part de nos Dieux.
Pourrez-vous résister à tant de violence?
Pourrez-vous le servir et prendre sa défense?
JOCASTE.
Moi! si je la prendrai? dussent tous les Thébains
Porter jusque sur moi leurs parricides mains,
Sous ces murs tout fumants dussé-je être écrasée,
Je ne trahirai point l'innocence accusée.
Mais une juste crainte occupe mes esprits :
Mon cœur de ce héros fut autrefois épris;

On le sait : on dira que je lui sacrifie
Ma gloire, mes époux, mes dieux et ma patrie ;
Que mon cœur brûle encore...
ÉGINE.
Ah ! calmez cet effroi ;
Cet amour malheureux n'eut de témoin que moi,
Et jamais...
JOCASTE.
Que dis-tu ! crois-tu qu'une princesse
Puisse jamais cacher sa haine ou sa tendresse ?
Des courtisans sur nous les inquiets regards
Avec avidité tombent de toutes parts ;
A travers les respects, leurs trompeuses souplesses
Pénètrent dans nos cœurs et cherchent nos faiblesses ;
A leur malignité rien n'échappe et ne fuit ;
Un seul mot, un soupir, un coup-d'œil nous trahit :
Tout parle contre nous, jusqu'à notre silence ;
Et quand leur artifice et leur persévérance
Ont enfin, malgré nous, arraché nos secrets,
Alors avec éclat leurs discours indiscrets,
Portant sur notre vie une triste lumière,
Vont de nos passions remplir la terre entière.
ÉGINE.
Eh ! qu'avez-vous, Madame, à craindre de leurs coups ?
Quels regards si perçants sont dangereux pour vous ?
Quel secret pénétré peut flétrir votre gloire ?
Si l'on sait votre amour, on sait votre victoire :
On sait que la vertu fut toujours votre appui.
JOCASTE.
Et c'est cette vertu qui me trouble aujourd'hui.

Peut-être, à m'accuser toujours prompte et sévère,
Je porte sur moi-même un regard trop austère;
Peut-être je me juge avez trop de rigueur :
Mais enfin Philoctète a régné sur mon cœur;
Dans ce cœur malheureux son image est tracée;
La vertu ni le temps ne l'ont point effacée.
Que dis-je? Je ne sais, quand je sauve ses jours,
Si la seule équité m'appelle à son secours.
Ma pitié me paraît trop sensible et trop tendre;
Je sens trembler mon bras tout prêt à le défendre :
Je me reproche enfin mes bontés et mes soins;
Je le servirais mieux, si je l'eusse aimé moins.

ÉGINE.

Mais voulez-vous qu'il parte?

JOCASTE.

Oui, je le veux sans doute:
C'est ma seule espérance; et pour peu qu'il m'écoute,
Pour peu que ma prière ait sur lui de pouvoir,
Il faut qu'il se prépare à ne me plus revoir.
De ces funestes lieux qu'il s'écarte, qu'il fuie,
Qu'il sauve en s'éloignant et ma gloire et sa vie.
Mais qui peut l'arrêter? il devrait être ici :
Chère Egine, va, cours.

SCÈNE II.

JOCASTE, PHILOCTÈTE, ÉGINE.

JOCASTE.

Ah! Prince, vous voici.
Dans le mortel effroi dont mon ame est émue,

Je ne m'excuse point de chercher votre vue :
Mon devoir, il est vrai, m'ordonne de vous fuir, (7)
Je dois vous oublier, et non pas vous trahir :
Je crois que vous savez le sort qu'on vous apprête.

PHILOCTÈTE.

Un vain peuple en tumulte a demandé ma tête :
Il souffre, il est injuste, il faut lui pardonner.

JOCASTE.

Gardez à ses fureurs de vous abandonner.
Partez, de votre sort vous êtes encor maître ;
Mais ce moment, Seigneur, est le dernier peut-être
Où je puis vous sauver d'un indigne trépas.
Fuyez, et loin de moi précipitant vos pas,
Pour prix de votre vie heureusement sauvée,
Oubliez que c'est moi qui vous l'ai conservée.

PHILOCTÈTE.

Daignez montrer, Madame, à mon cœur agité
Moins de compassion et plus de fermeté ;
Préférez comme moi mon honneur à ma vie :
Commandez que je meure, et non pas que je fuie ;
Et ne me forcez point, quand je suis innocent,
A devenir coupable en vous obéissant.
Des biens que m'a ravis la colère céleste,
Ma gloire, mon honneur est le seul qui me reste ;
Ne m'ôtez pas ce bien dont je suis si jaloux,
Et ne m'ordonnez pas d'être indigne de vous.
J'ai vécu, j'ai rempli ma triste destinée,
Madame : à votre époux ma parole est donnée ;
Quelque indigne soupçon qu'il ait conçu de moi,
Je ne sais point encor comme on manque de foi.

JOCASTE.

Seigneur, au nom des Dieux, au nom de cette flamme,
Dont la triste Jocaste avait touché votre ame,
Si d'une si parfaite et si tendre amitié
Vous conservez encore un reste de pitié,
Enfin s'il vous souvient que, promis l'un à l'autre,
Autrefois mon bonheur a dépendu du vôtre;
Daignez sauver des jours de gloire environnés,
Des jours à qui les miens ont été destinés.

PHILOCTÈTE.

Je vous les consacrai : je veux que leur carrière
De vous, de vos vertus, soit digne toute entière.
J'ai vécu loin de vous; mais mon sort est trop beau
Si j'emporte en mourant votre estime au tombeau.
Qui sait même, qui sait, si d'un regard propice
Le Ciel ne verra point ce sanglant sacrifice?
Qui sait si sa clémence, au sein de vos Etats,
Pour m'immoler à vous, n'a point conduit mes pas?
Peut-être il me devait cette grâce infinie,
De conserver vos jours aux dépens de ma vie :
Peut-être d'un sang pur il peut se contenter;
Et le mien vaut du moins qu'il daigne l'accepter.

SCÈNE III.

OEDIPE, JOCASTE, PHILOCTÈTE, ÉGINE,
ARASPE, suite.

OEDIPE.

Prince, ne craignez point l'impétueux caprice
D'un peuple dont la voix presse votre supplice :
J'ai calmé son tumulte; et même contre lui

Je vous viens, s'il le faut, présenter mon appui.
On vous a soupçonné, le peuple a dû le faire.
Moi qui ne juge point ainsi que le vulgaire,
Je voudrais que perçant un nuage odieux,
Déjà votre innocence éclatât à leurs yeux.
Mon esprit incertain, que rien n'a pu résoudre,
N'ose vous condamner, mais ne peut vous absoudre.
C'est au Ciel, que j'implore, à me déterminer.
Ce Ciel enfin s'apaise, il veut nous pardonner,
Et bientôt, retirant la main qui nous opprime,
Par la voix du grand-prêtre il nomme la victime ;
Et je laisse à nos Dieux, plus éclairés que nous,
Le soin de décider entre mon peuple et vous.

PHILOCTÈTE.

Votre équité, Seigneur, est inflexible et pure ; (8)
Mais l'extrême justice est une extrême injure :
Il n'en faut pas toujours écouter la rigueur.
Des lois que nous suivons, la première est l'honneur.
Je me suis vu réduit à l'affront de répondre
A de vils délateurs que j'ai trop su confondre.
Ah ! sans vous abaisser à cet indigne soin,
Seigneur, il suffisait de moi seul pour témoin :
C'était, c'était assez d'examiner ma vie ;
Hercule appui des Dieux et vainqueur de l'Asie,
Les monstres, les tyrans qu'il m'apprit à dompter,
Ce sont là les témoins qu'il me faut confronter.
De vos Dieux cependant interrogez l'organe :
Nous apprendrons de lui si leur voix me condamne.
Je n'ai pas besoin d'eux ; et j'attends leur arrêt
Par pitié pour ce peuple, et non par intérêt.

SCÈNE IV.

OEDIPE, JOCASTE, LE GRAND-PRÊTRE, ARASPE,
PHILOCTÈTE, ÉGINE, suite, le chœur.

OEDIPE.

Eh bien! les Dieux touchés des vœux qu'on leur adresse,
Suspendent-ils enfin leur fureur vengeresse?
Quelle main parricide a pu les offenser?

PHILOCTÈTE.

Parlez, quel est le sang que nous devons verser?

LE GRAND-PRÊTRE.

Fatal présent du Ciel! science malheureuse!
Qu'aux mortels curieux vous êtes dangereuse!
Plût aux cruels destins, qui pour moi sont ouverts,
Que d'un voile éternel mes yeux fussent couverts!

PHILOCTÈTE.

Eh bien! que venez-vous annoncer de sinistre?

OEDIPE.

D'une haine éternelle êtes-vous le ministre?

PHILOCTÈTE.

Ne craignez rien.

OEDIPE.

Les Dieux veulent-ils mon trépas?

LE GRAND-PRÊTRE.

(*A OEdipe.*)

Ah! si vous m'en croyez, ne m'interrogez pas.

OEDIPE.

Quel que soit le destin que le Ciel nous annonce,
Le salut des Thébains dépend de sa réponse.

ACTE III, SCÈNE IV.

PHILOCTÈTE.

Parlez.

ŒDIPE.

Ayez pitié de tant de malheureux ;
Songez qu'Œdipe...

LE GRAND-PRÊTRE.

Œdipe est plus à plaindre qu'eux.

PREMIER PERSONNAGE DU CHOEUR.

Œdipe a pour son peuple une amour paternelle :
Nous joignons à sa voix notre plainte éternelle ;
Vous à qui le Ciel parle, entendez nos clameurs.

DEUXIÈME PERSONNAGE DU CHOEUR.

Nous mourons, sauvez-nous, détournez ses fureurs ;
Nommez cet assassin, ce monstre, ce perfide.

PREMIER PERSONNAGE DU CHOEUR.

Nos bras vont dans son sang laver son parricide.

LE GRAND-PRÊTRE.

Peuples infortunés, que me demandez-vous ?

PREMIER PERSONNAGE DU CHOEUR.

Dites un mot, il meurt, et vous nous sauvez tous.

LE GRAND-PRÊTRE.

Quand vous serez instruits du destin qui l'accable,
Vous frémirez d'horreur au seul nom du coupable.
Le dieu qui par ma voix vous parle en ce moment,
Commande que l'exil soit son seul châtiment ;
Mais bientôt éprouvant un désespoir funeste,
Ses mains ajouteront à la rigueur céleste.
De son supplice affreux vos yeux seront surpris,
Et vous croirez vos jours trop payés à ce prix.

OEDIPE.

Obéissez.

PHILOCTÈTE.

Parlez.

OEDIPE.

C'est trop de résistance.

LE GRAND-PRÊTRE.

(*A OEdipe.*)
C'est vous qui me forcez à rompre le silence.

OEDIPE.

Que ces retardements allument mon courroux!

LE GRAND-PRÊTRE.

Vous le voulez... eh bien!... c'est...

OEDIPE.

Achève, qui?

LE GRAND-PRÊTRE.

Vous.

OEDIPE.

Moi?

LE GRAND-PRÊTRE.

Vous, malheureux prince.

DEUXIÈME PERSONNAGE DU CHOEUR.

Ah! que viens-je d'entendre?

JOCASTE.

Interprète des Dieux, qu'osez-vous nous apprendre?
(*A OEdipe.*)
Qui? vous! de mon époux vous seriez l'assassin?
Vous à qui j'ai donné sa couronne et ma main?
Non, Seigneur, non : des Dieux l'oracle nous abuse;
Votre vertu dément la voix qui vous accuse.

PREMIER PERSONNAGE DU CHOEUR.
O Ciel, dont le pouvoir préside à notre sort,
Nommez une autre tête, ou rendez-nous la mort.
PHILOCTÈTE.
N'attendez point, Seigneur, outrage pour outrage;
Je ne tirerai point un indigne avantage
Du revers inouï qui vous presse à mes yeux;
Je vous crois innocent malgré la voix des Dieux.
Je vous rends la justice enfin qui vous est due,
Et que ce peuple et vous ne m'avez point rendue.
Contre vos ennemis je vous offre mon bras; (9)
Entre un pontife et vous je ne balance pas.
Un prêtre, quel qu'il soit, quelque dieu qui l'inspire,
Doit prier pour ses rois, et non pas les maudire.
OEDIPE.
Quel excès de vertu! mais quel comble d'horreur!
L'un parle en demi-dieu, l'autre en prêtre imposteur.
(Au grand-prêtre.)
Voilà donc des autels quel est le privilége!
Grâce à l'impunité, ta bouche sacrilége,
Pour accuser ton roi d'un forfait odieux,
Abuse insolemment du commerce des Dieux!
Tu crois que mon courroux doit respecter encore
Le ministère saint que ta main déshonore.
Traître, aux pieds des autels il faudrait t'immoler,
A l'aspect de tes dieux que ta voix fait parler.
LE GRAND-PRÊTRE.
Ma vie est en vos mains, vous en êtes le maître :
Profitez des moments que vous avez à l'être.
Aujourd'hui votre arrêt vous sera prononcé.

Tremblez, malheureux roi, votre règne est passé.
Une invisible main suspend sur votre tête
Le glaive menaçant que la vengeance apprête.
Bientôt, de vos forfaits vous-même épouvanté,
Fuyant loin de ce trône où vous êtes monté,
Privé des feux sacrés et des eaux salutaires, *
Remplissant de vos cris les antres solitaires,
Partout d'un dieu vengeur vous sentirez les coups :
Vous chercherez la mort ; la mort fuira de vous.
Le ciel, ce ciel témoin de tant d'objets funèbres,
N'aura plus pour vos yeux que d'horribles ténèbres :
Au crime, au châtiment, malgré vous destiné,
Vous seriez trop heureux de n'être jamais né.

OEDIPE.

J'ai forcé jusqu'ici ma colère à t'entendre ;
Si ton sang méritait qu'on daignât le répandre,
De ton juste trépas mes regards satisfaits
De ta prédiction préviendraient les effets.
Va, fuis, n'excite plus le transport qui m'agite,
Et respecte un courroux que ta présence irrite ;
Fuis, d'un mensonge indigne abominable auteur.

LE GRAND-PRÊTRE.

Vous me traitez toujours de traître et d'imposteur ;
Votre père autrefois me croyait plus sincère.

OEDIPE.

Arrête : que dis-tu ? qui ? Polybe mon père...

LE GRAND-PRÊTRE.

Vous apprendrez trop tôt votre funeste sort :

---

* Scène imitée de Sophocle, de même que les deux derniers actes. Voyez les *Lettres* qui précèdent.

Ce jour va vous donner la naissance et la mort.
Vos destins sont comblés, vous allez vous connaître.
Malheureux! savez-vous quel sang vous donna l'être?
Entouré de forfaits à vous seul réservés,
Savez-vous seulement avec qui vous vivez?
O Corinthe! ô Phocide! exécrable hyménée!
Je vois naître une race impie, infortunée,
Digne de sa naissance, et de qui la fureur
Remplira l'univers d'épouvante et d'horreur.
Sortons.

SCÈNE V.

OEDIPE, PHILOCTÈTE, JOCASTE.

OEDIPE.

Ces derniers mots me rendent immobile :
Je ne sais où je suis; ma fureur est tranquille :
Il me semble qu'un dieu descendu parmi nous,
Maître de mes transports, enchaîne mon courroux,
Et prêtant au pontife une force divine,
Par sa terrible voix m'annonce ma ruine.

PHILOCTÈTE. (10)

Si vous n'aviez, Seigneur, à craindre que des rois,
Philoctète avec vous combattrait sous vos lois;
Mais un prêtre est ici d'autant plus redoutable,
Qu'il vous perce à nos yeux par un trait respectable.
Fortement appuyé sur des oracles vains,
Un pontife est souvent terrible aux souverains,
Et dans son zèle aveugle un peuple opiniâtre,
De ses liens sacrés imbécile idolâtre,

Foulant par piété les plus saintes des lois,
Croit honorer les Dieux en trahissant ses rois;
Surtout quand l'intérêt, père de la licence,
Vient de leur zèle impie enhardir l'insolence.

OEDIPE.

Ah! Seigneur, vos vertus redoublent mes douleurs;
La grandeur de votre ame égale mes malheurs;
Accablé sous le poids du soin qui me dévore,
Vouloir me soulager, c'est m'accabler encore.
Quelle plaintive voix crie au fond de mon cœur!
Quel crime ai-je commis? Est-il vrai, Dieu vengeur?

JOCASTE.

Seigneur, c'en est assez, ne parlons plus de crime :
A ce peuple expirant il faut une victime;
Il faut sauver l'Etat, et c'est trop différer.
Epouse de Laïus, c'est à moi d'expirer;
C'est à moi de chercher sur l'infernale rive
D'un malheureux époux l'ombre errante et plaintive.
De ses mânes sanglants j'apaiserai les cris;
J'irai... Puissent les Dieux, satisfaits à ce prix,
Contents de mon trépas, n'en point exiger d'autre;
Et que mon sang versé puisse épargner le vôtre!

OEDIPE.

Vous mourir! vous, Madame! ah! n'est-ce point assez
De tant de maux affreux sur ma tête amassés?
Quittez, reine, quittez ce langage terrible;
Le sort de votre époux est déjà trop horrible,
Sans que de nouveaux traits venant me déchirer,
Vous me donniez encor votre mort à pleurer.
Suivez mes pas, rentrons; il faut que j'éclaircisse

Un soupçon que je forme avec trop de justice.
Venez.

JOCASTE.

Comment, Seigneur, vous pourriez...

OEDIPE.

Suivez-moi,
Et venez dissiper ou combler mon effroi.

FIN DU TROISIÈME ACTE.

ACTE QUATRIÈME.

SCÈNE I.

OEDIPE, JOCASTE.

OEDIPE.

Non, quoi que vous disiez, mon ame inquiétée
De soupçons importuns n'est pas moins agitée.
Le grand-prêtre me gêne, et, prêt à l'excuser,
Je commence en secret moi-même à m'accuser.
Sur tout ce qu'il m'a dit, plein d'une horreur extrême,
Je me suis en secret interrogé moi-même,
Et mille événements de mon ame effacés
Se sont offerts en foule à mes esprits glacés.
Le passé m'interdit, et le présent m'accable;
Je lis dans l'avenir un sort épouvantable,
Et le crime partout semble suivre mes pas.

JOCASTE.

Eh quoi! votre vertu ne vous rassure pas?
N'êtes-vous pas enfin sûr de votre innocence?

OEDIPE.

On est plus criminel quelquefois qu'on ne pense.

JOCASTE.

Ah! d'un prêtre indiscret dédaignant les fureurs,
Cessez de l'excuser par ces lâches terreurs.

OEDIPE.

OEDIPE.
Au nom du grand Laïus et du courroux céleste,
Quand Laïus entreprit ce voyage funeste,
Avait-il près de lui des gardes, des soldats?
JOCASTE.
Je vous l'ai déjà dit, un seul suivait ses pas.
OEDIPE.
Un seul homme?
JOCASTE.
Ce roi, plus grand que sa fortune, *
Dédaignait comme vous une pompe importune ;
On ne voyait jamais marcher devant son char
D'un bataillon nombreux le fastueux rempart :
Au milieu des sujets soumis à sa puissance,
Comme il était sans crainte, il marchait sans défense ;
Par l'amour de son peuple il se croyait gardé.
OEDIPE.
O héros, par le Ciel aux mortels accordé,
Des véritables rois exemple auguste et rare !
OEdipe a-t-il sur toi porté sa main barbare?
Dépeignez-moi du moins ce prince malheureux.
JOCASTE.
Puisque vous rappelez un souvenir fâcheux ;
Malgré le froid des ans, dans sa mâle vieillesse,
Ses yeux brillaient encor du feu de sa jeunesse :
Son front cicatrisé sous ses cheveux blanchis,
Imprimait le respect aux mortels interdits ;

---

* On fit l'application de ces vers, en 1777, à l'Empereur Joseph II, qui assistait à la représentation d'OEdipe, à Paris.

Et si j'ose, Seigneur, dire ce que j'en pense,
Laïus eut avec vous assez de ressemblance ;
Et je m'applaudissais de retrouver en vous,
Ainsi que les vertus, les traits de mon époux.
Seigneur, qu'a ce discours qui doive vous surprendre ?

OEDIPE.

J'entrevois des malheurs que je ne puis comprendre :
Je crains que par les Dieux le pontife inspiré
Sur mes destins affreux ne soit trop éclairé.
Moi, j'aurais massacré !... Dieux ! serait-il possible ?

JOCASTE.

Cet organe des Dieux est-il donc infaillible ?
Un ministère saint les attache aux autels :
Ils approchent des Dieux ; mais ils sont des mortels.
Pensez-vous qu'en effet, au gré de leur demande,
Du vol de leurs oiseaux la vérité dépende ?
Que sous un fer sacré des taureaux gémissants
Dévoilent l'avenir à leurs regards perçants,
Et que de leurs festons ces victimes ornées
Des humains dans leurs flancs portent les destinées ?
Non, non : chercher ainsi l'obscure vérité,
C'est usurper les droits de la Divinité.
Nos prêtres ne sont point ce qu'un vain peuple pense ;
Notre crédulité fait toute leur science.

OEDIPE.

Ah Dieux ! s'il était vrai, quel serait mon bonheur !

JOCASTE.

Seigneur, il est trop vrai, croyez-en ma douleur.
Comme vous autrefois pour eux préoccupée,
Hélas ! pour mon malheur je suis bien détrompée ;

ACTE IV, SCÈNE I.

Et le Ciel me punit d'avoir trop écouté
D'un oracle imposteur la fausse obscurité.
Il m'en coûta mon fils. Oracles que j'abhorre,
Sans vos ordres, sans vous, mon fils vivrait encore.

OEDIPE.

Votre fils! par quels coups l'avez-vous donc perdu?
Quel oracle sur vous les Dieux ont-ils rendu?

JOCASTE.

Apprenez, apprenez, dans ce péril extrême,
Ce que j'aurais voulu me cacher à moi-même;
Et d'un oracle faux ne vous alarmez plus.
Seigneur, vous le savez, j'eus un fils de Laïus.
Sur le sort de mon fils ma tendresse inquiète
Consulta de nos Dieux la fameuse interprète.
Quelle fureur, hélas! de vouloir arracher
Des secrets que le sort a voulu nous cacher!
Mais enfin j'étais mère; et, pleine de faiblesse,
Je me jetai craintive aux pieds de la prêtresse :
Voici ses propres mots, j'ai dû les retenir;
Pardonnez si je tremble à ce seul souvenir.
« Ton fils tûra son père, et ce fils sacrilége,
« Inceste et parricide... O Dieux! acheverai-je? »

OEDIPE.

Eh bien, Madame?

JOCASTE.

Enfin, Seigneur, on me prédit
Que mon fils, que ce monstre entrerait dans mon lit;
Que je le recevrais, moi, Seigneur, moi sa mère,
Dégouttant dans mes bras du meurtre de son père;
Et que tous deux unis par ces liens affreux,

Je donnerais des fils à mon fils malheureux.
Vous vous troublez, Seigneur, à ce récit funeste ;
Vous craignez de m'entendre et d'écouter le reste.

OEDIPE.

Ah ! Madame, achevez : dites, que fîtes-vous
De cet enfant, l'objet du céleste courroux ?

JOCASTE.

Je crus les Dieux, Seigneur ; et saintement cruelle,
J'étouffai pour mon fils mon amour maternelle.
En vain de cet amour l'impérieuse voix
S'opposait à nos Dieux, et condamnait leurs lois ;
Il fallut dérober cette tendre victime
Au fatal ascendant qui l'entraînait au crime :
Et pensant triompher des horreurs de son sort,
J'ordonnai par pitié qu'on lui donnât la mort.
O pitié criminelle, autant que malheureuse !
O d'un oracle faux obscurité trompeuse !
Quel fruit me revient-il de mes barbares soins ?
Mon malheureux époux n'en expira pas moins ;
Dans le cours triomphant de ses destins prospères,
Il fut assassiné par des mains étrangères :
Ce ne fut point son fils qui lui porta ces coups ;
Et j'ai perdu mon fils sans sauver mon époux !
Que cet exemple affreux puisse au moins vous instruire !
Bannissez cet effroi qu'un prêtre vous inspire ;
Profitez de ma faute, et calmez vos esprits.

OEDIPE.

Après le grand secret que vous m'avez appris,
Il est juste à mon tour que ma reconnaissance
Fasse de mes destins l'horrible confidence.

Lorsque vous aurez su, par ce triste entretien,
Le rapport effrayant de votre sort au mien,
Peut-être, ainsi que moi, frémirez-vous de crainte.
Le destin m'a fait naître au trône de Corinthe;
Cependant de Corinthe et du trône éloigné,
Je vois avec horreur les lieux où je suis né.
Un jour, ce jour affreux présent à ma pensée,
Jette encor la terreur dans mon ame glacée;
Pour la première fois, par un don solennel,
Mes mains jeunes encore enrichissaient l'autel :
Du temple tout-à-coup les combles s'entr'ouvrirent;
De traits affreux de sang les marbres se couvrirent;
De l'autel ébranlé par de longs tremblements,
Une invisible main repoussait mes présents;
Et les vents, au milieu de la foudre éclatante,
Portèrent jusqu'à moi cette voix effrayante :
« Ne viens plus des lieux saints souiller la pureté;
« Du nombre des vivants les Dieux t'ont rejeté;
« Ils ne reçoivent point tes offrandes impies;
« Va porter tes présents aux autels des Furies;
« Conjure leurs serpents prêts à te déchirer;
« Va, ce sont-là les dieux que tu dois implorer. »
Tandis qu'à la frayeur j'abandonnais mon ame,
Cette voix m'annonça, le croirez-vous, Madame?
Tout l'assemblage affreux des forfaits inouïs,
Dont le ciel autrefois menaça votre fils;
Me dit que je serais l'assassin de mon père;

JOCASTE.

Ah Dieux!

OEDIPE.

Que je serais le mari de ma mère.

JOCASTE.

Où suis-je ? Quel démon, en unissant nos cœurs,
Cher Prince, a pu dans nous rassembler tant d'horreurs ?

OEDIPE.

Il n'est pas encor temps de répandre des larmes;
Vous apprendrez bientôt d'autres sujets d'alarmes.
Ecoutez-moi, Madame, et vous allez trembler.
Du sein de ma patrie il fallut m'exiler.
Je craignis que ma main, malgré moi criminelle,
Aux destins ennemis ne fût un jour fidèle;
Et suspect à moi-même, à moi-même odieux,
Ma vertu n'osa point lutter contre les Dieux.
Je m'arrachai des bras d'une mère éplorée;
Je partis, je courus de contrée en contrée;
Je déguisai partout ma naissance et mon nom :
Un ami, de mes pas, fut le seul compagnon.
Dans plus d'une aventure en ce fatal voyage,
Le dieu qui me guidait seconda mon courage.
Heureux si j'avais pu, dans l'un de ces combats,
Prévenir mon destin par un noble trépas !
Mais je suis réservé sans doute au parricide.
Enfin, je me souviens qu'aux champs de la Phocide,
(Et je ne conçois pas par quel enchantement
J'oubliais jusqu'ici ce grand événement;
La main des Dieux sur moi si long-temps suspendue
Semble ôter le bandeau qu'ils mettaient sur ma vue;)
Dans un chemin étroit je trouvai deux guerriers
Sur un char éclatant que traînaient deux coursiers.

Il fallut disputer, dans un étroit passage,
Des vains honneurs du pas le frivole avantage.
J'étais jeune et superbe, et nourri dans un rang
Où l'on puisa toujours l'orgueil avec le sang.
Inconnu, dans le sein d'une terre étrangère,
Je me croyais encore au trône de mon père ;
Et tous ceux qu'à mes yeux le sort venait offrir,
Me semblaient mes sujets, et faits pour m'obéir.
Je marche donc vers eux ; et ma main furieuse
Arrête des coursiers la fougue impétueuse.
Loin du char à l'instant ces guerriers élancés
Avec fureur sur moi fondent à coups pressés.
La victoire entre nous ne fut point incertaine :
Dieux puissants ! je ne sais si c'est faveur ou haine,
Mais sans doute pour moi contre eux vous combattiez ;
Et l'un et l'autre enfin tombèrent à mes pieds.
L'un d'eux, il m'en souvient, déjà glacé par l'âge,
Couché sur la poussière, observait mon visage ;
Il me tendit les bras, il voulut me parler :
De ses yeux expirants je vis des pleurs couler ;
Moi-même en le perçant, je sentis dans mon ame,
Tout vainqueur que j'étais... Vous frémissez, Madame.

JOCASTE.

Seigneur, voici Phorbas, on le conduit ici.

OEDIPE.

Hélas ! mon doute affreux va donc être éclairci.

SCÈNE II.

OEDIPE, JOCASTE, PHORBAS, suite.

OEDIPE.
Viens, malheureux vieillard, viens, approche... A sa vue
D'un trouble renaissant je sens mon ame émue;
Un confus souvenir vient encor m'affliger :
Je tremble de le voir et de l'interroger.

PHORBAS.
Eh bien ! est-ce aujourd'hui qu'il faut que je périsse ?
Grande reine, avez-vous ordonné mon supplice ?
Vous ne fûtes jamais injuste que pour moi.

JOCASTE.
Rassurez-vous, Phorbas, et répondez au roi.

PHORBAS.
Au roi !

JOCASTE.
C'est devant lui que je vous fais paraître.

PHORBAS.
O dieux ! Laïus est mort, et vous êtes mon maître !
Vous, Seigneur ?

OEDIPE.
Epargnons les discours superflus :
Tu fus le seul témoin du meurtre de Laïus;
Tu fus blessé, dit-on, en voulant le défendre.

PHORBAS.
Seigneur, Laïus est mort, laissez en paix sa cendre;
N'insultez pas du moins au malheureux destin
D'un fidèle sujet blessé de votre main.

ACTE IV, SCÈNE II.

OEDIPE.

Je t'ai blessé? qui, moi?

PHORBAS.

Contentez votre envie;
Achevez de m'ôter une importune vie.
Seigneur, que votre bras, que les Dieux ont trompé,
Verse un reste de sang qui vous est échappé;
Et puisqu'il vous souvient de ce sentier funeste
Où mon roi...

OEDIPE.

Malheureux! épargne-moi le reste;
J'ai tout fait, je le vois, c'en est assez. O Dieux!
Enfin après quatre ans vous dessillez mes yeux.

JOCASTE.

Hélas! il est donc vrai!

OEDIPE.

Quoi! c'est toi que ma rage
Attaqua vers Daulis en cet étroit passage?
Oui, c'est toi : vainement je cherche à m'abuser;
Tout parle contre moi, tout sert à m'accuser;
Et mon œil étonné ne peut te méconnaître.

PHORBAS.

Il est vrai, sous vos coups j'ai vu tomber mon maître :
Vous avez fait le crime, et j'en fus soupçonné;
J'ai vécu dans les fers, et vous avez régné.

OEDIPE.

Va, bientôt à mon tour je me rendrai justice;
Va, laisse-moi du moins le soin de mon supplice :
Laisse-moi, sauve-moi de l'affront douloureux
De voir un innocent que j'ai fait malheureux.

SCÈNE III.

OEDIPE, JOCASTE.

OEDIPE.

Jocaste... car enfin la fortune jalouse
M'interdit à jamais le tendre nom d'épouse.
Vous voyez mes forfaits : libre de votre foi,
Frappez, délivrez-vous de l'horreur d'être à moi.

JOCASTE.

Hélas!

OEDIPE.

Prenez ce fer, instrument de ma rage,
Qu'il vous serve aujourd'hui pour un plus juste usage;
Plongez-le dans mon sein.

JOCASTE.

Que faites-vous, Seigneur?
Arrêtez, modérez cette aveugle douleur,
Vivez.

OEDIPE.

Quelle pitié pour moi vous intéresse?
Je dois mourir.

JOCASTE.

Vivez; c'est moi qui vous en presse :
Ecoutez ma prière.

OEDIPE.

Ah! je n'écoute rien.
J'ai tué votre époux.

JOCASTE.

Mais vous êtes le mien.

ACTE IV, SCÈNE III.

OEDIPE.

Je le suis par le crime.

JOCASTE.

Il est involontaire.

OEDIPE.

N'importe, il est commis.

JOCASTE.

O comble de misère!

OEDIPE.

O trop funeste hymen! ô feux jadis si doux!

JOCASTE.

Ils ne sont point éteints; vous êtes mon époux.

OEDIPE.

Non, je ne le suis plus; et ma main ennemie
N'a que trop bien rompu le saint nœud qui nous lie.
Je remplis ces climats du malheur qui me suit.
Redoutez-moi, craignez le dieu qui me poursuit;
Ma timide vertu ne sert qu'à me confondre,
Et de moi désormais je ne puis plus répondre.
Peut-être de ce dieu partageant le courroux,
L'horreur de mon destin s'étendrait jusqu'à vous.
Ayez du moins pitié de tant d'autres victimes;
Frappez, ne craignez rien, vous m'épargnez des crimes.

JOCASTE.

Ne vous accusez point d'un destin si cruel;
Vous êtes malheureux; et non pas criminel.
Dans ce fatal combat que Daulis vous vit rendre,
Vous ignoriez quel sang vos mains allaient répandre;
Et sans trop rappeler cet affreux souvenir,
Je ne puis que me plaindre, et non pas vous punir :
Vivez...

OEDIPE.

Moi que je vive ! il faut que je vous fuie.
Hélas ! où traînerai-je une mourante vie ?
Sur quels bords malheureux, dans quels tristes climats
Ensevelir l'horreur qui s'attache à mes pas ?
Irai-je, errant encore, en me fuyant moi-même,
Mériter par le meurtre un nouveau diadême ?
Irai-je dans Corinthe, où mon triste destin
A des crimes plus grands réserve encor ma main ?
Corinthe ! que jamais ta détestable rive...

SCÈNE IV.

OEDIPE, JOCASTE, DIMAS.

DIMAS.

Seigneur, en ce moment un étranger arrive :
Il se dit de Corinthe, et demande à vous voir.

OEDIPE.

Allons, dans un moment je vais le recevoir.

(*A Jocaste.*)

Adieu ; que de vos pleurs la source se dissipe.
Vous ne reverrez plus l'inconsolable OEdipe :
C'en est fait, j'ai régné, vous n'avez plus d'époux ;
En cessant d'être roi, je cesse d'être à vous.
Je pars ; je vais chercher, dans ma douleur mortelle,
Des pays où ma main ne soit point criminelle ;
Et vivant loin de vous, sans Etats, mais en roi,
Justifier les pleurs que vous versez pour moi.

FIN DU QUATRIÈME ACTE.

ACTE CINQUIÈME.

SCÈNE I.
OEDIPE, ARASPE, DIMAS, suite.

OEDIPE.

Finissez vos regrets, et retenez vos larmes.
Vous plaignez mon exil; il a pour moi des charmes.
Ma fuite à vos malheurs assure un prompt secours;
En perdant votre roi, vous conservez vos jours.
Du sort de tout ce peuple il est temps que j'ordonne.
J'ai sauvé cet empire en arrivant au trône :
J'en descendrai du moins comme j'y suis monté;
Ma gloire me suivra dans mon adversité.
Mon destin fut toujours de vous rendre la vie :
Je quitte mes enfants, mon trône, ma patrie.
Ecoutez-moi du moins pour la dernière fois;
Puisqu'il vous faut un roi, consultez-en mon choix,
Philoctète est puissant, vertueux, intrépide;
Un monarque est son père *, il fut l'ami d'Alcide :
Que je parte, et qu'il règne. Allez chercher Phorbas;
Qu'il paraisse à mes yeux, qu'il ne me craigne pas.
Il faut de mes bontés lui laisser quelque marque,
Et quitter mes sujets et le trône en monarque.
Que l'on fasse approcher l'étranger devant moi.
Vous, demeurez.

* Il était fils du roi d'Eubée, aujourd'hui Négrepont.

SCÈNE II.

OEDIPE, ARASPE, ICARE, suite.

OEDIPE.

Icare, est-ce vous que je vois?
Vous de mes premiers ans sage dépositaire,
Vous, digne favori de Polybe mon père?
Quel sujet important vous conduit parmi nous!

ICARE.

Seigneur, Polybe est mort.

OEDIPE.

Ah! que m'apprenez-vous?
Mon père...

ICARE.

A son trépas vous deviez vous attendre.
Dans la nuit du tombeau les ans l'ont fait descendre;
Ses jours étaient remplis; il est mort à mes yeux.

OEDIPE.

Qu'êtes-vous devenus, oracles de nos Dieux?
Vous qui faisiez trembler ma vertu trop timide,
Vous qui me prépariez l'horreur d'un parricide!
Mon père est chez les morts, et vous m'avez trompé.
Malgré vous dans son sang mes mains n'ont point trempé
Ainsi de mon erreur esclave volontaire,
Occupé d'écarter un mal imaginaire,
J'abandonnais ma vie à des malheurs certains,
Trop crédule artisan de mes tristes destins!
O Ciel! et quel est donc l'excès de ma misère,
Si le trépas des miens me devient nécessaire;

ACTE V, SCÈNE II.

Si trouvant dans leur perte un bonheur odieux,
Pour moi la mort d'un père est un bienfait des Dieux?
Allons, il faut partir; il faut que je m'acquitte
Des funèbres tributs que sa cendre mérite.
Partons. Vous vous taisez, je vois vos pleurs couler;
Que ce silence...

ICARE.

O ciel! oserai-je parler?

OEDIPE.

Vous reste-t-il encor des malheurs à m'apprendre?

ICARE.

Un moment sans témoin daignerez-vous m'entendre?

OEDIPE, *à sa suite*.

Allez, retirez-vous. Que va-t-il m'annoncer?

ICARE.

A Corinthe, Seigneur, il ne faut plus penser.
Si vous y paraissez, votre mort est jurée.

OEDIPE.

Eh! qui de mes Etats me défendrait l'entrée?

ICARE.

Du sceptre de Polybe un autre est l'héritier.

OEDIPE.

Est-ce assez? et ce trait sera-t-il le dernier?
Poursuis, Destin, poursuis, tu ne pourras m'abattre.
Eh bien! j'allais régner; Icare, allons combattre :
A mes lâches sujets courons me présenter.
Parmi ces malheureux prompts à se révolter,
Je puis trouver du moins un trépas honorable.
Mourant chez les Thébains, je mourrais en coupable :

Je dois périr en roi. Quels sont mes ennemis?
Parle, quel étranger sur mon trône est assis?

ICARE.

Le gendre de Polybe; et Polybe lui-même,
Sur son front en mourant a mis le diadême.
A son maître nouveau tout le peuple obéit.

OEDIPE.

Eh quoi! mon père aussi, mon père me trahit?
De la rebellion mon père est le complice?
Il me chasse du trône!

ICARE.

Il vous a fait justice;
Vous n'étiez point son fils?

OEDIPE.

Icare!...

ICARE.

Avec regret
Je révèle en tremblant ce terrible secret :
Mais il le faut, Seigneur, et toute la province...

OEDIPE.

Je ne suis point son fils!

ICARE.

Non, Seigneur; et ce prince
A tout dit en mourant. De ses remords pressé,
Pour le sang de nos rois il vous a renoncé;
Et moi, de son secret confident et complice,
Craignant du nouveau roi la sévère justice,
Je venais implorer votre appui dans ces lieux.

OEDIPE.

Je n'étais point son fils! et qui suis-je, grands Dieux?

ACTE V, SCÈNE II.

ICARE.

Le Ciel, qui dans mes mains a remis votre enfance,
D'une profonde nuit couvre votre naissance;
Et je sais seulement, qu'en naissant condamné,
Et sur un mont désert à périr destiné,
La lumière sans moi vous eût été ravie.

OEDIPE.

Ainsi donc mon malheur commence avec ma vie;
J'étais dès le berceau l'horreur de ma maison.
Où tombai-je en vos mains?

ICARE.

     Sur le mont Cithéron.

OEDIPE.

Près de Thèbe?

ICARE.

    Un Thébain, qui se dit votre père,
Exposa votre enfance en ce lieu solitaire.
Quelque dieu bienfaisant guida vers vous mes pas;
La pitié me saisit, je vous pris dans mes bras;
Je ranimai dans vous la chaleur presque éteinte :
Vous viviez, aussitôt je vous porte à Corinthe;
Je vous présente au prince : admirez votre sort!
Le prince vous adopte au lieu de son fils mort;
Et par ce coup adroit, sa politique heureuse
Affermit pour jamais sa puissance douteuse.
Sous le nom de son fils, vous fûtes élevé
Par cette même main qui vous avait sauvé.
Mais le trône en effet n'était point votre place;
L'intérêt vous y mit, le remords vous en chasse.

OEDIPE.

O vous qui présidez aux fortunes des rois,
Dieux! faut-il en un jour m'accabler tant de fois,
Et préparant vos coups par vos trompeurs oracles,
Contre un faible mortel épuiser les miracles!
Mais ce vieillard, ami, de qui tu m'as reçu,
Depuis ce temps fatal ne l'as tu jamais vu?

ICARE.

Jamais; et le trépas vous a ravi, peut-être,
Le seul qui vous eût dit quel sang vous a fait naître :
Mais long-temps de ses traits mon esprit occupé
De son image encore est tellement frappé,
Que je le connaîtrais s'il venait à paraître.

OEDIPE.

Malheureux! eh! pourquoi chercher à le connaître?
Je devrais bien plutôt, d'accord avec les Dieux,
Chérir l'heureux bandeau qui me couvre les yeux.
J'entrevois mon destin : ces recherches cruelles
Ne me découvriront que des horreurs nouvelles.
Je le sais; mais malgré les maux que je prévoi,
Un desir curieux m'entraîne loin de moi.
Je ne puis demeurer dans cette incertitude;
Le doute en mon malheur est un tourment trop rude :
J'abhorre le flambeau dont je veux m'éclairer;
Je crains de me connaître, et ne puis m'ignorer.

SCÈNE III.

OEDIPE, ICARE, PHORBAS.

OEDIPE.

Ah! Phorbas, approchez.

ICARE.

Ma surprise est extrême :
Plus je le vois, et plus... Ah! Seigneur, c'est lui-même,
C'est lui.

PHORBAS, *à Icare.*

Pardonnez-moi, si vos traits inconnus...

ICARE.

Quoi! du mont Cithéron ne vous souvient-il plus?

PHORBAS.

Comment?

ICARE.

Quoi! cet enfant qu'en mes mains vous remîtes;
Cet enfant qu'au trépas...

PHORBAS.

Ah! qu'est-ce que vous dites?
Et de quel souvenir venez-vous m'accabler?

ICARE.

Allez, ne craignez rien, cessez de vous troubler;
Vous n'avez en ces lieux que des sujets de joie.
OEdipe est cet enfant.

PHORBAS.

Que le Ciel te foudroie!
Malheureux! qu'as-tu dit?

ICARE, *à OEdipe.*

Seigneur, n'en doutez pas :
Quoi que ce Thébain dise, il vous mit dans mes bras :
Vos destins sont connus, et voilà votre père....

OEDIPE.

O sort qui me confond? ô comble de misère!
(A Phorbas.)
Je serais né de vous? le Ciel aurait permis
Que votre sang versé...

PHORBAS.

Vous n'êtes point mon fils.

OEDIPE.

Eh quoi! n'avez-vous pas exposé mon enfance?

PHORBAS.

Seigneur, permettez-moi de fuir votre présence,
Et de vous épargner cet horrible entretien.

OEDIPE.

Phorbas, au nom des Dieux, ne me déguise rien.

PHORBAS.

Partez, Seigneur, fuyez vos enfants et la reine.

OEDIPE.

Réponds-moi seulement; la résistance est vaine.
Cet enfant par toi-même à la mort destiné,
(En montrant Icare.)
Le mis-tu dans ses bras?

PHORBAS.

Oui, je le lui donnai.
Que ce jour ne fut-il le dernier de ma vie!

OEDIPE.

Quel était son pays?

ACTE V, SCÈNE III.

PHORBAS.
Thèbe était sa patrie.

OEDIPE.
Tu n'étais point son père?

PHORBAS.
Hélas! il était né
D'un sang plus glorieux et plus infortuné.

OEDIPE.
Quel était-il enfin?

PHORBAS *se jette aux genoux du roi.*
Seigneur, qu'allez-vous faire?

OEDIPE.
Achève, je le veux.

PHORBAS.
Jocaste était sa mère.

ICARE.
Et voilà donc le fruit de mes généreux soins!

PHORBAS.
Qu'avons-nous fait tous deux?

OEDIPE.
Je n'attendais pas moins.

ICARE.
Seigneur...

OEDIPE.
Sortez, cruels, sortez de ma présence;
De vos affreux bienfaits craignez la récompense :
Fuyez; à tant d'horreurs par vous seuls réservé,
Je vous punirais trop de m'avoir conservé.

SCÈNE IV.

OEDIPE, seul.

Le voilà donc rempli cet oracle exécrable,
Dont ma crainte a pressé l'effet inévitable ;
Et je me vois enfin, par un mélange affreux,
Inceste et parricide, et pourtant vertueux.
Misérable vertu, nom stérile et funeste,
Toi par qui j'ai réglé des jours que je déteste,
A mon noir ascendant tu n'as pu résister :
Je tombais dans le piége, en voulant l'éviter.
Un dieu, plus fort que toi, m'entraînait vers le crime :
Sous mes pas fugitifs il creusait un abîme ;
Et j'étais, malgré moi, dans mon aveuglement,
D'un pouvoir inconnu l'esclave et l'instrument.
Voilà tous mes forfaits : je n'en connais point d'autres.
Impitoyables Dieux, mes crimes sont les vôtres,
Et vous m'en punissez !... Où suis-je ? Quelle nuit
Couvre d'un voile affreux la clarté qui nous luit ?
Ces murs sont teints de sang ; je vois les Euménides
Secouer leurs flambeaux, vengeurs des parricides.
Le tonnerre en éclats semble fondre sur moi ;
L'enfer s'ouvre.... O Laïus, ô mon père ! est-ce toi ?
Je vois, je reconnais la blessure mortelle
Que te fit dans le flanc cette main criminelle.
Punis-moi, venge-toi d'un monstre détesté,
D'un monstre qui souilla les flancs qui l'ont porté.
Approche, entraîne-moi dans les demeures sombres ;
J'irai de mon supplice épouvanter les ombres.
Viens, je te suis.

SCÈNE V.

OEDIPE, JOCASTE, ÉGINE, LE CHŒUR.

JOCASTE.
Seigneur, dissipez mon effroi,
Vos redoutables cris sont venus jusqu'à moi.
OEDIPE.
Terre, pour m'engloutir entr'ouvre tes abîmes.
JOCASTE.
Quel malheur imprévu vous accable ?
OEDIPE.
Mes crimes.
JOCASTE.
Seigneur...
OEDIPE.
Fuyez, Jocaste.
JOCASTE.
Ah ! trop cruel époux !
OEDIPE.
Malheureuse ! arrêtez, quel nom prononcez-vous ?
Moi votre époux ! quittez ce titre abominable,
Qui nous rend l'un à l'autre un objet exécrable.
JOCASTE.
Qu'entends-je ?
OEDIPE.
C'en est fait, nos destins sont remplis.
Laïus était mon père, et je suis votre fils.

(Il sort.)

PREMIER PERSONNAGE DU CHOEUR.

O crime !

DEUXIÈME PERSONNAGE DU CHOEUR.

O jour affreux ! jour à jamais terrible !

JOCASTE.

Egine, arrache-moi de ce palais horrible.

ÉGINE.

Hélas !

JOCASTE.

Si tant de maux ont de quoi te toucher,
Si ta main, sans frémir, peut encor m'approcher,
Aide-moi, soutiens-moi, prends pitié de ta reine.

PREMIER PERSONNAGE DU CHOEUR.

Dieux ! est-ce donc ainsi que finit votre haine?
Reprenez, reprenez vos funestes bienfaits !
Cruels ! il valait mieux nous punir à jamais.

SCÈNE VI.

JOCASTE, ÉGINE, LE GRAND-PRÊTRE, LE CHOEUR.

LE GRAND-PRÊTRE.

Peuples, un calme heureux écarte les tempêtes,
Un soleil plus serein se lève sur vos têtes;
Les feux contagieux ne sont plus allumés;
Vos tombeaux qui s'ouvraient sont déjà refermés;
La mort fuit : et le dieu du ciel et de la terre
Annonce ses bontés par la voix du tonnerre.

(*Ici on entend gronder la foudre, et l'on voit briller les éclairs.*)

JOCASTE.

Quels éclats ! Ciel ! où suis-je, et qu'est-ce que j'entends?
Barbares !...

ACTE V, SCÈNE VI.

LE GRAND-PRÊTRE.

C'en est fait, et les Dieux sont contents.
Laïus du sein des morts cesse de vous poursuivre,
Il vous permet encor de régner et de vivre.
Le sang d'OEdipe enfin suffit à son courroux.

LE CHOEUR.

Dieux!

JOCASTE.

O mon fils! hélas! dirai-je mon époux?
O des noms les plus chers assemblage effroyable!
Il est donc mort?

LE GRAND-PRÊTRE.

Il vit, et le sort qui l'accable,
Des morts et des vivants semble le séparer; *
Il s'est privé du jour avant que d'expirer.
Je l'ai vu dans ses yeux enfoncer cette épée,
Qui du sang de son père avait été trempée;
Il a rempli son sort, et ce moment fatal
Du salut des Thébains est le premier signal.
Tel est l'ordre du Ciel, dont la fureur se lasse;
Comme il veut, aux mortels il fait justice ou grâce;
Ses traits sont épuisés sur ce malheureux fils.
Vivez, il vous pardonne.

JOCASTE.

Et moi je me punis.

(Elle se frappe.)

Par un pouvoir affreux réservée à l'inceste,
La mort est le seul bien, le seul Dieu qui me reste.

---

* Vers de l'*OEdipe* de Corneille.

Laïus, reçois mon sang, je te suis chez les morts :
J'ai vécu vertueuse, et je meurs sans remords.

LE CHOEUR.

O malheureuse reine! ô destin que j'abhorre!

JOCASTE.

Ne plaignez que mon fils, puisqu'il respire encore.
Prêtres, et vous Thébains qui fûtes mes sujets,
Honorez mon bûcher; et songez à jamais
Qu'au milieu des horreurs du destin qui m'opprime,
J'ai fait rougir les Dieux qui m'ont forcée au crime.

FIN D'OEDIPE.

VARIANTES

DE LA TRAGÉDIE D'ŒDIPE.

(1) Acte premier, scène première, dans l'édition de 1719, au lieu des trois premiers vers, on lit :

> Est-ce vous, Philoctète ? en croirai-je mes yeux ?
> Quel implacable dieu vous ramène en ces lieux ?
> Vous dans Thèbes, Seigneur ! Eh ! qu'y venez-vous faire ?

Ce dernier hémistiche avertissait trop clairement de l'inutilité du rôle de Philoctète.

(2) Voici la fin de cette scène, telle qu'elle était dans l'édition de 1719 :

PHILOCTÈTE.

> Mon trouble dit assez le sujet qui m'amène ;
> Tu vois un malheureux que sa faiblesse entraîne,
> De ces lieux autrefois par l'amour exilé,
> Et par ce même amour aujourd'hui rappelé.

DIMAS.

> Vous, Seigneur ! vous pourriez, dans l'ardeur qui vous brûle,
> Pour chercher une femme abandonner Hercule ?

PHILOCTÈTE.

> Dimas, Hercule est mort ; et mes fatales mains
> Ont mis sur le bûcher le plus grand des humains.
> Je rapporte en ces lieux ses flèches invincibles,
> Du fils de Jupiter présents chers et terribles.
> Je rapporte sa cendre, et viens à ce héros,
> Attendant des autels, élever des tombeaux.
> Sa mort de mon trépas devrait être suivie ;
> Mais vous savez, grands Dieux, pour qui j'aime la vie !

Dimas, à cet amour si constant, si parfait,
Tu vois trop que Jocaste en doit être l'objet.
Jocaste, par un père à son hymen forcée,
Au trône de Laïus à regret fut placée :
L'amour nous unissait, et cet amour si doux
Était né dans l'enfance, et croissait avec nous.
Tu sais combien alors mes fureurs éclatèrent,
Combien contre Laïus mes plaintes s'emportèrent.
Tout l'État, ignorant mes sentiments jaloux,
Du nom de politique honorait mon courroux.
Hélas! de cet amour accru dans le silence,
Je t'épargnais alors la triste confidence :
Mon cœur, qui languissait de mollesse abattu,
. . . .
Je crus que, loin des bords où Jocaste respire,
Ma raison sur mes sens reprendrait son empire;
Tu le sais, je partis de ce funeste lieu,
Et je dis à Jocaste un éternel adieu.
Cependant l'univers, tremblant au nom d'Alcide,
Attendait son destin de sa valeur rapide :
A ses divins travaux j'osai m'associer :
Je marchai près de lui ceint du même laurier.
Mais parmi les dangers, dans le sein de la guerre,
Je portais ma faiblesse aux deux bouts de la terre.
Le temps, qui détruit tout, augmentait mon amour;
Et, des lieux fortunés où commence le jour,
Jusqu'aux climats glacés où la nature expire,
Je traînais avec moi le trait qui me déchire.
Enfin je viens dans Thèbe, et je puis de mon feu
Sans rougir aujourd'hui te faire un libre aveu.
Par dix ans de travaux utiles à la Grèce,
J'ai bien acquis le droit d'avoir une faiblesse;
Et cent tyrans punis, cent monstres terrassés,
Suffisent à ma gloire et m'excusent assez.

DIMAS.

Quel fruit espérez-vous d'un amour si funeste?
Venez-vous de l'État embraser ce qui reste?
Ravirez-vous Jocaste à son nouvel époux?

DE LA TRAGÉDIE D'OEDIPE.

PHILOCTÈTE.

Son époux ! juste ciel ! ah ! que me dites-vous ?
Jocaste !... Il se pourrait qu'un second hyménée...

DIMAS.

OEdipe à cette reine a joint sa destinée...

PHILOCTÈTE.

Voilà, voilà le coup que j'avais pressenti ;
Et dont mon cœur jaloux tremblait d'être averti.

DIMAS.

Seigneur, la porte s'ouvre et le roi va paraître.
Tout ce peuple, à longs flots, conduit par le grand-prêtre,
Vient conjurer des Dieux le courroux obstiné.
Vous n'êtes point ici le seul infortuné.

(3) Dans l'édition de 1719 :

                    Thèbe en ce jour funeste
D'un respect dangereux a dépouillé le reste.
Ce peuple épouvanté ne connaît plus de frein,
Et quand le Ciel lui parle il n'écoute plus rien.

JOCASTE.

Sortez.

(4) Dans la même édition :

Lui ! qu'un assassinat ait pu souiller son ame !
Des lâches scélérats c'est le partage infame.
Il ne manquait, Égine, au comble de mes maux,
Que d'entendre d'un crime accuser ce héros.

(5) Édition de 1719 :

Et méritez enfin, par un trait généreux,
L'honneur que je vous fais de vous mettre auprès d'eux.

(6) Edition de 1719 : Hidaspe, confident d'OEdipe, est le même qu'Araspe dans les éditions suivantes.

(7) 1719.

Mon devoir, dont la voix m'ordonne de vous fuir,
Ne me commande pas de vous laisser périr.

(8) Dans la même édition :

PHILOCTÈTE.

Tout autre aurait, Seigneur, des grâces à vous rendre ;
Mais je suis Philoctète, et veux bien vous apprendre
Que l'exacte équité dont vous suivez la loi,
Si c'est beaucoup pour vous, n'est point assez pour moi.

(9) *Ibid.*

PHILOCTÈTE.

Et que ce peuple et vous ne m'avez point rendue.
J'abandonne à jamais ces lieux remplis d'effroi ;
Les chemins de la gloire y sont fermés pour moi.
Sur les pas du héros dont je garde la cendre,
Cherchons des malheureux que je puisse défendre.

(*Il sort.*)

OEDIPE.

Non, je ne reviens point de mon saisissement,
Et ma rage est égale à mon étonnement.

(*Au grand-prêtre.*)

Voilà donc des autels quel est le privilége !
Imposteur ! ainsi donc ta bouche sacrilége...

(10) Seigneur, vous avez vu ce qu'on ose attenter :
Un orage se forme, il le faut écarter.
Craignez un ennemi d'autant plus redoutable,
Qu'il vous perce à nos yeux par un trait respectable.

OEDIPE.

Quelle funeste voix s'élève dans mon cœur !
Quel crime ! juste ciel ! et quel comble d'horreur !

MARIAMNE,

TRAGÉDIE

Représentée, pour la première fois, le 6 mars 1724;

Revue et corrigée par l'auteur en 1762.

PRÉFACE

DE LA PREMIÈRE ÉDITION.

Je ne donne cette édition qu'en tremblant. Tant d'ouvrages que j'ai vus applaudis au théâtre, et méprisés à la lecture me font craindre pour le mien le même sort. Une ou deux situations, l'art des acteurs, la docilité que j'ai fait paraître, ont pu m'attirer des suffrages aux représentations : mais il faut un autre mérite pour soutenir le grand jour de l'impression. C'est peu d'une conduite régulière; ce serait peu même d'intéresser. Tout ouvrage en vers, quelque beau qu'il soit d'ailleurs, sera nécessairement ennuyeux, si tous les vers ne sont pas pleins de force et d'harmonie, si l'on n'y trouve pas une élégance continue, si la pièce n'a point ce charme inexprimable de la poésie, que le génie seul peut donner, où l'esprit ne saurait jamais atteindre, et sur lequel on raisonne si mal et si inutilement depuis la mort de M. Despréaux.

C'est une erreur bien grossière de s'imaginer que les vers soient la dernière partie d'une pièce de théâtre, et celle qui doit le moins coûter. M. Racine, c'est-à-dire l'homme de la terre qui, après Virgile, a le mieux connu l'art des vers, ne pensait pas ainsi.

Deux années entières lui suffirent à peine pour écrire sa *Phèdre*. Pradon se vante d'avoir composé la sienne en moins de trois mois. Comme le succès passager des représentations d'une tragédie ne dépend point du style, mais des acteurs et des situations, il arriva que les deux *Phèdres* semblèrent d'abord avoir une égale destinée; mais l'impression régla bientôt le rang de l'une et de l'autre. Pradon, selon la coutume des mauvais auteurs, eut beau faire une préface insolente, dans laquelle il traitait ses critiques de malhonnêtes gens, sa pièce, tant vantée par sa cabale et par lui, tomba dans le mépris qu'elle mérite; et, sans la *Phèdre* de M. Racine, on ignorerait aujourd'hui que Pradon en a composé une.

Mais d'où vient enfin cette distance si prodigieuse entre ces deux ouvrages? La conduite en est à peu près la même. Phèdre est mourante dans l'une et dans l'autre. Thésée est absent dans les premiers actes; il passe pour avoir été aux enfers avec Pirithoüs. Hippolyte, son fils, veut quitter Trézène; il veut fuir Aricie, qu'il aime. Il déclare sa passion à Aricie, et reçoit avec horreur celle de Phèdre : il meurt du même genre de mort; et son gouverneur fait le récit de sa mort. Il y a plus : les personnages des deux pièces, se trouvant dans les mêmes situations, disent presque les mêmes choses; mais c'est-là qu'on distingue le grand homme et le mauvais poète. C'est lorsque Racine et Pradon pensent de même, qu'ils sont le plus différents. En voici un exemple bien sensible; dans la déclaration d'Hip-

PRÉFACE.

polyte à Aricie, M. Racine fait ainsi parler Hippolyte :

> Moi qui, contre l'amour fièrement révolté,
> Aux fers de ses captifs ai long-temps insulté ;
> Qui, des faibles mortels déplorant les naufrages,
> Pensais toujours du bord contempler les orages ;
> Asservi maintenant sous la commune loi,
> Par quel trouble me vois-je emporté loin de moi ?
> Un moment a vaincu mon audace imprudente ;
> Cette ame si superbe est enfin dépendante.
> Depuis près de six mois, honteux, désespéré,
> Portant partout le trait dont je suis déchiré,
> Contre vous, contre moi, vainement je m'éprouve ;
> Présente je vous fuis, absente je vous trouve.
> Dans le fond des forêts votre image me suit ;
> La lumière du jour, les ombres de la nuit,
> Tout retrace à mes yeux les charmes que j'évite :
> Tout vous livre à l'envi le rebelle Hippolyte.
> Moi-même, pour tout fruit de mes soins superflus,
> Maintenant je me cherche, et ne me trouve plus.
> Mon arc, mes javelots, mon char, tout m'importune.
> Je ne me souviens plus des leçons de Neptune ;
> Mes seuls gémissements font retentir les bois,
> Et mes coursiers oisifs ont oublié ma voix.

Voici comment Hippolyte s'exprime dans Pradon :

> Assez et trop long-temps, d'une bouche profane,
> Je méprisai l'amour et j'adorai Diane.
> Solitaire, farouche, on me voyait toujours
> Chasser dans nos forêts les lions et les ours.
> Mais un soin plus pressant m'occupe et m'embarrasse.
> Depuis que je vous vois, j'abandonne la chasse :

Elle fit autrefois mes plaisirs les plus doux ;
Et quand j'y vais, ce n'est que pour penser à vous.

On ne saurait lire ces deux pièces de comparaison sans admirer l'une et sans rire de l'autre. C'est pourtant, dans toutes les deux, le même fonds de sentiment et de pensées; car, quand il s'agit de faire parler les passions, tous les hommes ont presque les mêmes idées : mais la façon de les exprimer distingue l'homme d'esprit d'avec celui qui n'en a point, l'homme de génie d'avec celui qui n'a que de l'esprit, et le poète d'avec celui qui veut l'être.

Pour parvenir à écrire comme M. Racine, il faudrait avoir son génie, et polir autant que lui ses ouvrages. Quelle défiance ne dois-je donc point avoir, moi, qui, né avec des talents si faibles, et accablé par des maladies continuelles, n'ai ni le don de bien imaginer, ni la liberté de corriger, par un travail assidu, les défauts de mes ouvrages! Je sens avec déplaisir toutes les fautes qui sont dans la contexture de cette pièce, aussi-bien que dans la diction. J'en aurais corrigé quelques-unes, si j'avais pu retarder cette édition; mais j'en aurais encore laissé beaucoup. Dans tous les arts il y a un terme, par-delà lequel on ne peut plus avancer. On est resserré dans les bornes de son talent : on voit la perfection au-delà de soi; et on fait des efforts impuissants pour y atteindre.

Je ne ferai point une critique détaillée de cette pièce : les lecteurs la feront assez sans moi. Mais je crois qu'il est nécessaire que je parle ici d'une critique générale qu'on a faite sur le choix du sujet de *Mariamne*. Comme le génie des Français est de saisir vivement le côté ridicule des choses les plus sérieuses, on disait que le sujet de *Mariamne* n'était autre chose qu'*un vieux mari amoureux et brutal, à qui sa femme refuse avec aigreur le devoir conjugal:* et on ajoutait qu'une querelle de ménage ne pouvait jamais faire une tragédie. Je supplie qu'on fasse avec moi quelques réflexions sur ce préjugé.

Les pièces tragiques sont fondées, ou sur les intérêts de toute une nation, ou sur les intérêts particuliers de quelques princes. De ce premier genre sont l'*Iphigénie en Aulide*, où la Grèce assemblée demande le sang de la fille d'Agamemnon; les *Horaces*, où trois combattants ont entre les mains le sort de Rome; l'*Œdipe*, où le salut des Thébains dépend de la découverte du meurtrier de Laïus. Du second genre sont *Britannicus, Phèdre, Mithridate*, etc.

Dans ces trois dernières, tout l'intérêt est renfermé dans la famille du héros de la pièce : tout roule sur des passions que des bourgeois ressentent comme les princes; et l'intrigue de ces ouvrages est aussi propre à la comédie qu'à la tragédie. Otez les noms : *Mithridate* n'est qu'un vieillard amoureux d'une jeune fille : ses deux fils en sont amoureux aussi; et il se sert d'une ruse assez basse pour découvrir celui des deux qui est aimé. *Phèdre* est une belle-mère qui, enhardie par une intrigante, fait des propositions à son beau-fils, lequel est occupé ailleurs. *Néron* est un *jeune homme impétueux, qui devient amoureux tout d'un coup; qui, dans le moment, veut se séparer d'avec sa femme, et qui se cache derrière une tapisserie pour écouter les discours de sa maîtresse.* Voilà des sujets que Molière a pu traiter comme Racine. Aussi l'intrigue de l'*Avare* est-elle précisément la même que celle de *Mithridate*. Harpagon et le roi de Pont sont deux vieillards amoureux : l'un et l'autre ont leur fils pour rival; l'un et l'autre se servent du même artifice pour découvrir l'intelligence qui est entre leur fils et leur maîtresse; et les deux pièces finissent par le mariage du jeune homme.

Molière et Racine ont également réussi en traitant ces deux intrigues : l'un a amusé, a réjoui, a fait rire les honnêtes gens; l'autre a attendri, a effrayé, a fait verser des larmes. Molière a joué l'amour ridicule d'un vieil avare : Racine a représenté les faiblesses d'un grand roi, et les a rendues respectables.

Que l'on donne une noce à peindre à Wateau et à le Brun, l'un représentera sous une treille des paysans pleins d'une joie naïve, grossière et effrénée, autour d'une table rustique où l'ivresse, l'emportement, la débauche, le rire immodéré, régneront; l'autre peindra les noces de Thétis et de Pélée, les festins des Dieux, leur joie majestueuse : et tous deux seront arrivés à la perfection de leur art par des chemins différents.

On peut appliquer tous ces exemples à *Mariamne*. La mauvaise humeur d'une femme, l'amour d'un vieux mari, les tracasseries d'une belle-sœur, sont de petits objets comiques par eux-mêmes : mais un roi à qui la terre a donné le nom de *Grand,* éperdument amoureux de la plus belle femme de l'univers; la passion furieuse de ce roi, si fameux par ses vertus et par ses crimes; ses cruautés passées, ses remords présents; ce passage si continuel et si rapide de l'amour à la haine, et de la haine à l'amour; l'ambition de sa sœur, les intrigues de ses ministres; la situation cruelle d'une princesse dont la vertu et la beauté sont célèbres encore dans le monde, qui avait vu son père et son frère livrés à la mort par son mari, et qui, pour comble de douleur, se voyait aimée du meurtrier de sa famille : quel champ ! quelle carrière pour un autre génie que le mien ! Peut-on dire qu'un tel sujet soit indigne de la tragédie ? C'est là surtout que, *selon ce qu'on peut être, les choses changent de nom.*

EXTRAIT
DE LA PRÉFACE
DE L'ÉDITION DE 1730.

La destinée de cette pièce a été extraordinaire. Elle fut jouée pour la première fois en 1724, et fut si mal reçue, qu'à peine put-elle être achevée : elle fut rejouée en 1725 avec quelques changements, et fut reçue alors avec une extrême indulgence.

J'avoue avec sincérité qu'elle méritait le mauvais accueil que lui fit d'abord le public; et je supplie qu'on me permette d'entrer, sur cela, dans un détail qui peut-être ne sera pas inutile à ceux qui voudront courir la carrière épineuse du théâtre, où j'ai le malheur de m'être engagé. Ils verront les écueils où j'ai échoué; ce n'est que par-là que je puis leur être utile.

Une des premières règles est de peindre les héros connus tels qu'ils ont été, ou plutôt tels que le public les imagine; car il est bien plus aisé de mener les hommes par les idées qu'ils ont, qu'en voulant leur en donner de nouvelles.

Sit Medea ferox invictaque, flebilis Ino,
Perfidus Ixion, Io vaga, tristis Orestes, etc.

Fondé sur ces principes, et entraîné par la complaisance respectueuse que j'ai toujours eue pour des personnes qui

EXTRAIT DE LA PRÉFACE.

m'honorent de leur amitié et de leurs conseils, je résolus de m'assujettir entièrement à l'idée que les hommes ont depuis long-temps de Mariamne et d'Hérode, et je ne songeai qu'à les peindre fidèlement d'après le portrait que chacun s'en est fait dans son imagination.

Ainsi Hérode parut dans cette pièce cruel et politique, tyran de ses sujets, de sa famille, de sa femme, plein d'amour pour Mariamne, mais plein d'un amour barbare qui ne lui inspirait pas le moindre repentir de ses fureurs. Je ne donnai à Mariamne d'autres sentiments qu'un orgueil imprudent, et qu'une haine inflexible pour son mari. Et enfin, dans la vue de me conformer aux opinions reçues, je ménageai une entrevue entre Hérode et Varus, dans laquelle je fis parler ce préteur avec la hauteur qu'on s'imagine que les Romains affectaient avec les rois.

Qu'arriva-t-il de tout cet arrangement? Mariamne intraitable n'intéressa point: Hérode, n'étant que criminel, révolta; et son entretien avec Varus le rendit méprisable. J'étais à la première représentation : je m'aperçus, dès le moment où Hérode parut, qu'il était impossible que la pièce eût du succès; et je compris que je m'étais égaré en marchant trop timidement dans la route ordinaire.

Je sentis qu'il est des occasions où la première règle est de s'écarter des règles prescrites; et que (comme le dit M. Pascal sur un sujet plus sérieux) les vérités se succèdent du pour au contre à mesure qu'on a plus de lumières.

Il est vrai qu'il faut peindre les héros tels qu'ils ont été : mais il est encore plus vrai qu'il faut adoucir les caractères désagréables; qu'il faut songer au public pour qui l'on écrit, encore plus qu'aux héros que l'on fait paraître; et qu'on doit imiter les peintres habiles, qui embellissent en conservant la ressemblance.

Pour qu'Hérode ressemblât, il était nécessaire qu'il excitât l'indignation; mais, pour plaire, il devait émouvoir la pitié. Il fallait que l'on détestât ses crimes, que l'on plaignît sa passion, qu'on aimât ses remords; et que ces mouvements si violents, si subits, si contraires, qui font le caractère d'Hérode, passassent rapidement tour à tour dans l'ame du spectateur.

Si l'on veut suivre l'histoire, Mariamne doit haïr Hérode, et l'accabler de reproches; mais si l'on veut que Mariamne intéresse, ses reproches doivent faire espérer une réconciliation; sa haine ne doit pas paraître toujours inflexible. Par-là le spectateur est attendri, et l'histoire n'est point entièrement démentie.

Enfin je crois que Varus ne doit point du tout voir Hérode : et en voici les raisons. S'il parle à ce prince avec hauteur et avec colère, il l'humilie; et il ne faut point avilir un personnage qui doit intéresser. S'il lui parle avec politesse, ce n'est qu'une scène de compliments, qui serait d'autant plus froide qu'elle serait inutile. Que si Hérode répond en justifiant ses cruautés, il dément la douleur et les remords dont il est pénétré en arrivant : s'il avoue à Varus cette douleur et ce repentir, qu'il ne peut en effet cacher à personne, alors il n'est plus permis au vertueux Varus de contribuer à la fuite de Mariamne, pour laquelle il ne doit plus craindre. De plus, Hérode ne peut faire qu'un très-méchant personnage avec l'amant de sa femme; et il ne faut jamais faire rencontrer ensemble sur la scène des acteurs principaux qui n'ont rien d'intéressant à se dire.

La mort de Mariamne, qui, à la première représentation, était empoisonnée et expirait sur le théâtre, acheva de révolter les spectateurs; soit que le public ne pardonne rien, lorsqu'une fois il est mécontent; soit qu'en effet il eût raison de condamner cette invention, qui était une faute contre l'histoire, faute qui, peut-être, n'était rachetée par aucune beauté.

J'aurais pu ne pas me rendre sur ce dernier article; et

j'avoue que c'est contre mon goût que j'ai mis la mort de Mariamne en récit, au lieu de la mettre en action : mais je n'ai voulu combattre en rien le goût du public. C'est pour lui et non pour moi que j'écris; ce sont ses sentiments et non les miens que je dois suivre.

Cette docilité raisonnable, ces efforts que j'ai faits pour rendre intéressant un sujet qui avait paru si ingrat, m'ont tenu lieu du mérite qui m'a manqué, et ont enfin trouvé grâce devant des juges prévenus contre la pièce.

PERSONNAGES.

HÉRODE, roi de Palestine.

MARIAMNE, femme d'Hérode.

SALOME, sœur d'Hérode.

SOHÊME, prince de la race des Asmonéens.

MAZAËL,\
IDAMAS, } ministres d'Hérode.

NARBAS, ancien officier des rois Asmonéens.

AMMON, confident de Sohême.

ÉLISE, confidente de Mariamne.

Un Garde d'Hérode, parlant.

Suite d'Hérode.

Suite de Sohême.

Une suivante de Mariamne, personnage muet.

La scène est à Jérusalem, dans le palais d'Hérode.

MARIAMNE,
TRAGÉDIE.

ACTE PREMIER.

SCÈNE I.
SALOME, MAZAËL.

MAZAËL.

Oui, cette autorité qu'Hérode vous confie
Jusques à son retour est du moins affermie.
J'ai volé vers Azor, et repassé soudain
Des champs de Samarie aux sources du Jourdain.
Madame, il était temps que du moins ma présence
Des Hébreux inquiets confondît l'espérance.
Hérode votre frère, à Rome retenu,
Déjà dans ses Etats n'était plus reconnu.
Le peuple, pour ses rois toujours plein d'injustices,
Hardi dans ses discours, aveugle en ses caprices,
Publiait hautement qu'à Rome condamné,
Hérode à l'esclavage était abandonné;
Et que la reine, assise au rang de ses ancêtres,
Ferait régner sur nous le sang de nos grands-prêtres.

Je l'avoue à regret : j'ai vu dans tous les lieux
Mariamne adorée, et son nom précieux.
La Judée aime encore avec idolâtrie
Le sang de ces héros dont elle tient la vie ;
Sa beauté, sa naissance, et surtout ses malheurs,
D'un peuple qui nous hait ont séduit tous les cœurs :
Et leurs vœux indiscrets la nommant souveraine,
Semblaient vous annoncer une chute certaine.
J'ai vu, par ces faux bruits, tout un peuple ébranlé :
Mais j'ai parlé, Madame, et ce peuple a tremblé.
Je leur ai peint Hérode avec plus de puissance,
Rentrant dans ses Etats suivi de la vengeance :
Son nom seul a partout répandu la terreur ;
Et les Juifs en silence ont pleuré leur erreur.

SALOME.

Mazaël, il est vrai qu'Hérode va paraître ;
Et ces peuples et moi, nous aurons tous un maître.
Ce pouvoir, dont à peine on me voyait jouir,
N'est qu'une ombre qui passe et va s'évanouir.
Mon frère m'était cher, et son bonheur m'opprime :
Mariamne triomphe, et je suis sa victime.

MAZAËL.

Ne craignez point un frère.

SALOME.

Eh ! que deviendrons-nous,
Quand la reine à ses pieds reverra son époux ?
De mon autorité cette fière rivale
Auprès d'un roi séduit nous fut toujours fatale :
Son esprit orgueilleux, qui n'a jamais plié,
Conserve encor pour nous la même inimitié.

Elle nous outragea, je l'ai trop offensée ;
A notre abaissement elle est intéressée.
Eh! ne craignez-vous plus ces charmes tout-puissants,
Du malheureux Hérode impérieux tyrans ?
Depuis près de cinq ans qu'un fatal hyménée
D'Hérode et de la reine unit la destinée,
L'amour prodigieux dont ce prince est épris
Se nourrit par la haine, et croît par le mépris.
Vous avez vu cent fois ce monarque inflexible
Déposer à ses pieds sa majesté terrible,
Et chercher, dans ses yeux irrités ou distraits,
Quelques regards plus doux qu'il ne trouvait jamais.
Vous l'avez vu frémir, soupirer et se plaindre,
La flatter, l'irriter, la menacer, la craindre ;
Cruel dans son amour, soumis dans ses fureurs ;
Esclave en son palais, héros partout ailleurs.
Que dis-je? en punissant une ingrate famille,
Fumant du sang du père, il adorait la fille :
Le fer encor sanglant, et que vous excitiez,
Etait levé sur elle, et tombait à ses pieds.

MAZAËL.

Mais songez que dans Rome, éloigné de sa vue,
Sa chaîne de si loin semble s'être rompue.

SALOME.

Croyez-moi, son retour en resserre les nœuds ;
Et ses trompeurs appas sont toujours dangereux.

MAZAËL.

Oui, mais cette ame altière, à soi-même inhumaine,
Toujours de son époux a recherché la haine :
Elle l'irritera par de nouveaux dédains,

Et vous rendra les traits qui tombent de vos mains.
La paix n'habite point entre deux caractères
Que le ciel a formés l'un à l'autre contraires.
Hérode, en tous les temps sombre, chagrin, jaloux,
Contre son amour même aura besoin de vous.

SALOME.

Mariamne l'emporte, et je suis confondue.

MAZAËL.

Au trône d'Ascalon vous êtes attendue;
Une retraite illustre, une nouvelle cour,
Un hymen préparé par les mains de l'amour,
Vous mettront aisément à l'abri des tempêtes
Qui pourraient dans Solime éclater sur nos têtes.
Sohême est d'Ascalon paisible souverain,
Reconnu, protégé par le peuple romain,
Indépendant d'Hérode, et cher à sa province :
Il sait penser en sage et gouverner en prince.
Je n'aperçois pour vous que des destins meilleurs;
Vous gouvernez Hérode, et vous régnez ailleurs.

SALOME.

Ah! connais mon malheur et mon ignominie :
Mariamne en tout temps empoisonne ma vie;
Elle m'enlève tout, rang, dignité, crédit;
Et pour elle, en un mot, Sohême me trahit.

MAZAËL.

Lui qui pour cet hymen attendait votre frère !
Lui dont l'esprit rigide et la sagesse austère
Parut tant mépriser ces folles passions,
De nos vains courtisans vaines illusions !
Au roi son allié ferait-il cette offense ?

ACTE I, SCÈNE I.

SALOME.
Croyez qu'avec la reine il est d'intelligence.

MAZAËL.
Le sang et l'amitié les unissent tous deux ;
Mais je n'ai jamais vu...

SALOME.
              Vous n'avez pas mes yeux.
Sur mon malheur nouveau je suis trop éclairée :
De ce trompeur hymen la pompe différée,
Les froideurs de Sohême et ses discours glacés,
M'ont expliqué ma honte, et m'ont instruite assez.

MAZAËL.
Vous pensez en effet qu'une femme sévère,
Qui pleure encore ici son aïeul et son frère,
Et dont l'esprit hautain, qu'aigrissent ses malheurs,
Se nourrit d'amertume et vit dans les douleurs,
Recherche imprudemment le funeste avantage
D'enlever un amant qui sous vos lois s'engage !
L'amour est-il connu de son superbe cœur ?

SALOME.
Elle l'inspire au moins ; et c'est-là mon malheur.

MAZAËL.
Ne vous trompez-vous point ? Cette ame impérieuse,
Par excès de fierté semble être vertueuse :
A vivre sans reproche elle a mis son orgueil.

SALOME.
Cet orgueil si vanté trouve enfin son écueil.
Que m'importe, après tout, que son ame hardie,
De mon parjure amant flatte la perfidie,
Ou qu'exerçant sur lui son dédaigneux pouvoir,

Elle ait fait mes tourments sans même le vouloir ?
Qu'elle chérisse ou non le bien qu'elle m'enlève,
Je le perds, il suffit ; sa fierté s'en élève ;
Ma honte fait sa gloire ; elle a dans mes douleurs
Le plaisir insultant de jouir de mes pleurs.
Enfin c'est trop languir dans cette indigne gêne ;
Je veux voir à quel point on mérite ma haine.
Sohême vient : allez, mon sort va s'éclaircir.

SCÈNE II.

SALOME, SOHÊME, AMMON.

SALOME.

Approchez ; votre cœur n'est point né pour trahir,
Et le mien n'est pas fait pour souffrir qu'on l'abuse.
Le roi revient enfin : vous n'avez plus d'excuse.
Ne consultez ici que vos seuls intérêts,
Et ne me cachez plus vos sentiments secrets.
Parlez : je ne crains point l'aveu d'une inconstance,
Dont je mépriserais la vaine et faible offense.
Je ne sais point descendre à des transports jaloux,
Ni rougir d'un affront dont la honte est pour vous.

SOHÊME.

Il faut donc m'expliquer ; il faut donc vous apprendre
Ce que votre fierté ne craindra point d'entendre.
J'ai beaucoup, je l'avoue, à me plaindre du roi ;
Il a voulu, Madame, étendre jusqu'à moi
Le pouvoir que César lui laisse en Palestine ;
En m'accordant sa sœur, il cherchait ma ruine :

ACTE I, SCÈNE II.

Au rang de ses vassaux il osait me compter.
J'ai soutenu mes droits, il n'a pu l'emporter.
J'ai trouvé comme lui des amis près d'Auguste :
Je ne crains point Hérode, et l'empereur est juste.
Mais je ne puis souffrir, je le dis hautement,
L'alliance d'un roi dont je suis mécontent.
D'ailleurs vous connaissez cette cour orageuse ;
Sa famille avec lui fut toujours malheureuse ;
De tout ce qui l'approche il craint des trahisons :
Son cœur de toutes parts est ouvert aux soupçons.
Au frère de la reine il en coûta la vie ;
De plus d'un attentat cette mort fut suivie.
Mariamne a vécu, dans ce triste séjour,
Entre la barbarie et les transports d'amour ;
Tantôt sous le couteau, tantôt idolâtrée,
Toujours baignant de pleurs une couche abhorrée ;
Craignant et son époux, et de vils délateurs,
De leur malheureux roi lâches adulateurs.

SALOME.

Vous parlez beaucoup d'elle !

SOHÊME.

Ignorez-vous, Princesse,
Que son sang est le mien, que son sort m'intéresse ?

SALOME.

Je ne l'ignore pas.

SOHÊME.

Apprenez encor plus :
J'ai craint long-temps pour elle, et je ne tremble plus.
Hérode chérira le sang qui la fit naître ;
Il l'a promis, du moins, à l'empereur son maître.

Pour moi, loin d'une cour objet de mon courroux,
J'abandonne Solime, et votre frère et vous;
Je pars. Ne pensez pas qu'une nouvelle chaîne
Me dérobe à la vôtre et loin de vous m'entraîne.
Je renonce à-la-fois à ce prince, à sa cour,
A tout engagement, et surtout à l'amour.
Epargnez le reproche à mon esprit sincère :
Quand je ne m'en fais point, nul n'a droit de m'en faire.

SALOME.

Non, n'attendez de moi ni courroux ni dépit;
J'en savais beaucoup plus que vous n'en avez dit.
Cette cour, il est vrai, Seigneur, a vu des crimes;
Il en est quelquefois où des cœurs magnanimes
Par le malheur des temps se laissent emporter,
Que la vertu répare, et qu'il faut respecter.
Il en est de plus bas, et de qui la faiblesse
Se pare arrogamment du nom de la sagesse.
Vous m'entendez peut-être? En vain vous déguisez
Pour qui je suis trahie, et qui vous séduisez;
Votre fausse vertu ne m'a jamais trompée.
De votre changement mon ame est peu frappée;
Mais si de ce palais, qui vous semble odieux,
Les orages passés ont indigné vos yeux,
Craignez d'en exciter qui vous suivraient peut-être
Jusqu'aux faibles Etats dont vous êtes le maître.

(Elle sort.)

SCÈNE III.

SOHÊME, AMMON.

SOHÊME.

Où tendait ce discours? que veut-elle, et pourquoi
Pense-t-elle en mon cœur pénétrer mieux que moi?
Qui? moi, que je soupire, et que, pour Mariamne,
Mon austère amitié ne soit qu'un feu profane!
Aux faiblesses d'amour moi j'irais me livrer,
Lorsque de tant d'attraits je cours me séparer!

AMMON.

Salome est outragée; il faut tout craindre d'elle.
La jalousie éclaire, et l'amour se décèle.

SOHÊME.

Non, d'un coupable amour je n'ai point les erreurs :
La secte dont je suis, forme en nous d'autres mœurs.
Ces durs Esséniens, stoïques de Judée,
Ont eu de la morale une plus noble idée.
Nos maîtres les Romains, vainqueurs des nations,
Commandent à la terre, et nous aux passions.
Je n'ai point, grâce au ciel, à rougir de moi-même.
Le sang unit de près Mariamne et Sohême;
Je la voyais gémir sous un affreux pouvoir :
J'ai voulu la servir; j'ai rempli mon devoir.

AMMON.

Je connais votre cœur et juste et magnanime;
Il se plaît à venger la vertu qu'on opprime :
Puissiez-vous écouter, dans cette affreuse cour,
Votre noble pitié plutôt que votre amour!

SOHÊME.

Ah! faut-il donc l'aimer pour prendre sa défense?
Qui n'aurait comme moi chéri son innocence?
Quel cœur indifférent n'irait à son secours?
Et qui, pour la sauver, n'eût prodigué ses jours?
Ami, mon cœur est pur, et tu connais mon zèle;
Je n'habitais ces lieux que pour veiller sur elle.
Quand Hérode partit incertain de son sort,
Quand il chercha dans Rome ou le sceptre ou la mort,
Plein de sa passion forcenée et jalouse,
Il tremblait qu'après lui sa malheureuse épouse,
Du trône descendue, esclave des Romains,
Ne fût abandonnée à de moins dignes mains.
Il voulut qu'une tombe, à tous deux préparée,
Enfermât avec lui cette épouse adorée.
Phérore fut chargé du ministère affreux
D'immoler cet objet de ses horribles feux.
Phérore m'instruisit de ces ordres coupables :
J'ai veillé sur des jours si chers, si déplorables,
Toujours armé, toujours prompt à la protéger,
Et surtout à ses yeux dérobant son danger.
J'ai voulu la servir sans lui causer d'alarmes :
Ses malheurs me touchaient encor plus que ses charmes.
L'amour ne règne point sur mon cœur agité;
Il ne m'a point vaincu, c'est moi qui l'ai dompté :
Et, plein du noble feu que sa vertu m'inspire,
J'ai voulu la venger, et non pas la séduire.
Enfin l'heureux Hérode a fléchi les Romains;
Le sceptre de Judée est remis en ses mains;
Il revient triomphant sur ce sanglant théâtre;

Il revole à l'objet dont il est idolâtre,
Qu'il opprima souvent, qu'il adora toujours :
Leurs désastres communs ont terminé leur cours.
Un nouveau jour va luire à cette cour affreuse :
Je n'ai plus qu'à partir !... Mariamne est heureuse.
Je ne la verrai plus !... mais à d'autres attraits
Mon cœur, mon triste cœur est fermé pour jamais.
Tout hymen à mes yeux est horrible et funeste ;
Qui connaît Mariamne, abhorre tout le reste.
La retraite a pour moi des charmes assez grands ;
J'y vivrai vertueux, loin des yeux des tyrans :
Préférant mon partage au plus beau diadême,
Maître de ma fortune, et maître de moi-même.

SCÈNE IV.

SOHÊME, ÉLISE, AMMON.

ÉLISE.

La mère de la reine, en proie à ses douleurs,
Vous conjure, Sohême, au nom de tant de pleurs,
De vous rendre près d'elle, et d'y calmer la crainte
Dont pour sa fille encore elle a reçu l'atteinte.

SOHÊME.

Quelle horreur jetez-vous dans mon cœur étonné ?

ÉLISE.

Elle a su l'ordre affreux qu'Hérode avait donné.
Par les soins de Salome elle en est informée.

SOHÊME.

Ainsi cette ennemie, au trouble accoutumée,

Par ces troubles nouveaux pense encor maintenir
Le pouvoir emprunté qu'elle veut retenir !
Quelle odieuse cour, et combien d'artifices !
On ne marche en ces lieux que sur des précipices.
Hélas ! Alexandra, par des coups inouïs,
Vit périr autrefois son époux et son fils ;
Mariamne lui reste, elle tremble pour elle :
La crainte est bien permise à l'amour maternelle.
Elise, je vous suis, je marche sur vos pas...
Grand Dieu, qui prenez soin de ces tristes climats,
De Mariamne encore écartez cet orage ;
Conservez, protégez votre plus digne ouvrage !

FIN DU PREMIER ACTE.

ACTE SECOND.

SCÈNE I.

SALOME, MAZAËL.

MAZAËL.

Ce nouveau coup porté, ce terrible mystère
Dont vous faites instruire et la fille et la mère,
Ce secret révélé, cet ordre si cruel,
Est désormais le sceau d'un divorce éternel.
Le roi ne croira point que pour votre ennemie
Sa confiance en vous soit en effet trahie;
Il n'aura plus que vous dans ses perplexités,
Pour adoucir les traits par vous-même portés.
Vous seule aurez fait naître et le calme et l'orage.
Diviser pour régner; c'est-là votre partage.

SALOME.

Que sert la politique où manque le pouvoir?
Tous mes soins m'ont trahi; tout fait mon désespoir.
Le roi m'écrit : il veut, par sa lettre fatale,
Que sa sœur se rabaisse aux pieds de sa rivale.
J'espérais de Sohême un noble et sûr appui;
Hérode était le mien : tout me manque aujourd'hui.
Je vois crouler sur moi le fatal édifice
Que mes mains élevaient avec tant d'artifice.
Je vois qu'il est des temps où tout l'effort humain

Tombe sous la fortune et se débat en vain,
Où la prudence échoue, où l'art nuit à soi-même;
Et je sens ce pouvoir invincible et suprême
Qui se joue à son gré, dans les climats voisins,
De leurs sables mouvants, comme de nos destins.

MAZAËL.

Obéissez au roi, cédez à la tempête;
Sous ses coups passagers il faut courber la tête.
Le temps peut tout changer.

SALOME.

Trop vains soulagements!
Malheureux qui n'attend son bonheur que du temps!
Sur l'avenir trompeur tu veux que je m'appuie,
Et tu vois cependant les affronts que j'essuie!

MAZAËL.

Sohême part au moins : votre juste courroux
Ne craint plus Mariamne, et n'en est plus jaloux.

SALOME.

Sa conduite, il est vrai, paraît inconcevable :
Mais m'en trahit-il moins? en est-il moins coupable?
Suis-je moins outragée? ai-je moins d'ennemis,
Et d'envieux secrets, et de lâches amis?
Il faut que je combatte et ma chute prochaine,
Et cet affront secret, et la publique haine.
Déjà, de Mariamne adorant la faveur,
Le peuple à ma disgrace insulte avec fureur.
Je verrai tout plier sous sa grandeur nouvelle,
Et mes faibles honneurs éclipsés devant elle.
Mais c'est peu que sa gloire irrite mon dépit;
Ma mort va signaler ma chute et son crédit.

ACTE II, SCÈNE I.

Je ne me flatte point ; je sais comme en sa place
De tous mes ennemis je confondrais l'audace :
Ce n'est qu'en me perdant qu'elle pourra régner ;
Et son juste courroux ne doit point m'épargner.
Cependant, ô contrainte ! ô comble d'infamie !
Il faut donc qu'à ses yeux ma fierté s'humilie !
Je viens avec respect essuyer ses hauteurs,
Et la féliciter sur mes propres malheurs.

MAZAËL.

Elle vient en ces lieux.

SALOME.

Faut-il que je la voie !

SCÈNE II.

MARIAMNE, ÉLISE, SALOME, MAZAËL, NARBAS.

SALOME.

Je viens auprès de vous partager votre joie :
Rome me rend un frère, et vous rend un époux
Couronné, tout-puissant, et digne enfin de vous.
Ses triomphes passés, ceux qu'il prépare encore,
Ce titre heureux de Grand dont l'univers l'honore ;
Les droits du sénat même à ses soins confiés,
Sont autant de présents qu'il va mettre à vos pieds.
Possédez désormais son ame et son empire :
C'est ce qu'à vos vertus mon amitié desire ;
Et je vais par mes soins serrer l'heureux lien
Qui doit joindre à jamais votre cœur et le sien.

MARIAMNE.

Je ne prétends de vous ni n'attends ce service :

Je vous connais, Madame, et je vous rends justice.
Je sais par quels complots, je sais par quels détours,
Votre haine impuissante a poursuivi mes jours.
Jugeant de moi par vous, vous me craignez peut-être :
Mais vous deviez du moins apprendre à me connaître.
Ne me redoutez point ; je sais également
Dédaigner votre crime et votre châtiment.
J'ai vu tous vos desseins, et je vous les pardonne ;
C'est à vos seuls remords que je vous abandonne,
Si toutefois, après de si lâches efforts,
Un cœur comme le vôtre écoute des remords.

SALOME.

C'est porter un peu loin votre injuste colère.
Ma conduite, mes soins, et l'aveu de mon frère,
Peut-être suffiront pour me justifier.

MARIAMNE.

Je vous l'ai déjà dit, je veux tout oublier ;
Dans l'état où je suis, c'est assez pour ma gloire :
Je puis vous pardonner, mais je ne puis vous croire.

MAZAËL.

J'ose ici, grande reine, attester l'Eternel,
Que mes soins à regret...

MARIAMNE.

Arrêtez, Mazaël.
Vos excuses pour moi sont un nouvel outrage.
Obéissez au roi, voilà votre partage.
A mes tyrans vendu, servez bien leur courroux ;
Je ne m'abaisse pas à me plaindre de vous.

(*A Salome.*)

Je ne vous retiens point, et vous pouvez, Madame,

Aller apprendre au roi les secrets de mon ame;
Dans son cœur aisément vous pouvez ranimer
Un courroux que mes yeux dédaignent de calmer.
De tous vos délateurs armez la calomnie :
J'ai laissé jusqu'ici leur audace impunie;
Et je n'oppose encore à mes vils ennemis
Qu'une vertu sans tache et qu'un juste mépris.

SALOME.

Ah! c'en est trop enfin : vous auriez dû peut-être
Ménager un peu plus la sœur de votre maître.
L'orgueil de vos attraits pense tout asservir :
Vous me voyez tout perdre, et croyez tout ravir.
Votre victoire un jour peut vous être fatale.
Vous triomphez :... tremblez, imprudente rivale!

SCÈNE III.

MARIAMNE, ÉLISE, NARBAS.

ÉLISE.

Ah! Madame, à ce point pouvez-vous irriter
Des ennemis ardents à vous persécuter?
La vengeance d'Hérode, un moment suspendue,
Sur votre tête encore est peut-être étendue;
Et loin d'en détourner les redoutables coups,
Vous appelez la mort, qui s'éloignait de vous.
Vous n'avez plus ici de bras qui vous appuie.
Ce défenseur heureux de votre illustre vie,
Sohême, dont le nom si craint, si respecté,
Long-temps de vos tyrans contint la cruauté,
Sohême va partir; nul espoir ne vous reste.

Auguste à votre époux laisse un pouvoir funeste.
Qui sait dans quels desseins il revient aujourd'hui ?
Tout, jusqu'à son amour, est à craindre de lui ;
Vous le voyez trop bien : sa sombre jalousie
Au-delà du tombeau portait sa frénésie ;
Cet ordre qu'il donna, me fait encor trembler.
Avec vos ennemis daignez dissimuler.
La vertu sans prudence, hélas ! est dangereuse.

MARIAMNE.

Oui, mon ame, il est vrai, fut trop impérieuse.
Je n'ai point connu l'art, et j'en avais besoin.
De mon sort à Sohême abandonnons le soin ;
Qu'il vienne, je l'attends ; qu'il règle ma conduite.
Mon projet est hardi, je frémis de la suite.
Faites venir Sohême.

(*Élise sort.*)

SCÈNE IV.

MARIAMNE, NARBAS.

MARIAMNE.

Et vous, mon cher Narbas,
De mes vœux incertains apaisez les combats.
Vos vertus, votre zèle et votre expérience,
Ont acquis dès long-temps toute ma confiance.
Mon cœur vous est connu ; vous savez mes desseins,
Et les maux que j'éprouve, et les maux que je crains.
Vous avez vu ma mère, au désespoir réduite,
Me presser en pleurant d'accompagner sa fuite.
Son esprit, accablé d'une juste terreur,

ACTE II, SCÈNE IV.

Croit à tous les moments voir Hérode en fureur,
Encor tout dégouttant du sang de sa famille,
Venir à ses yeux même assassiner sa fille.
Elle veut à mes fils, menacés du tombeau,
Donner César pour père, et Rome pour berceau.
On dit que l'infortune à Rome est protégée ;
Rome est le tribunal où la terre est jugée.
Je vais me présenter aux rois des souverains.
Je sais qu'il est permis de fuir ses assassins,
Que c'est le seul parti que le destin me laisse.
Toutefois en secret, soit vertu, soit faiblesse,
Prête à fuir un époux, mon cœur frémit d'effroi ;
Et mes pas chancelants s'arrêtent malgré moi.

NARBAS.

Cet effroi généreux n'a rien que je n'admire ;
Tout injuste qu'il est, la vertu vous l'inspire.
Ce cœur, indépendant des outrages du sort,
Craint l'ombre d'une faute, et ne craint point la mort.
Bannissez toutefois ces alarmes secrètes :
Ouvrez les yeux, Madame, et voyez où vous êtes.
C'est-là que, répandu par les mains d'un époux,
Le sang de votre père a rejailli sur vous.
Votre frère en ces lieux a vu trancher sa vie ;
En vain de son trépas le roi se justifie ;
En vain César trompé l'en absout aujourd'hui :
L'Orient révolté n'en accuse que lui.
Regardez, consultez les pleurs de votre mère,
L'affront fait à vos fils, le sang de votre père,
La cruauté du roi, la haine de sa sœur,
Et (ce que je ne puis prononcer sans horreur,

Mais dont votre vertu n'est point épouvantée)
La mort plus d'une fois à vos yeux présentée.
Enfin si tant de maux ne vous étonnent pas;
Si d'un front assuré vous marchez au trépas,
Du moins de vos enfants embrassez la défense.
Le roi leur a du trône arraché l'espérance;
Et vous connaissez trop ces oracles affreux,
Qui depuis si long-temps vous font trembler pour eux.
Le Ciel vous a prédit qu'une main étrangère
Devait un jour unir vos fils à votre père.
Un Arabe implacable a déjà sans pitié
De cet oracle obscur accompli la moitié.
Madame, après l'horreur d'un essai si funeste,
Sa cruauté, sans doute, accomplirait le reste :
Dans ses emportements rien n'est sacré pour lui.
Eh! qui vous répondra que lui-même aujourd'hui
Ne vienne exécuter sa sanglante menace,
Et des Asmonéens anéantir la race ?
Il est temps désormais de prévenir ses coups,
Il est temps d'épargner un meurtre à votre époux,
Et d'éloigner du moins de ces tendres victimes
Le fer de vos tyrans, et l'exemple des crimes.
Nourri dans ce palais, près des rois vos aïeux,
Je suis prêt à vous suivre en tout temps, en tous lieux.
Partez, rompez vos fers; allez, dans Rome même,
Implorer du sénat la justice suprême,
Remettre de vos fils la fortune en sa main,
Et les faire adopter par le peuple romain.
Qu'une vertu si pure aille étonner Auguste.
Si l'on vante à bon droit son règne heureux et juste,

Si la terre avec joie embrasse ses genoux,
S'il mérite sa gloire, il fera tout pour vous.

MARIAMNE.

Je vois qu'il n'est plus temps que mon cœur délibère ;
Je cède à vos conseils, aux larmes de ma mère,
Au danger de mes fils, au sort, dont les rigueurs
Vont m'entraîner peut-être en de plus grands malheurs.
Retournez chez ma mère, allez : quand la nuit sombre
Dans ces lieux criminels aura porté son ombre,
Qu'au fond de ce palais on me vienne avertir :
On le veut, il le faut ; je suis prête à partir.

SCÈNE V.

MARIAMNE, SOHÊME, ÉLISE.

SOHÊME.

Je viens m'offrir, Madame, à votre ordre suprême.
Vos volontés pour moi sont les lois du Ciel même.
Faut-il armer mon bras contre vos ennemis ?
Commandez, j'entreprends ; parlez, et j'obéis.

MARIAMNE.

Je vous dois tout, Seigneur, et dans mon infortune
Ma douleur ne craint point de vous être importune,
Ni de solliciter par d'inutiles vœux
Les secours d'un héros, l'appui des malheureux.
Lorsqu'Hérode attendait le trône ou l'esclavage,
Moi-même des Romains j'ai brigué le suffrage ;
Malgré ses cruautés, malgré mon désespoir,
Malgré mes intérêts, j'ai suivi mon devoir.
J'ai servi mon époux ; je le ferais encore.

Il faut que pour moi-même enfin je vous implore;
Il faut que je dérobe à d'inhumaines lois
Les restes malheureux du pur sang de nos rois.
J'aurais dû dès long-temps, loin d'un lieu si coupable,
Demander au sénat un asyle honorable :
Mais, Seigneur, je n'ai pu, dans les troubles divers
Dont la guerre civile a rempli l'univers,
Chercher parmi l'effroi, la guerre et les ravages,
Un port aux mêmes lieux d'où partaient les orages.
Auguste au monde entier donne aujourd'hui la paix;
Sur toute la nature il répand ses bienfaits.
Après les longs travaux d'une guerre odieuse,
Ayant vaincu la terre, il veut la rendre heureuse.
Du haut du Capitole il juge tous les rois;
Et de ceux qu'on opprime il prend en main les droits.
Qui peut à ses bontés plus justement prétendre,
Que mes faibles enfants, que rien ne peut défendre,
Et qu'une mère en pleurs amène auprès de lui
Du bout de l'univers implorer son appui ?
Pour conserver les fils, pour consoler la mère,
Pour finir tous mes maux, c'est en vous que j'espère :
Je m'adresse à vous seul, à vous, à ce grand cœur,
De la simple vertu généreux protecteur;
A vous à qui je dois ce jour que je respire.
Seigneur, éloignez-moi de ce fatal empire.
Ma mère, mes enfants, je mets tout en vos mains;
Enlevez l'innocence au fer des assassins.
Vous ne répondez rien ! que faut-il que je pense
De ces sombres regards et de ce long silence ?
Je vois que mes malheurs excitent vos refus.

ACTE II, SCÈNE V.

SOHÊME.

Non…. je respecte trop vos ordres absolus.
Mes gardes vous suivront jusque dans l'Italie ;
Disposez d'eux, de moi, de mon cœur, de ma vie.
Fuyez le roi ; rompez vos nœuds infortunés :
Il est assez puni, si vous l'abandonnez.
Il ne vous verra plus, grâce à son injustice ;
Et je sens qu'il n'est point de si cruel supplice…
Pardonnez-moi ce mot, il m'échappe à regret ;
La douleur de vous perdre a trahi mon secret.
J'ai parlé, c'en est fait ; mais malgré ma faiblesse,
Songez que mon respect égale ma tendresse.
Sohême, en vous aimant, ne veut que vous servir,
Adorer vos vertus, vous venger et mourir.

MARIAMNE.

Je me flattais, Seigneur, et j'avais lieu de croire
Qu'avec mes intérêts, vous chérissiez ma gloire.
Quand Sohême en ces lieux a veillé sur mes jours,
J'ai cru qu'à sa pitié je devais son secours.
Je ne m'attendais pas qu'une flamme coupable
Dût ajouter ce comble à l'horreur qui m'accable,
Ni que dans mes périls il me fallût jamais
Rougir de vos bontés, et craindre vos bienfaits.
Ne pensez pas pourtant qu'un discours qui m'offense
Vous ait rien dérobé de ma reconnaissance :
Tout espoir m'est ravi ; je ne vous verrai plus.
J'oublîrai votre flamme, et non pas vos vertus.
Je ne peux voir en vous qu'un héros magnanime,
Qui jusqu'à ce moment mérita mon estime ;

Un plus long entretien pourrait vous en priver,
Seigneur, et je vous fuis pour vous la conserver.
SOHÊME.
Arrêtez, et sachez que je l'ai méritée.
Quand votre gloire parle, elle est seule écoutée ;
A cette gloire, à vous, soigneux de m'immoler,
Epris de vos vertus, je les sais égaler.
Je ne fuyais que vous ; je veux vous fuir encore.
Je quittais pour jamais une cour que j'abhorre ;
J'y reste, s'il le faut, pour vous désabuser,
Pour vous respecter plus, pour ne plus m'exposer
Au reproche accablant que m'a fait votre bouche ;
Votre intérêt, Madame, est le seul qui me touche.
J'y sacrifîrai tout. Mes amis, mes soldats
Vous conduiront aux bords où s'adressent vos pas.
J'ai dans ces murs encore un reste de puissance ;
D'un tyran soupçonneux je crains peu la vengeance ;
Et s'il me faut périr des mains de votre époux,
Je périrai du moins en combattant pour vous.
Dans mes derniers moments je vous aurai servie,
Et j'aurai préféré votre honneur à ma vie.
MARIAMNE.
Il suffit, je vous crois : d'indignes passions
Ne doivent point souiller les nobles actions.
Oui, je vous devrai tout ; mais moi je vous expose :
Vous courez à la mort, et j'en serai la cause.
Comment puis-je vous suivre, et comment demeurer ?
Je n'ai de sentiment que pour vous admirer.
SOHÊME.
Venez prendre conseil de votre mère en larmes,

ACTE II, SCÈNE V.

De votre fermeté plus que de ses alarmes,
Du péril qui vous presse, et non de mon danger.
Avec votre tyran rien n'est à ménager :
Il est roi, je le sais; mais César est son juge.
Tout vous menace ici; Rome est votre refuge :
Mais songez que Sohême, en vous offrant ses vœux,
S'il ose être sensible, en est plus vertueux;
Que le sang de nos rois nous unit l'un et l'autre,
Et que le Ciel m'a fait un cœur digne du vôtre.

MARIAMNE.

Je n'en veux point douter; et dans mon désespoir,
Je vais consulter Dieu, l'honneur et le devoir.

SOHÊME.

C'est eux que j'en atteste : ils sont tous trois mes guides;
Ils vous arracheront aux mains des parricides.

FIN DU SECOND ACTE.

ACTE TROISIÈME.

SCÈNE I.

SOHÊME, NARBAS, AMMON, SUITE.

NARBAS.

Le temps est précieux, Seigneur, Hérode arrive :
Du fleuve de Judée il a revu la rive.
Salome, qui ménage un reste de crédit,
Déjà par ses conseils assiège son esprit.
Ses courtisans en foule auprès de lui se rendent ;
Les palmes dans les mains, nos pontifes l'attendent ;
Idamas le devance, et vous le connaissez.

SOHÊME.

Je sais qu'on paya mal ses services passés.
C'est ce même Idamas, cet Hébreu plein de zèle,
Qui toujours à la reine est demeuré fidèle,
Qui, sage courtisan d'un roi plein de fureur,
A quelquefois d'Hérode adouci la rigueur.

NARBAS.

Bientôt vous l'entendrez. Cependant Mariamne,
Au moment de partir, s'arrête, se condamne ;
Ce grand projet l'étonne ; et prête à le tenter,
Son austère vertu craint de l'exécuter.
Sa mère est à ses pieds, et, le cœur plein d'alarmes,
Lui présente ses fils, la baigne de ses larmes,

La conjure en tremblant de presser son départ.
La reine flotte, hésite, et partira trop tard.
C'est vous dont la bonté peut hâter sa sortie ;
Vous avez dans vos mains la fortune et la vie
De l'objet le plus rare et le plus précieux
Que jamais à la terre aient accordé les cieux.
Protégez, conservez une auguste famille ;
Sauvez de tant de rois la déplorable fille.
Vos gardes sont-ils prêts? Puis-je enfin l'avertir?

SOHÊME.

Oui, j'ai tout ordonné; la reine peut partir.

NARBAS.

Souffrez donc qu'à l'instant un serviteur fidèle
Se prépare, Seigneur, à marcher après elle.

SOHÊME.

Allez, loin de ces lieux je conduirai vos pas.
Ce séjour odieux ne la méritait pas.
Qu'un dépôt si sacré soit respecté des ondes ;
Que le ciel attendri par ses douleurs profondes
Fasse lever sur elle un soleil plus serein.
Et vous, vieillard heureux, qui suivez son destin,
Des serviteurs des rois sage et parfait modèle,
Votre sort est trop beau; vous vivrez auprès d'elle.

SCÈNE II.

SOHÊME, AMMON, SUITE DE SOHÊME.

SOHÊME.

Mais déjà le roi vient; déjà dans ce séjour
Le son de la trompette annonce son retour.

Quel retour, justes Dieux! Que je crains sa présence!
Le cruel peut d'un coup assurer sa vengeance.
Plût au ciel que la reine eût déjà pour jamais
Abandonné ces lieux consacrés aux forfaits!
Oserai-je moi-même accompagner sa fuite?
Peut-être, en la servant, il faut que je l'évite.
Est-ce un crime, après tout, de sauver tant d'appas,
De venger sa vertu?... Mais je vois Idamas.

SCÈNE III.

SOHÊME, IDAMAS, AMMON, SUITE.

SOHÊME.

Ami, j'épargne au roi de frivoles hommages,
De l'amitié des grands importuns témoignages,
D'un peuple curieux trompeur amusement,
Qu'on étale avec pompe, et que le cœur dément.
Mais parlez; Rome enfin vient de vous rendre un maître:
Hérode est souverain, est-il digne de l'être?
Vient-il dans un esprit de fureur ou de paix?
Craint-on des cruautés? attend-on des bienfaits?

IDAMAS.

Veuille le juste Ciel, formidable au parjure,
Ecarter loin de lui l'erreur et l'imposture!
Salome et Mazaël s'empressent d'écarter
Quiconque a le cœur juste et ne sait point flatter.
Ils révèlent, dit-on, des secrets redoutables;
Hérode en a pâli : des cris épouvantables
Sont sortis de sa bouche; et ses yeux en fureur
A tout ce qui l'entoure inspirent la terreur.
Vous le savez assez : leur cabale attentive

ACTE III, SCÈNE III.

Tint toujours près de lui la vérité captive.
Ainsi ce conquérant qui fit trembler les rois,
Ce roi dont Rome même admira les exploits,
De qui la renommée alarme encor l'Asie,
Dans sa propre maison voit sa gloire avilie.
Haï de son épouse, abusé par sa sœur,
Déchiré de soupçons, accablé de douleur,
J'ignore en ce moment le dessein qui l'entraîne.
On le plaint, on murmure; on craint tout pour la reine.
On ne peut pénétrer ses secrets sentiments,
Et de son cœur troublé les soudains mouvements.
Il observe avec nous un silence farouche,
Le nom de Mariamne échappe de sa bouche;
Il menace, il soupire, il donne en frémissant
Quelques ordres secrets qu'il révoque à l'instant.
D'un sang qu'il détestait, Mariamne est formée;
Il voulut la punir de l'avoir trop aimée :
Je tremble encor pour elle.

SOHÊME.

Il suffit, Idamas.
La reine est en danger; Ammon, suivez mes pas :
Venez, c'est à moi seul de sauver l'innocence.

IDAMAS.

Seigneur, ainsi du roi vous fuirez la présence ?
Vous de qui la vertu, le rang, l'autorité,
Imposeraient silence à la perversité !

SOHÊME.

Un intérêt plus grand, un autre soin m'anime;
Et mon premier devoir est d'empêcher le crime.

(*Il sort.*)

IDAMAS.

Quels orages nouveaux! quel trouble je prévoi!
Puissant Dieu des Hébreux, changez le cœur du roi.

SCÈNE IV.

HÉRODE, MAZAËL, IDAMAS, SUITE D'HÉRODE.

HÉRODE.

Eh quoi! Sohême aussi semble éviter ma vue?
Quelle horreur devant moi s'est partout répandue!
Ciel! ne puis-je inspirer que la haine ou l'effroi?
Tous les cœurs des humains sont-ils fermés pour moi?
En horreur à la reine, à mon peuple, à moi-même,
A regret sur mon front je vois le diadême.
Hérode, en arrivant, recueille avec terreur
Les chagrins dévorants qu'a semés sa fureur.
Ah Dieu!

MAZAËL.

Daignez calmer ces injustes alarmes.

HÉRODE.

Malheureux! qu'ai-je fait?

MAZAËL.

Quoi! vous versez des larmes!
Vous, ce roi fortuné, si sage en ses desseins!
Vous, la terreur du Parthe, et l'ami des Romains!
Songez, Seigneur, songez à ces noms pleins de gloire,
Que vous donnaient jadis Antoine et la victoire.
Songez que près d'Auguste, appelé par son choix,
Vous marchiez distingué de la foule des rois.

Revoyez à vos lois Jérusalem rendue,
Jadis par vous conquise et par vous défendue,
Reprenant aujourd'hui sa première splendeur,
En contemplant son prince au faîte du bonheur.
Jamais roi plus heureux dans la paix, dans la guerre...
HÉRODE.
Non, il n'est plus pour moi de bonheur sur la terre.
Le destin m'a frappé de ses plus rudes coups;
Et, pour comble d'horreur, je les mérite tous.
IDAMAS.
Seigneur, m'est-il permis de parler sans contrainte?
Ce trône auguste et saint, qu'environne la crainte,
Serait mieux affermi s'il l'était par l'amour.
En faisant des heureux, un roi l'est à son tour.
A d'éternels chagrins votre ame abandonnée,
Pourrait tarir d'un mot leur source empoisonnée.
Seigneur, ne souffrez plus que d'indignes discours
Osent troubler la paix et l'honneur de vos jours,
Ni que de vils flatteurs écartent de leur maître
Des cœurs infortunés qui vous cherchaient peut-être.
Bientôt de vos vertus tout Israël charmé...
HÉRODE.
Eh! croyez-vous encor que je puisse être aimé?
Qu'Hérode est aujourd'hui différent de lui-même!
MAZAËL.
Tout adore à l'envi votre grandeur suprême.
IDAMAS.
Un seul cœur vous résiste; et l'on peut le gagner.
HÉRODE.
Non: je suis un barbare, indigne de régner.

IDAMAS.
Votre douleur est juste; et si pour Mariamne...
HÉRODE.
Et c'est ce nom fatal, hélas! qui me condamne;
C'est ce nom qui reproche à mon cœur agité
L'excès de ma faiblesse et de ma cruauté.
MAZAËL.
Elle sera toujours inflexible en sa haine.
Elle fuit votre vue.
HÉRODE.
Ah! j'ai cherché la sienne.
MAZAËL.
Qui? vous, Seigneur?
HÉRODE.
Eh quoi! mes transports furieux,
Ces pleurs que mes remords arrachent de mes yeux,
Ce changement soudain, cette douleur mortelle,
Tout ne te dit-il pas que je viens d'auprès d'elle?
Toujours troublé, toujours plein de haine et d'amour,
J'ai trompé, pour la voir, une importune cour.
Quelle entrevue, ô cieux! quels combats! quel supplice!
Dans ses yeux indignés j'ai lu mon injustice;
Ses regards inquiets n'osaient tomber sur moi,
Et tout, jusqu'à mes pleurs, augmentait son effroi.
MAZAËL.
Seigneur, vous le voyez, sa haine envenimée
Jamais par vos bontés ne sera désarmée :
Vos respects dangereux nourrissent sa fierté.
HÉRODE.
Elle me hait! ah Dieu! je l'ai trop mérité.

Je lui pardonne, hélas! dans le sort qui l'accable,
De haïr à ce point un époux si coupable.

MAZAËL.

Vous coupable? Eh! Seigneur, pouvez-vous oublier
Ce que la reine a fait pour vous justifier?
Ses mépris outrageants, sa superbe colère,
Ses desseins contre vous, les complots de son père?
Le sang qui la forma, fut un sang ennemi :
Le dangereux Hircan vous eût toujours trahi;
Et des Asmonéens la brigue était si forte,
Que sans un coup d'Etat vous n'auriez pu...

HÉRODE.

N'importe
Hircan était son père; il fallait l'épargner :
Mais je n'écoutai rien que la soif de régner.
Ma politique affreuse a perdu sa famille;
J'ai fait périr le père, et j'ai proscrit la fille;
J'ai voulu la haïr : j'ai trop su l'opprimer,
Le Ciel pour m'en punir me condamne à l'aimer.

IDAMAS.

Seigneur, daignez m'en croire, une juste tendresse
Devient une vertu, loin d'être une faiblesse :
Digne de tant de biens que le Ciel vous a faits,
Mettez votre amour même au rang de ses bienfaits.

HÉRODE.

Hircan, mânes sacrés, fureurs que je déteste!

IDAMAS.

Perdez-en pour jamais le souvenir funeste.

MAZAËL.

Puisse la reine aussi l'oublier comme vous!

HÉRODE.

O père infortuné! plus malheureux époux!
Tant d'horreurs, tant de sang, le meurtre de son père,
Les maux que je lui fais, me la rendent plus chère.
Si son cœur,... si sa foi,... mais c'est trop différer.
Idamas, en un mot, je veux tout réparer.
Va la trouver; dis-lui, que mon ame asservie
Met à ses pieds mon trône, et ma gloire, et ma vie.
Je veux dans ses enfants choisir un successeur.
Des maux quelle a soufferts, elle accuse ma sœur,
C'en est assez; ma sœur, aujourd'hui renvoyée,
A ce cher intérêt sera sacrifiée.
Je laisse à Mariamne un pouvoir absolu.

MAZAËL.

Quoi! Seigneur, vous voulez...

HÉRODE.

Oui, je l'ai résolu.
Oui, mon cœur désormais la voit, la considère
Comme un présent des cieux qu'il faut que je révère.
Que ne peut point sur moi l'amour qui m'a vaincu!
A Mariamne enfin je devrai ma vertu.
Il le faut avouer; on m'a vu dans l'Asie
Régner avec éclat, mais avec barbarie.
Craint, respecté du peuple, admiré, mais haï;
J'ai des adorateurs, et n'ai pas un ami.
Ma sœur, que trop long-temps mon cœur a daigné croire,
Ma sœur n'aima jamais ma véritable gloire.
Plus cruelle que moi dans ses sanglants projets,
Sa main faisait couler le sang de mes sujets,
Les accablait du poids de mon sceptre terrible;

Tandis qu'à leurs douleurs Mariamne sensible,
S'occupant de leur peine, et s'oubliant pour eux,
Portait à son époux les pleurs des malheureux.
C'en est fait : je prétends, plus juste et moins sévère,
Par le bonheur public essayer de lui plaire;
L'Etat va respirer sous un règne plus doux :
Mariamne a changé le cœur de son époux.
Mes mains, loin de mon trône écartant les alarmes,
Des peuples opprimés vont essuyer les larmes.
Je veux sur mes sujets régner en citoyen,
Et gagner tous les cœurs, pour mériter le sien.
Va la trouver, te dis-je, et surtout à sa vue
Peins bien le repentir de mon ame éperdue :
Dis-lui que mes remords égalent ma fureur.
Va, cours, vole, et reviens. Que vois-je? c'est ma sœur.
(*A Mazaël.*)
Sortez... A quels chagrins ma vie est condamnée!

SCÈNE V.

HÉRODE, SALOME.

SALOME.

Je les partage tous : mais je suis étonnée
Que la reine et Sohême, évitant votre aspect,
Montrent si peu de zèle et si peu de respect.

HÉRODE.

L'un m'offense, il est vrai;... mais l'autre est excusable:
N'en parlons plus.

SALOME.

Sohême, à vos yeux condamnable,
A toujours de la reine allumé le courroux.

HÉRODE.

Ah! trop d'horreurs enfin se répandent sur nous;
Je cherche à les finir. Ma rigueur implacable,
En me rendant plus craint, m'a fait plus misérable.
Assez et trop long-temps sur ma triste maison
La vengeance et la haine ont versé leur poison.
De la reine et de vous les discordes cruelles
Seraient de mes tourments les sources éternelles.
Ma sœur, pour mon repos, pour vous, pour toutes deux,
Séparons-nous, quittez ce palais malheureux;
Il le faut.

SALOME.
Ciel! qu'entends-je? Ah, fatale ennemie!

HÉRODE.
Un roi vous le commande; un frère vous en prie.
Que puisse désormais ce frère malheureux
N'avoir point à donner d'ordre plus rigoureux,
N'avoir plus sur les siens de vengeances à prendre,
De soupçons à former, ni de sang à répandre!
Ne persécutez plus mes jours trop agités.
Murmurez, plaignez-vous, plaignez-moi; mais partez.

SALOME.
Moi, Seigneur, je n'ai point de plaintes à vous faire.
Vous croyez mon exil et juste et nécessaire;
A vos moindres desirs instruite à consentir,
Lorsque vous commandez, je ne sais qu'obéir.
Vous ne me verrez point, sensible à mon injure,
Attester devant vous le sang et la nature;
Sa voix trop rarement se fait entendre aux rois,
Et près des passions le sang n'a point de droits.

ACTE III, SCÈNE V.

Je ne vous vante plus cette amitié sincère,
Dont le zèle aujourd'hui commence à vous déplaire;
Je rappelle encor moins mes services passés :
Je vois trop qu'un regard les a tous effacés.
Mais avez-vous pensé que Mariamne oublie
Cet ordre d'un époux donné contre sa vie?
Vous qu'elle craint toujours, ne la craignez-vous plus?
Ses vœux, ses sentiments, vous sont-ils inconnus?
Qui préviendra jamais, par des avis utiles,
De son cœur outragé les vengeances faciles?
Quels yeux intéressés à veiller sur vos jours
Pourront de ses complots démêler les détours?
Son courroux aura-t-il quelque frein qui l'arrête?
Et pensez-vous enfin, que lorsque votre tête
Sera par vos soins même exposée à ses coups,
L'amour qui vous séduit lui parlera pour vous?
Quoi donc! tant de mépris, cette horreur inhumaine...

HÉRODE.

Ah! laissez-moi douter un moment de sa haine :
Laissez-moi me flatter de regagner son cœur.
Ne me détrompez point; respectez mon erreur.
Je veux croire, et je crois, que votre haine altière
Entre la reine et moi mettait une barrière;
Que par vos cruautés son cœur s'est endurci,
Et que sans vous enfin j'eusse été moins haï.

SALOME.

Si vous pouviez savoir, si vous pouviez comprendre
A quel point...

HÉRODE.

Non, ma sœur, je ne veux rien entendre.

Mariamne à son gré peut menacer mes jours,
Ils me sont odieux : qu'elle en tranche le cours;
Je périrai du moins d'une main qui m'est chère.

SALOME.

Ah! c'est trop l'épargner, vous tromper et me taire.
Je m'expose à me perdre et cherche à vous servir :
Et je vais vous parler, dussiez-vous m'en punir.
Epoux infortuné! qu'un vil amour surmonte,
Connaissez Mariamne, et voyez votre honte :
C'est peu des fiers dédains dont son cœur est armé;
C'est peu de vous haïr : un autre en est aimé.

HÉRODE.

Un autre en est aimé! Pouvez-vous bien, barbare,
Soupçonner devant moi la vertu la plus rare?
Ma sœur, c'est donc ainsi que vous m'assassinez?
Laissez-vous pour adieux ces traits empoisonnés,
Ces flambeaux de discorde, et la honte et la rage,
Qui de mon cœur jaloux sont l'horrible partage?
Mariamne... mais non, je ne veux rien savoir;
Vos conseils sur mon ame ont eu trop de pouvoir.
Je vous ai long-temps crue, et les Cieux m'en punissent.
Mon sort était d'aimer des cœurs qui me haïssent.
Oui, c'est moi seul ici que vous persécutez.

SALOME.

Eh bien donc! loin de vous...

HÉRODE.

     Non, Madame, arrêtez.
Un autre en est aimé! montrez-moi donc, cruelle,
Le sang que doit verser ma vengeance nouvelle;
Poursuivez votre ouvrage : achevez mon malheur.

SALOME.

Puisque vous le voulez...

HÉRODE.

Frappe; voilà mon cœur.
Dis-moi qui m'a trahi; mais quoi qu'il en puisse être,
Songe que cette main t'en punira peut-être.
Oui, je te punirai de m'ôter mon erreur.
Parle à ce prix.

SALOME.

N'importe.

HÉRODE.

Eh bien?

SALOME.

C'est...

SCÈNE VI.

HÉRODE, SALOME, MAZAËL.

MAZAËL.

Ah! Seigneur,
Venez, ne souffrez pas que ce crime s'achève :
Votre épouse vous fuit; Sohême vous l'enlève.

HÉRODE.

Mariamne! Sohême! où suis-je? justes cieux!

MAZAËL.

Sa mère, ses enfants quittaient déjà ces lieux.
Sohême a préparé cette indigne retraite;
Il a près de ces murs une escorte secrète :
Mariamne l'attend pour sortir du palais;
Et vous allez, Seigneur, la perdre pour jamais.

HÉRODE.

Ah! le charme est rompu; le jour enfin m'éclaire.
Venez; à son courroux connaissez votre frère.
Surprenons l'infidèle, et vous allez juger
S'il est encore Hérode, et s'il sait se venger.

FIN DU TROISIÈME ACTE.

ACTE QUATRIÈME.

SCÈNE I.

SALOME, MAZAËL.

MAZAËL.

Quoi ! lorsque sans retour Mariamne est perdue,
Quand la faveur d'Hérode à vos vœux est rendue,
Dans ces sombres chagrins qui peut donc vous plonger ?
Madame, en se vengeant le roi va vous venger :
Sa fureur est au comble ; et moi-même je n'ose
Regarder sans effroi les malheurs que je cause.
Vous avez vu tantôt ce spectacle inhumain,
Ces esclaves tremblants égorgés de sa main,
Près de leurs corps sanglants la reine évanouie,
Le roi, le bras levé, prêt à trancher sa vie ;
Ses fils baignés de pleurs, embrassant ses genoux,
Et présentant leur tête au-devant de ses coups.
Que vouliez-vous de plus ? que craignez-vous encore ?

SALOME.

Je crains le roi ; je crains ces charmes qu'il adore,
Ce bras prompt à punir, prompt à se désarmer,
Cette colère enfin, facile à s'enflammer,
Mais qui, toujours douteuse, et toujours aveuglée,
En ses transports soudains s'est peut-être exhalée.

Quel fruit me revient-il de ses emportements?
Sohême a-t-il pour moi de plus doux sentiments?
Il me hait encor plus : et mon malheureux frère,
Forcé de se venger d'une épouse adultère,
Semble me reprocher sa honte et son malheur.
Il voudrait pardonner; dans le fond de son cœur
Il gémit en secret de perdre ce qu'il aime;
Il voudrait, s'il se peut, ne punir que moi-même :
Mon funeste triomphe est encore incertain.
J'ai deux fois en un jour vu changer mon destin :
Deux fois j'ai vu l'amour succéder à la haine;
Et nous sommes perdus s'il voit encor la reine.

SCÈNE II.

HÉRODE, SALOME, MAZAËL, GARDES.

MAZAËL.

Il vient : de quelle horreur il paraît agité !

SALOME.

Seigneur, votre vengeance est-elle en sûreté?

MAZAËL.

Me préserve le Ciel que ma voix téméraire,
D'un roi clément et sage irritant la colère,
Ose se faire entendre entre la reine et lui!
Mais, Seigneur, contre vous Sohême est son appui.
Non, ne vous vengez point; mais veillez sur vous-même:
Redoutez ses complots et la main de Sohême.

HÉRODE.

Ah! je ne le crains point.

MAZAËL.

Seigneur, n'en doutez pas,
De l'adultère au meurtre il n'est souvent qu'un pas.
HÉRODE.
Que dites-vous?

MAZAËL.

Sohême, incapable de feindre,
Fut de vos ennemis toujours le plus à craindre.
Ceux dont il s'assura le coupable secours,
Ont parlé hautement d'attenter à vos jours.
HÉRODE.
Mariamne me hait; c'est-là son plus grand crime.
Ma sœur, vous approuvez la fureur qui m'anime;
Vous voyez mes chagrins, vous en avez pitié :
Mon cœur n'attend plus rien que de votre amitié.
Hélas! plein d'une erreur trop fatale et trop chère,
Je vous sacrifiais au seul soin de lui plaire :
Je vous comptais déjà parmi mes ennemis;
Je punissais sur vous sa haine et ses mépris.
Ah! j'atteste à vos yeux ma tendresse outragée,
Qu'avant la fin du jour vous en serez vengée.
Je veux surtout, je veux, dans ma juste fureur,
La punir du pouvoir qu'elle avait sur mon cœur.
Hélas! jamais ce cœur ne brûla que pour elle;
J'aimai, je détestai, j'adorai l'infidèle.
Et toi, Sohême, et toi, ne crois pas m'échapper!
Avant le coup mortel dont je dois te frapper,
Va, je te punirai dans un autre toi-même.
Tu verras cet objet qui m'abhorre et qui t'aime,
Cet objet à mon cœur jadis si précieux,

Dans l'horreur des tourments expirant à tes yeux.
Que sur toi, sous mes coups, tout son sang rejaillisse!
Tu l'aimes, il suffit; sa mort est ton supplice.

MAZAËL.

Ménagez, croyez-moi, des moments précieux;
Et tandis que Sohême est absent de ces lieux,
Que par lui, loin des murs, sa garde est dispersée,
Saisissez, achevez une vengeance aisée.

SALOME.

Mais au peuple surtout cachez votre douleur.
D'un spectacle funeste épargnez-vous l'horreur.
Loin de ces tristes lieux témoins de votre outrage,
Fuyez de tant d'affronts la douloureuse image.

HÉRODE.

Je vois quel est son crime, et quel fut son projet.
Je vois pour qui Sohême ainsi vous outrageait.

SALOME.

Laissez mes intérêts; songez à votre offense.

HÉRODE.

Elle avait jusqu'ici vécu dans l'innocence :
Je ne lui reprochais que ses emportements,
Cette audace opposée à tous mes sentiments,
Ses mépris pour ma race, et ses altiers murmures.
Du sang asmonéen j'essuyai trop d'injures.
Mais a-t-elle en effet voulu mon déshonneur?

SALOME.

Ecartez cette idée : oubliez-la, Seigneur;
Calmez-vous.

HÉRODE.

Non, je veux la voir et la confondre;

Je veux l'entendre ici, la forcer à répondre :
Qu'elle tremble en voyant l'appareil du trépas ;
Qu'elle demande grâce et ne l'obtienne pas.

SALOME.

Quoi ! Seigneur, vous voulez vous montrer à sa vue ?

HÉRODE.

Ah ! ne redoutez rien ; sa perte est résolue.
Vainement l'infidèle espère en mon amour ;
Mon cœur à la clémence est fermé sans retour.
Loin de craindre ces yeux qui m'avaient trop su plaire,
Je sens que sa présence aigrira ma colère.
Gardes, que dans ces lieux on la fasse venir ;
Je ne veux que la voir, l'entendre et la punir.
Ma sœur, pour un moment, souffrez que je respire.
Qu'on appelle la reine : et vous, qu'on se retire.

SCÈNE III.

HÉRODE, seul.

Tu veux la voir, Hérode, à quoi te résous-tu ?
Conçois-tu les desseins de ton cœur éperdu ?
Quoi ! son crime à tes yeux n'est-il pas manifeste ?
N'es-tu pas outragé ? que t'importe le reste ?
Quel fruit espères-tu de ce triste entretien ?
Ton cœur peut-il douter des sentiments du sien ?
Hélas ! tu sais assez combien elle t'abhorre.
Tu prétends te venger ! pourquoi vit-elle encore ?
Tu veux la voir ! ah ! lâche, indigne de régner,
Va soupirer près d'elle, et cours lui pardonner.

Va voir cette beauté si long-temps adorée.
Non, elle périra; non, sa mort est jurée.
Vous serez répandu, sang de mes ennemis,
Sang des Asmonéens dans ses veines transmis,
Sang qui me haïssez, et que mon cœur déteste.
Mais la voici, grand Dieu! quel spectacle funeste!

SCÈNE IV.

MARIAMNE, HÉRODE, ÉLISE, GARDES.

ÉLISE.

Reprenez vos esprits, Madame, c'est le roi.

MARIAMNE.

Où suis-je? où vais-je? ô Dieu! je me meurs, je le voi.

HÉRODE.

D'où vient qu'à son aspect mes entrailles frémissent?

MARIAMNE.

Elise, soutiens-moi, mes forces s'affaiblissent.

ÉLISE.

Avançons.

MARIAMNE.

Quel tourment!

HÉRODE.

Que lui dirai-je? ô cieux!

MARIAMNE.

Pourquoi m'ordonnez-vous de paraître à vos yeux?
Voulez-vous de vos mains m'ôter ce faible reste
D'une vie à tous deux également funeste?
Vous le pouvez: frappez, le coup m'en sera doux,
Et c'est l'unique bien que je tiendrai de vous.

ACTE IV, SCÈNE IV.

HÉRODE.

Oui, je me vengerai, vous serez satisfaite.
Mais parlez, défendez votre indigne retraite.
Pourquoi, lorsque mon cœur si long-temps offensé,
Indulgent pour vous seule, oubliait le passé,
Lorsque vous partagiez mon empire et ma gloire,
Pourquoi prépariez-vous cette fuite si noire?
Quel dessein, quelle haine a pu vous posséder?

MARIAMNE.

Ah! Seigneur, est-ce à vous à me le demander?
Je ne veux point vous faire un reproche inutile :
Mais si, loin de ces lieux, j'ai cherché quelque asile,
Si Mariamne enfin, pour la première fois,
Du pouvoir d'un époux méconnaissant les droits,
A voulu se soustraire à son obéissance,
Songez à tous ces rois dont je tiens la naissance,
A mes périls présents, à mes malheurs passés,
Et condamnez ma fuite après, si vous l'osez.

HÉRODE.

Quoi! lorsqu'avec un traître un fol amour vous lie,
Quand Sohême...

MARIAMNE.

Arrêtez; il suffit de ma vie.
D'un si cruel affront cessez de me couvrir :
Laissez-moi chez les morts descendre sans rougir.
N'oubliez pas du moins, qu'attachés l'un à l'autre,
L'hymen qui nous unit joint mon honneur au vôtre.
Voilà mon cœur : frappez. Mais en portant vos coups,
Respectez Mariamne, et même son époux.

MARIAMNE.

HÉRODE.

Perfide! il vous sied bien de prononcer encore
Ce nom qui vous condamne et qui me déshonore!
Vos coupables dédains vous accusent assez;
Et je crois tout de vous, si vous me haïssez.

MARIAMNE.

Quand vous me condamnez, quand ma mort est certaine
Que vous importe, hélas! ma tendresse ou ma haine?
Et quel droit désormais avez-vous sur mon cœur,
Vous qui l'avez rempli d'amertume et d'horreur?
Vous qui depuis cinq ans insultez à mes larmes,
Qui marquez sans pitié mes jours par mes alarmes?
Vous de tous mes parents destructeur odieux?
Vous, teint du sang d'un père expirant à mes yeux?
Cruel! ah! si du moins votre fureur jalouse
N'eût jamais attenté qu'aux jours de votre épouse,
Les Cieux me sont témoins que mon cœur tout à vous,
Vous chérirait encore, en mourant par vos coups.
Mais qu'au moins mon trépas calme votre furie;
N'étendez point mes maux au-delà de ma vie;
Prenez soin de mes fils, respectez votre sang;
Ne les punissez pas d'être nés dans mon flanc.
Hérode, ayez pour eux des entrailles de père :
Peut-être un jour, hélas! vous connaîtrez leur mère.
Vous plaindrez, mais trop tard, ce cœur infortuné
Que seul dans l'univers vous avez soupçonné :
Ce cœur qui n'a point su, trop superbe peut-être,
Déguiser ses douleurs et ménager un maître,
Mais qui jusqu'au tombeau conserva sa vertu,
Et qui vous eût aimé si vous l'aviez voulu.

ACTE IV, SCÈNE IV.

HÉRODE.

Qu'ai-je entendu? quel charme, et quel pouvoir suprême
Commande à ma colère et m'arrache à moi-même!
Mariamne...

MARIAMNE.

Cruel!

HÉRODE.

... O faiblesse! ô fureur!

MARIAMNE.

De l'état où je suis voyez du moins l'horreur.
Otez-moi par pitié cette odieuse vie.

HÉRODE.

Ah! la mienne à la vôtre est pour jamais unie.
C'en est fait, je me rends : bannissez votre effroi;
Puisque vous m'avez vu, vous triomphez de moi.
Vous n'avez plus besoin d'excuse et de défense.
Ma tendresse pour vous, vous tient lieu d'innocence.
En est-ce assez, ô Ciel? en est-ce assez, Amour?
C'est moi qui vous implore et qui tremble à mon tour.
Serez-vous aujourd'hui la seule inexorable?
Quand j'ai tout pardonné, serai-je encor coupable?
Mariamne, cessons de nous persécuter :
Nos cœurs ne sont-ils faits que pour se détester?
Nous faudra-t-il toujours redouter l'un et l'autre?
Finissons à-la-fois ma douleur et la vôtre.
Commençons sur nous-même à régner en ce jour;
Rendez-moi votre main, rendez-moi votre amour.

MARIAMNE.

Vous demandez ma main! Juste Ciel que j'implore,
Vous savez de quel sang la sienne fume encore!

HÉRODE.

Eh bien! j'ai fait périr et ton père et mon roi;
J'ai répandu son sang pour régner avec toi.
Ta haine en est le prix; ta haine est légitime :
Je n'en murmure point, je connais tout mon crime.
Que dis-je? son trépas, l'affront fait à tes fils,
Sont les moindres forfaits que mon cœur ait commis.
Hérode a jusqu'à toi porté sa barbarie;
Durant quelques moments je t'ai même haïe;
J'ai fait plus, ma fureur a pu te soupçonner;
Et l'effort des vertus est de me pardonner.
D'un trait si généreux ton cœur seul est capable :
Plus Hérode à tes yeux doit paraître coupable,
Plus ta grandeur éclate à respecter en moi
Ces nœuds infortunés qui m'unissent à toi.
Tu vois où je m'emporte, et quelle est ma faiblesse;
Garde-toi d'abuser du trouble qui me presse.
Cher et cruel objet d'amour et de fureur,
Si du moins la pitié peut entrer dans ton cœur,
Calme l'affreux désordre où mon ame s'égare.
Tu détournes les yeux... Mariamne...

MARIAMNE.

Ah, barbare!
Un juste repentir produit-il vos transports?
Et pourrai-je en effet compter sur vos remords?

HÉRODE.

Oui, tu peux tout sur moi, si j'amollis ta haine.
Hélas! ma cruauté, ma fureur inhumaine,
C'est toi qui dans mon cœur as su la rallumer;
Tu m'as rendu barbare en cessant de m'aimer.

ACTE IV, SCÈNE IV. 215

Que ton crime et le mien soient noyés dans mes larmes.
Je te jure...

SCÈNE V.

HÉRODE, MARIAMNE, ÉLISE, UN GARDE.

LE GARDE.

Seigneur, tout le peuple est en armes.
Dans le sang des bourreaux il vient de renverser
L'échafaud que Salome a déjà fait dresser.
Au peuple, à vos soldats, Sohême parle en maître :
Il marche vers ces lieux, il vient, il va paraître.

HÉRODE.

Quoi! dans le moment même où je suis à vos pieds,
Vous auriez pu, perfide!...

MARIAMNE.

Ah! Seigneur, vous croiriez...

HÉRODE.

Tu veux ma mort! eh bien! je vais remplir ta haine.
Mais au moins dans ma tombe il faut que je t'entraîne,
Et qu'unis malgré toi... Qu'on la garde, soldats.

SCÈNE VI.

HÉRODE, MARIAMNE, SALOME, MAZAËL, ÉLISE, GARDES.

SALOME.

Ah! mon frère, aux Hébreux ne vous présentez pas.
Le peuple soulevé demande votre vie :
Le nom de Mariamne excite leur furie;
De vos mains, de ces lieux, ils viennent l'arracher.

HÉRODE.

Allons. Ils me verront, et je cours les chercher.
De l'horreur où je suis tu répondras, cruelle.
Ne l'abandonnez pas, ma sœur, veillez sur elle.

MARIAMNE.

Je ne crains point la mort; mais j'atteste les cieux...

MAZAËL.

Seigneur, vos ennemis sont déjà sous vos yeux.

HÉRODE.

Courons... Mais quoi! laisser la coupable impunie!
Ah! je veux dans son sang laver sa perfidie,
Je veux, j'ordonne... Hélas! dans mon funeste sort,
Je ne puis rien résoudre, et vais chercher la mort.

FIN DU QUATRIÈME ACTE.

ACTE CINQUIÈME.

SCÈNE I.

MARIAMNE, ÉLISE, GARDES.

MARIAMNE.

Éloignez-vous, soldats, daignez laisser du moins
Votre reine un moment respirer sans témoins.
(Les gardes se retirent au coin du théâtre.)
Voilà donc, juste Dieu, quelle est ma destinée!
La splendeur de mon sang, la pourpre où je suis née,
Enfin ce qui semblait promettre à mes beaux jours
D'un bonheur assuré l'inaltérable cours,
Tout cela n'a donc fait que verser sur ma vie
Le funeste poison dont elle fut remplie!
O naissance, ô jeunesse, et toi, triste beauté,
Dont l'éclat dangereux enfla ma vanité,
Flatteuse illusion dont je fus occupée,
Vaine ombre de bonheur, que vous m'avez trompée!
Sur ce trône coupable un éternel ennui
M'a creusé le tombeau que l'on m'ouvre aujourd'hui.
Dans les eaux du Jourdain j'ai vu périr mon frère;
Mon époux à mes yeux a massacré mon père;
Par ce cruel époux condamnée à périr,
Ma vertu me restait : on ose la flétrir!
Grand Dieu, dont les rigueurs éprouvent l'innocence,
Je ne demande point ton aide ou ta vengeance.

J'appris de mes aïeux, que je sais imiter,
A voir la mort sans crainte et sans la mériter.
Je t'offre tout mon sang : défends au moins ma gloire ;
Commande à mes tyrans d'épargner ma mémoire ;
Que le mensonge impur n'ose plus m'outrager.
Honorer la vertu, c'est assez la venger.
Mais quel tumulte affreux ! quels cris ! quelles alarmes !
Ce palais retentit du bruit confus des armes.
Hélas ! j'en suis la cause ; et l'on périt pour moi.
On enfonce la porte. Ah ! qu'est-ce que je voi ?

SCÈNE II.

MARIAMNE, SOHÊME, ÉLISE, AMMON, soldats d'Hérode, soldats de Sohême.

SOHÊME.

Fuyez, vils ennemis qui gardez votre reine !
Lâches, disparaissez ! Soldats, qu'on les enchaîne.
   (*Les gardes et les soldats d'Hérode s'en vont.*)
Venez, reine, venez, secondez nos efforts :
Suivez mes pas, marchons dans la foule des morts.
A vos persécuteurs vous n'êtes plus livrée :
Ils n'ont pu de ces lieux me défendre l'entrée.
Dans son perfide sang Mazaël est plongé,
Et du moins à demi mon bras vous a vengé.
D'un instant précieux saisissez l'avantage ;
Mettez ce front auguste à l'abri de l'orage :
Avançons.

MARIAMNE.

Non, Sohême, il ne m'est plus permis

ACTE V, SCÈNE II.

D'accepter vos bontés contre mes ennemis ;
Après l'affront cruel et la tache trop noire
Dont les soupçons d'Hérode ont offensé ma gloire,
Je les mériterais si je pouvais souffrir
Cet appui dangereux que vous venez m'offrir.
Je crains votre secours, et non sa barbarie.
Il est honteux pour moi de vous devoir la vie :
L'honneur m'en fait un crime, il le faut expier ;
Et j'attends le trépas pour me justifier.

SOHÊME.

Que faites-vous, hélas ! malheureuse princesse ?
Un moment peut vous perdre. On combat. Le temps presse :
Craignez encore Hérode armé du désespoir.

MARIAMNE.

Je ne crains que la honte, et je sais mon devoir.

SOHÊME.

Faut-il qu'en vous servant toujours je vous offense ?
Je vais donc, malgré vous, servir votre vengeance.
Je cours à ce tyran qu'en vain vous respectez.
Je revole au combat ; et mon bras...

MARIAMNE.

Arrêtez :
Je déteste un triomphe à mes yeux si coupable ;
Seigneur, le sang d'Hérode est pour moi respectable.
C'est lui de qui les droits...

SOHÊME.

L'ingrat les a perdus.

MARIAMNE.

Par les nœuds les plus saints...

SOHÊME.
Tous vos nœuds sont rompus.
MARIAMNE.
Le devoir nous unit.
SOHÊME.
Le crime vous sépare.
N'arrêtez plus mes pas ; vengez-vous d'un barbare :
Sauvez tant de vertus...
MARIAMNE.
Vous les déshonorez.
SOHÊME.
Il va trancher vos jours.
MARIAMNE.
Les siens me sont sacrés.
SOHÊME.
Il a souillé sa main du sang de votre père.
MARIAMNE.
Je sais ce qu'il a fait, et ce que je dois faire ;
De sa fureur ici j'attends les derniers traits,
Et ne prends point de lui l'exemple des forfaits.
SOHÊME.
O courage ! ô constance ! ô cœur inébranlable !
Dieux ! que tant de vertu rend Hérode coupable !
Plus vous me commandez de ne point vous servir,
Et plus je vous promets de vous désobéir.
Votre honneur s'en offense ; et le mien me l'ordonne.
Il n'est rien qui m'arrête, il n'est rien qui m'étonne ;
Et je cours réparer, en cherchant votre époux,
Ce temps que j'ai perdu sans combattre pour vous.
MARIAMNE.
Seigneur...

SCÈNE III.

MARIAMNE, ÉLISE, GARDES.

MARIAMNE.

Mais il m'échappe, il ne veut point m'entendre.
Ciel ! ô Ciel ! épargnez le sang qu'on va répandre !
Epargnez mes sujets, épuisez tout sur moi !
Sauvez le roi lui-même !

SCÈNE IV.

MARIAMNE, ÉLISE, NARBAS, GARDES.

MARIAMNE.

    Ah ! Narbas, est-ce toi ?
Qu'as-tu fait de mes fils, et que devient ma mère ?
NARBAS.
Le roi n'a point sur eux étendu sa colère.
Unique et triste objet de ses transports jaloux,
Dans ces extrémités ne craignez que pour vous.
Le seul nom de Sohême augmente sa furie ;
Si Sohême est vaincu, c'est fait de votre vie :
Déjà même, déjà, le barbare Zarès
A marché vers ces lieux, chargé d'ordres secrets.
Osez paraître, osez vous secourir vous-même :
Jetez-vous dans les bras d'un peuple qui vous aime ;
Faites voir Mariamne à ce peuple abattu :
Vos regards lui rendront son antique vertu.
Appelons à grands cris nos Hébreux et nos prêtres ;
Tout Juda défendra le pur sang de ses maîtres ;

Madame, avec courage il faut vaincre ou périr :
Daignez...

MARIAMNE.

Le vrai courage est de savoir souffrir;
Non d'aller exciter une foule rebelle
A lever sur son prince une main criminelle.
Je rougirais de moi, si, craignant mon malheur,
Quelques vœux pour sa mort avaient surpris mon cœur;
Si j'avais un moment souhaité ma vengeance,
Et fondé sur sa perte un reste d'espérance.
Narbas, en ce moment le Ciel met dans mon sein
Un désespoir plus noble, un plus digne dessein.
Le roi, qui me soupçonne, enfin va me connaître.
Au milieu du combat on me verra paraître :
De Sohême et du roi j'arrêterai les coups;
Je remettrai ma tête aux mains de mon époux.
Je fuyais ce matin sa vengeance cruelle;
Ses crimes m'exilaient : son danger me rappelle.
Ma gloire me l'ordonne, et prompte à l'écouter
Je vais sauver au roi le jour qu'il veut m'ôter.

NARBAS.

Hélas! où courez-vous? dans quel désordre extrême?...

MARIAMNE.

Je suis perdue, hélas! c'est Hérode lui-même.

SCÈNE V.

HÉRODE, MARIAMNE, ÉLISE, NARBAS, IDAMAS,
GARDES.

HÉRODE.
Ils se sont vus! Ah Dieu!... Perfide, tu mourras.
MARIAMNE.
Pour la dernière fois, Seigneur, ne souffrez pas...
HÉRODE.
Sortez... Vous, qu'on la suive.
NARBAS.
O justice éternelle!

SCÈNE VI.

HÉRODE, IDAMAS, GARDES.

HÉRODE.
Que je n'entende plus le nom de l'infidèle.
Hé bien! braves soldats, n'ai-je plus d'ennemis?
IDAMAS.
Seigneur, ils sont défaits; les Hébreux sont soumis;
Sohême tout sanglant vous laisse la victoire :
Ce jour vous a comblé d'une nouvelle gloire.
HÉRODE.
Quelle gloire!
IDAMAS.
Elle est triste; et tant de sang versé,
Seigneur, doit satisfaire à votre honneur blessé.
Sohême a de la reine attesté l'innocence.

HÉRODE.

De la coupable, enfin, je vais prendre vengeance.
Je perds l'indigne objet que je n'ai pu gagner;
Et de ce seul moment je commence à régner.
J'étais trop aveuglé ; ma fatale tendresse
Etait ma seule tache, et ma seule faiblesse.
Laissons mourir l'ingrate; oublions ses attraits;
Que son nom dans ces lieux s'efface pour jamais :
Que dans mon cœur surtout sa mémoire périsse.
Enfin tout est-il prêt pour ce juste supplice?

IDAMAS.

Oui, Seigneur.

HÉRODE.

Quoi! sitôt on a pu m'obéir?
Infortuné monarque! elle va donc périr!
Tout est prêt, Idamas?

IDAMAS.

Vos gardes l'ont saisie;
Votre vengeance, hélas! sera trop bien servie.

HÉRODE.

Elle a voulu sa perte; elle a su m'y forcer.
Que l'on me venge. Allons, il n'y faut plus penser.
Hélas! j'aurais voulu vivre et mourir pour elle.
A quoi m'as-tu réduit, épouse criminelle?

SCÈNE VII.

HÉRODE, IDAMAS, NARBAS.

HÉRODE.

Narbas, où courez-vous? Juste ciel! vous pleurez!
De crainte, en le voyant, mes sens sont pénétrés.

NARBAS.

Seigneur...

HÉRODE.

Ah! malheureux, que venez-vous me dire?

NARBAS.

Ma voix, en vous parlant, sur mes lèvres expire.

HÉRODE.

Mariamne...

NARBAS.

O douleur, ô regrets superflus!

HÉRODE.

Quoi! c'en est fait?

NARBAS.

Seigneur, Mariamne n'est plus.

HÉRODE.

Elle n'est plus? grand Dieu!

NARBAS.

Je dois à sa mémoire,
A sa vertu trahie, à vous, à votre gloire,
De vous montrer le bien que vous avez perdu,
Et le prix de ce sang par vos mains répandu.
Non, Seigneur, non, son cœur n'était point infidèle.
Hélas! lorsque Sohême a combattu pour elle,

Votre épouse, à mes yeux, détestant son secours,
Volait pour vous défendre au péril de ses jours.

HÉRODE.

Qu'entends-je? ah malheureux! ah désespoir extrême!
Narbas, que m'as-tu dit?

NARBAS.

C'est dans ce moment même,
Où son cœur se faisait ce généreux effort,
Que vos ordres cruels l'ont conduite à la mort.
Salome avait pressé l'instant de son supplice.

HÉRODE.

O monstre, qu'à regret épargna ma justice!
Monstre, quels châtiments sont pour toi réservés!
Que ton sang, que le mien... Ah! Narbas, achevez :
Achevez mon trépas par ce récit funeste.

NARBAS.

Comment pourrai-je, hélas! vous apprendre le reste?
Vos gardes de ces lieux ont osé l'arracher.
Elle a suivi leurs pas sans vous rien reprocher,
Sans affecter d'orgueil, et sans montrer de crainte.
La douce majesté sur son front était peinte.
La modeste innocence, et l'aimable pudeur,
Régnaient dans ses beaux yeux, ainsi que dans son cœur:
Son malheur ajoutait à l'éclat de ses charmes.
Nos prêtres, nos Hébreux, dans les cris, dans les larmes,
Conjuraient vos soldats, levaient les mains vers eux,
Et demandaient la mort avec des cris affreux.
Hélas! de tous côtés, dans ce désordre extrême,
En pleurant Mariamne, on vous plaignait vous-même :

On disait hautement, qu'un arrêt si cruel
Accablerait vos jours d'un remords éternel.

HÉRODE.

Grand Dieu ! que chaque mot me porte un coup terrible !

NARBAS.

Aux larmes des Hébreux Mariamne sensible,
Consolait tout ce peuple en marchant au trépas.
Enfin vers l'échafaud on a conduit ses pas.
C'est là qu'en soulevant ses mains appesanties,
Du poids affreux des fers indignement flétries,
« Cruel, a-t-elle dit, et malheureux époux !
« Mariamne en mourant ne pleure que sur vous.
« Puissiez-vous par ma mort finir vos injustices !
« Vivez, régnez heureux sous de meilleurs auspices :
« Voyez d'un œil plus doux mes peuples et mes fils ;
« Aimez-les ; je mourrai trop contente à ce prix. »
En achevant ces mots, votre épouse innocente
Tend au fer des bourreaux cette tête charmante,
Dont la terre admirait les modestes appas.
Seigneur, j'ai vu lever le parricide bras ;
J'ai vu tomber...

HÉRODE.

   Tu meurs, et je respire encore !
Mânes sacrés, chère ombre, épouse que j'adore !
Reste pâle et sanglant de l'objet le plus beau,
Je te suivrai du moins dans la nuit du tombeau.
Quoi ! vous me retenez ? Quoi ! citoyens perfides,
Vous arrachez ce fer à mes mains parricides ?
Ma chère Mariamne, arme-toi, punis-moi ;

Viens déchirer ce cœur qui brûle encor pour toi.
Je me meurs.
(*Il tombe dans un fauteuil.*)

NARBAS.

De ses sens il a perdu l'usage;
Il succombe à ses maux.

HÉRODE.

Quel funeste nuage
S'est répandu soudain sur mes esprits troublés?
D'un sombre et noir chagrin mes sens sont accablés.
D'où vient qu'on m'abandonne au trouble qui me gêne?
Je ne vois point ma sœur, je ne vois point la reine.
Vous pleurez! vous n'osez vous approcher de moi.
Triste Jérusalem, tu fuis devant ton roi!
Qu'ai-je donc fait? Pourquoi suis-je en horreur au monde?
Qui me délivrera de ma douleur profonde?
Par qui ce long tourment sera-t-il adouci?
Qu'on cherche Mariamne, et qu'on l'amène ici.

NARBAS.

Mariamne, Seigneur?

HÉRODE.

Oui : je sens que sa vue
Va rendre un calme heureux à mon ame éperdue.
Toujours devant ses yeux que j'aime et que je crains,
Mon cœur est moins troublé, mes jours sont plus sereins.
Déjà même à son nom mes douleurs s'affaiblissent;
Déjà de mon chagrin les ombres s'éclaircissent.
Qu'elle vienne.

NARBAS.

Seigneur...

ACTE V, SCÈNE VII.

HÉRODE.
　　　　　Je veux la voir.
NARBAS.
　　　　　　　　　Hélas!
Avez-vous pu, Seigneur, oublier son trépas?
HÉRODE.
Cruel! que dites-vous?
NARBAS.
　　　　　La douleur le transporte;
Il ne se connaît plus.
HÉRODE.
　　　　Quoi! Mariamne est morte?
Ah! funeste raison, pourquoi m'éclaires-tu?
Jour triste, jour affreux, pourquoi m'es-tu rendu?
Lieux teints de ce beau sang que l'on vient de répandre,
Murs que j'ai relevés, palais, tombez en cendre :
Cachez sous les débris de vos superbes tours
La place où Mariamne a vu trancher ses jours.
Quoi! Mariamne est morte, et j'en suis l'homicide!
Punissez, déchirez un monstre parricide;
Armez-vous contre moi, sujets qui la perdez;
Tonnez, écrasez-moi, Cieux qui la possédez!

FIN DE MARIAMNE.

VARIANTE
DES ÉDITIONS DE MARIAMNE,

Avant la substitution du rôle de Sohême à celui de Varus.

SCÈNE III
DU TROISIÈME ACTE,

Telle qu'elle a été jouée à la première représentation.

VARUS, HÉRODE*, MAZAËL, SUITE.

HÉRODE.

Avant que sur mon front je mette la couronne
Que m'ôta la fortune, et que César me donne,
Je viens en rendre hommage au héros dont la voix,
De Rome en ma faveur, a fait pencher le choix.
De vos lettres, Seigneur, les heureux témoignages,
D'Auguste et du sénat m'ont gagné les suffrages;
Et pour premier tribut, j'apporte à vos genoux
Un sceptre que ma main n'eût point porté sans vous.
Je vous dois encor plus : vos soins, votre présence,
De mon peuple indocile ont dompté l'insolence.
Vos succès m'ont appris l'art de le gouverner;
Et m'instruire était plus que de me couronner.
Sur vos derniers bienfaits excusez mon silence;
Je sais ce qu'en ces lieux a fait votre prudence;
Et trop plein de mon trouble et de mon repentir,
Je ne puis à vos yeux que me taire et souffrir.

---

* On s'est borné à conserver ici la scène entre Hérode et le préteur Varus; cette scène est historique, et peint le caractère des Romains à cette époque.

VARIANTE DE MARIAMNE.

VARUS.

Puisqu'aux yeux du sénat vous avez trouvé grâce,
Sur le trône aujourd'hui reprenez votre place.
Régnez : César le veut. Je remets en vos mains
L'autorité qu'aux rois permettent les Romains.
J'ose espérer de vous qu'un règne heureux et juste
Justifira mes soins et les bontés d'Auguste;
Je ne me flatte pas de savoir enseigner
A des rois tels que vous le grand art de régner.
On vous a vu long-temps, dans la paix, dans la guerre,
En donner des leçons au reste de la terre :
Votre gloire, en un mot, ne peut aller plus loin;
Mais il est des vertus dont vous avez besoin.
Voici le temps surtout que, sur ce qui vous touche,
L'austère vérité doit parler par ma bouche;
D'autant plus qu'entouré de flatteurs assidus,
Puisque vous êtes roi, vous ne l'entendrez plus.
  On vous a vu long-temps, respecté dans l'Asie,
Régner avec éclat, mais avec barbarie;
Craint de tous vos sujets; admiré, mais haï;
Et par vos flatteurs même à regret obéi.
Jaloux d'une grandeur avec peine achetée,
Du sang de vos parents vous l'avez cimentée.
Je ne dis rien de plus : mais vous devez songer
Qu'il est des attentats que César peut venger;
Qu'il n'a point en vos mains mis son pouvoir suprême
Pour régner en tyran sur un peuple qu'il aime;
Et que, du haut du trône, un prince en ses États
Est comptable aux Romains du moindre de ses pas.
Croyez-moi : la Judée est lasse de supplices;
Vous en fûtes l'effroi, soyez-en les délices.
Vous connaissez le peuple : on le change en un jour;
Il prodigue aisément sa haine et son amour :
Si la rigueur l'aigrit, la clémence l'attire.
Enfin souvenez-vous, en reprenant l'empire,
Que Rome à l'esclavage a pu vous destiner;
Et du moins apprenez de Rome à pardonner.

VARIANTE

HÉRODE.

Oui, Seigneur, il est vrai que les destins sévères
M'ont souvent arraché des rigueurs nécessaires.
Souvent, vous le savez, l'intérêt des États
Dédaigne la justice, et veut des attentats.
Rome, que l'univers avec frayeur contemple,
Rome, dont vous voulez que je suive l'exemple,
Aux rois qu'elle gouverne a pris soin d'enseigner
Comme il faut qu'on la craigne, et comme il faut régner.
De ses proscriptions nous gardons la mémoire :
César même, César, au comble de la gloire,
N'eût point vu l'univers à ses pieds prosterné,
Si sa bonté facile eût toujours pardonné.
Ce peuple de rivaux, d'ennemis et de traîtres,
Ne pouvait...

VARUS.

Arrêtez, et respectez vos maîtres :
Ne leur reprochez point ce qu'ils ont réparé :
Et, du sceptre aujourd'hui par leurs mains honoré,
Sans rechercher en eux cet exemple funeste,
Imitez leurs vertus; oubliez tout le reste.
Sur votre trône assis, ne vous souvenez plus
Que des biens que sur vous leurs mains ont répandus.
Gouvernez en bon roi, si vous voulez leur plaire.
Commencez par chasser ce flatteur mercenaire
Qui, du masque imposant d'une feinte bonté,
Cache un cœur ténébreux par le crime infecté.
C'est lui qui le premier écarta de son maître
Des cœurs infortunés qui vous cherchaient peut-être :
Le pouvoir odieux dont il est revêtu,
A fait fuir devant vous la timide vertu.
Il marche accompagné de délateurs perfides,
Qui, des tristes Hébreux inquisiteurs avides,
Par cent rapports honteux, par cent détours abjects,
Trafiquent avec lui du sang de vos sujets.
Cessez : n'honorez plus leurs bouches criminelles
D'un prix que vous devez à des sujets fidèles.

De tous ces délateurs le secours tant vanté
Fait la honte du trône, et non la sûreté.
Pour Salome, Seigneur, vous devez la connaître;
Et si vous aimez tant à gouverner en maître,
Confiez à des cœurs plus fidèles pour vous
Ce pouvoir souverain dont vous êtes jaloux.
Après cela, Seigneur, je n'ai rien à vous dire;
Reprenez désormais les rênes de l'empire;
De Tyr à Samarie allez donner la loi :
Je vous parle en Romain; songez à vivre en roi.

BRUTUS,

TRAGÉDIE

Représentée, pour la première fois, le 11 décembre 1730.

DISCOURS
SUR LA TRAGÉDIE.
A MILORD BOLINGBROKE.

Si je dédie à un Anglais un ouvrage représenté à Paris, ce n'est pas, Milord, qu'il n'y ait aussi dans ma patrie des juges très-éclairés et d'excellents esprits auxquels j'eusse pu rendre cet hommage : mais vous savez que la tragédie de *Brutus* est née en Angleterre. Vous vous souvenez que, lorsque j'étais retiré à Wandsworth, chez mon ami M. Falkener, ce digne et vertueux citoyen, je m'occupai chez lui à écrire en prose anglaise le premier acte de cette pièce, à-peu-près tel qu'il est aujourd'hui en vers français. Je vous en parlais quelquefois; et nous nous étonnions qu'aucun Anglais n'eût traité ce sujet, qui, de tous, est peut-être le plus convenable à votre théâtre (1). Vous m'encouragiez à continuer un ouvrage susceptible de si grands sentiments. Souffrez donc que je vous présente *Brutus*, quoique écrit dans une autre

(1) Il y a un *Brutus* d'un auteur nommé Lée; mais c'est un ouvrage ignoré, qu'on ne représente jamais à Londres.

langue, *docte sermonis utriusque linguæ;* à vous qui me donneriez des leçons de français aussi-bien que d'anglais; à vous qui m'apprendriez du moins à rendre à ma langue cette force et cette énergie qu'inspire la noble liberté de penser : car les sentiments vigoureux de l'ame passent toujours dans le langage; et qui pense fortement parle de même.

Je vous avoue, Milord, qu'à mon retour d'Angleterre, où j'avais passé près de deux années dans une étude continuelle de votre langue, je me trouvai embarrassé lorsque je voulus composer une tragédie française. Je m'étais presque accoutumé à penser en anglais : je sentais que les termes de ma langue ne venaient plus se présenter à mon imagination avec la même abondance qu'auparavant; c'était comme un ruisseau dont la source avait été détournée : il me fallut du temps et de la peine pour le faire couler dans son premier lit. Je compris bien alors que, pour réussir dans un art, il le faut cultiver toute sa vie.

De la rime et de la difficulté de la versification française.

Ce qui m'effraya le plus en entrant dans cette carrière, ce fut la sévérité de notre poésie et l'esclavage de la rime. Je regrettais cette heureuse liberté que vous avez d'écrire vos tragédies en vers non rimés; d'alonger, et surtout d'accourcir presque tous vos mots; de faire enjamber les vers les uns sur les autres, et de créer, dans le besoin, des termes nouveaux, qui sont toujours adoptés chez vous lorsqu'ils sont sonores, intelligibles et nécessaires. Un poète anglais, disais-je, est un homme libre qui asservit sa langue à son génie : le Français est un esclave de la rime, obligé de faire quelquefois quatre vers pour exprimer une pensée qu'un Anglais peut rendre en une seule ligne. L'Anglais dit tout ce qu'il veut, le Français ne dit que ce qu'il peut : l'un court dans une carrière vaste, et l'autre marche avec des entraves dans un chemin glissant et étroit.

Malgré toutes ces réflexions et toutes ces plaintes, nous ne pourrons jamais secouer le joug de la rime; elle est essentielle à la poésie française. Notre langue ne comporte que peu d'inversions; nos vers ne souffrent point d'enjambement, du moins cette liberté est très-rare; nos syllabes ne peuvent produire une harmonie sensible par leurs mesures longues ou brèves; nos césures, et un certain nombre de pieds, ne suffiraient pas pour distinguer la prose d'avec la versification : la rime est donc nécessaire aux vers français. De plus, tant de grands maîtres qui ont fait des vers rimés, tels que les Corneille, les Racine, les Despréaux, ont tellement accoutumé nos oreilles à cette harmonie, que nous n'en pourrions pas supporter d'autres; et, je le répète encore, quiconque voudrait se délivrer d'un fardeau qu'a porté le grand

Corneille, serait regardé avec raison, non pas comme un génie hardi qui s'ouvre une route nouvelle, mais comme un homme très-faible qui ne peut marcher dans l'ancienne carrière.

Tragédies en prose.

On a tenté de nous donner des tragédies en prose; mais je ne crois pas que cette entreprise puisse désormais réussir : qui a le plus, ne saurait se contenter du moins. On sera toujours mal venu à dire au public : Je viens diminuer votre plaisir. Si au milieu des tableaux de Rubens ou de Paul-Véronèse quelqu'un venait placer ses dessins au crayon, n'aurait-il pas tort de s'égaler à ces peintres? On est accoutumé, dans les fêtes, à des danses et à des chants : serait-ce assez de marcher et de parler, sous prétexte qu'on marcherait et qu'on parlerait bien, et que cela serait plus aisé et plus naturel?

Il y a grande apparence qu'il faudra toujours des vers sur tous les théâtres tragiques, et de plus, toujours des rimes sur le nôtre. C'est même à cette contrainte de la rime, et à cette sévérité extrême de notre versification, que nous devons ces excellents ouvrages que nous avons dans notre langue. Nous voulons que la rime ne coûte jamais rien aux pensées, qu'elle ne soit ni triviale ni trop recherchée; nous exigeons rigoureusement dans un vers la même pureté, la même exactitude que dans la prose. Nous ne permettons pas la moindre licence; nous demandons qu'un auteur porte sans discontinuer toutes ces chaînes, et cependant qu'il paraisse toujours libre : et nous ne reconnaissons pour poètes que ceux qui ont rempli toutes ces conditions.

Exemple de la difficulté des vers français.

Voilà pourquoi il est plus aisé de faire cent vers en toute autre langue, que quatre vers en français. L'exemple de notre abbé Regnier Desmarais, de l'académie française et de celle de la Crusca, en est une preuve bien évidente. Il traduisit Anacréon en italien avec succès; et ses vers français sont, à l'exception de deux ou trois quatrains, au rang des plus médiocres. Notre Ménage était dans le même cas. Combien de nos beaux-esprits ont fait de très-beaux vers latins, et n'ont pu être supportables en leur langue!

La rime plaît aux Français, même dans les comédies.

Je sais combien de disputes j'ai essuyées sur notre versification en Angleterre, et quels reproches me fait souvent le savant évêque de Rochester sur cette contrainte puérile, qu'il prétend que nous nous imposons de gaîté de cœur. Mais soyez persuadé, Milord, que plus un étranger connaîtra notre langue, plus il se réconciliera avec cette rime qui l'effraie d'abord. Non-seulement elle est nécessaire à notre tragédie; mais elle embellit nos comédies mêmes. Un bon mot en vers en est retenu plus aisément : les portraits de la vie humaine seront toujours plus frappants en vers qu'en prose; et qui dit *vers* en français, dit nécessairement des vers rimés : en un mot, nous avons des comédies en prose du célèbre Molière, que l'on a été obligé de mettre en vers après sa mort, et qui ne sont plus jouées que de cette manière nouvelle *.

Caractère du théâtre anglais.

Ne pouvant, Milord, hasarder sur le théâtre français des vers non rimés, tels qu'ils sont en usage en Italie et en Angleterre, j'aurais du moins voulu transporter sur notre scène certaines beautés de la vôtre. Il est vrai, et je l'avoue, que le théâtre anglais est bien défectueux. J'ai entendu de votre bouche que vous n'aviez pas une bonne tragédie : mais, en récompense, dans ces pièces si monstrueuses, vous avez des scènes admirables. Il a manqué jusqu'à présent, à presque tous les auteurs tragiques de votre nation, cette pureté, cette conduite régulière, ces bienséances de l'action et du style, cette élégance, et

* Le *Festin de Pierre*, mis en vers par Thomas Corneille.

toutes ces finesses de l'art qui ont établi la réputation du théâtre français depuis le grand Corneille : mais vos pièces les plus irrégulières ont un grand mérite, c'est celui de l'action.

Défaut du théâtre français.

Nous avons en France des tragédies estimées, qui sont plutôt des conversations qu'elles ne sont la représentation d'un événement. Un auteur italien m'écrivait dans une lettre sur les théâtres : *Un critico del nostro Pastor fido disse, che quel componimento era un riassunto di bellissimi madrigali; credo, se vivesse, che direbbe delle tragedie francese, che sono un riassunto di belle elegie e sontuosi epitalami.* J'ai bien peur que cet Italien n'ait trop raison. Notre délicatesse excessive nous force quelquefois à mettre en récit ce que nous voudrions exposer aux yeux. Nous craignons de hasarder sur la scène des spectacles nouveaux, devant une nation accoutumée à tourner en ridicule tout ce qui n'est pas *d'usage*.

L'endroit où l'on joue la comédie, et les abus qui s'y sont glissés, sont encore une cause de cette sécheresse qu'on peut reprocher à quelques-unes de nos pièces. Les bancs qui sont sur le théâtre, destinés aux spectateurs, rétrécissent la scène, et rendent toute action presque impraticable (1). Ce défaut est

(1) Enfin ces plaintes réitérées de M. de Voltaire ont opéré la réforme du théâtre en France, et ces abus ne subsistent plus.

cause que les décorations, tant recommandées par les anciens, sont rarement convenables à la pièce. Il empêche surtout que les acteurs ne passent d'un appartement dans un autre aux yeux des spectateurs, comme les Grecs et les Romains le pratiquaient sagement, pour conserver à-la-fois l'unité de lieu et la vraisemblance.

Exemple du Caton *anglais.*

Comment oserions-nous sur nos théâtres faire paraître, par exemple, l'ombre de Pompée, ou le génie de Brutus, au milieu de tant de jeunes gens qui ne regardent jamais les choses les plus sérieuses que comme l'occasion de dire un bon mot? Comment apporter au milieu d'eux, sur la scène, le corps de Marcus devant Caton son père, qui s'écrie : « Heureux « jeune homme, tu es mort pour ton pays! O mes amis, « laissez-moi compter ces glorieuses blessures! Qui ne « voudrait mourir ainsi pour la patrie? Pourquoi n'a- « t-on qu'une vie à lui sacrifier?... Mes amis, ne « pleurez point ma perte, ne regrettez point mon fils; « pleurez Rome : la maîtresse du monde n'est plus. « O liberté! ô ma patrie! ô vertu! etc. » Voilà ce que feu M. Addisson ne craignit point de faire représenter à Londres; voilà ce qui fut joué, traduit en italien dans plus d'une ville d'Italie. Mais si nous hasardions à Paris un tel spectacle, n'entendez-vous pas déjà le parterre qui se récrie? et ne voyez-vous pas nos femmes qui détournent la tête?

Comparaison du Manlius *de M. de la Fosse avec la* Venise *de M. Otway.*

Vous n'imagineriez pas à quel point va cette délicatesse. L'auteur de notre tragédie de *Manlius* prit son sujet de la pièce anglaise de M. Otway, intitulée *Venise sauvée*. Le sujet est tiré de l'histoire de la conjuration du marquis de Bedmar, écrite par l'abbé de Saint-Réal; et permettez-moi de dire, en passant, que ce morceau d'histoire, égal peut-être à Salluste, est fort au-dessus de la pièce d'Otway et de notre *Manlius*. Premièrement, vous remarquerez le préjugé qui a forcé l'auteur français à déguiser, sous des noms romains, une aventure connue que l'anglais a traitée naturellement sous les noms véritables. On n'a point trouvé ridicule, au théâtre de Londres, qu'un ambassadeur espagnol s'appelât Bedmar, et que des conjurés eussent le nom de Jaffier, de Jacques-Pierre, d'Elliot : cela seul en France eût pu faire tomber la pièce.

Mais voyez qu'Otway ne craint point d'assembler tous les conjurés. Renaud prend leur serment, assigne à chacun son poste, prescrit l'heure du carnage, et jette de temps en temps des regards inquiets et soupçonneux sur Jaffier, dont il se défie. Il leur fait à tous ce discours pathétique, traduit mot pour mot de l'abbé de Saint-Réal : *Jamais repos si profond ne précéda un trouble si grand. Notre bonne destinée a aveuglé les plus clairvoyants de tous les hommes, rassuré les plus timides, endormi les plus soupçonneux, confondu les plus subtils : nous vivons encore, mes chers amis; nous vivons, et notre vie sera bientôt funeste aux tyrans de ces lieux*, etc.

Qu'a fait l'auteur français? Il a craint de hasarder tant de personnages sur la scène; il se contente de faire réciter par Renaud, sous le nom de Rutile, une faible partie de ce même discours, qu'il vient, dit-il, de tenir aux conjurés. Ne sentez-vous pas, par ce seul exposé, combien cette scène anglaise est au-dessus de la française, la pièce d'Otway fût-elle d'ailleurs monstrueuse?

Examen du Jules-César *de Shakspeare.*

Avec quel plaisir n'ai-je point vu à Londres votre tragédie de *Jules-César*, qui, depuis cent cinquante années, fait les délices de votre nation! Je ne prétends pas assurément approuver les irrégularités barbares dont elle est remplie : il est seulement étonnant qu'il ne s'en trouve pas davantage dans un ouvrage composé dans un siècle d'ignorance, par un homme qui même ne savait pas le latin, et qui n'eut de maître que son génie. Mais, au milieu de tant de fautes grossières, avec quel ravissement je voyais Brutus, tenant encore un poignard teint du sang de César, assembler le peuple romain, et lui parler ainsi du haut de la tribune aux harangues :

BRUTUS.

Romains, compatriotes, amis, s'il est quelqu'un de vous qui ait été attaché à César, qu'il sache que Brutus ne l'était pas moins : oui, je l'aimais, Romains; et si vous me demandez pourquoi j'ai versé son sang, c'est que j'aimais Rome davantage. Voudriez-vous voir César vivant, et mourir ses esclaves, plutôt que d'acheter votre liberté par sa mort? César était mon ami, je le pleure; il était heureux, j'applaudis à ses triomphes; il était vaillant, je l'honore : mais il était ambitieux, je l'ai tué. Y a-t-il quelqu'un parmi vous assez lâche pour regretter la servitude? S'il en est un seul, qu'il parle, qu'il se montre; c'est lui que j'ai offensé. Y a-t-il quelqu'un assez infame pour oublier qu'il est Romain? Qu'il parle; c'est lui seul qui est mon ennemi.

CHŒUR DES ROMAINS.

Personne, non, Brutus, personne.

BRUTUS.

Ainsi donc je n'ai offensé personne. Voici le corps du dictateur qu'on vous apporte; les derniers devoirs lui seront rendus par Antoine, par cet Antoine qui, n'ayant point eu de part au châtiment de César, en retirera le même avantage que moi : et que chacun de vous sente le bonheur inestimable d'être libre.

Je n'ai plus qu'un mot à vous dire : j'ai tué de cette main mon meilleur ami pour le salut de Rome ; je garde ce même poignard pour moi quand Rome demandera ma vie.

LE CHŒUR.

Vivez, Brutus, vivez à jamais !

Après cette scène, Antoine vient émouvoir de pitié ces mêmes Romains à qui Brutus avait inspiré sa rigueur et sa barbarie. Antoine, par un discours artificieux, ramène insensiblement ces esprits superbes : et quand il les voit radoucis, alors il leur montre le corps de César ; et se servant des figures les plus pathétiques, il les excite au tumulte et à la vengeance. Peut-être les Français ne souffriraient pas que l'on fît paraître sur leurs théâtres un chœur composé d'artisans et de plébéiens romains ; que le corps sanglant de César y fût exposé aux yeux du peuple, et qu'on excitât ce peuple à la vengeance du haut de la tribune aux harangues : c'est à la coutume, qui est la reine de ce monde, à changer le goût des nations, et à tourner en plaisir les objets de notre aversion.

Les Grecs ont hasardé des spectacles non moins révoltants pour nous. Hippolyte, brisé par sa chute, vient compter ses blessures et pousser des cris douloureux. Philoctète tombe dans ses accès de souffrance ; un sang noir coule de sa plaie. Œdipe, couvert du sang qui dégoutte encore des restes de ses yeux qu'il vient d'arracher, se plaint des Dieux et des hommes. On entend les cris de Clytemnestre, que son propre fils égorge; et Electre crie sur le théâtre : *Frappez, ne l'épargnez pas, elle n'a pas épargné notre père.* Prométhée est attaché, sur un rocher, avce des clous qu'on lui enfonce dans l'estomac et dans les bras. Les Furies répondent à l'ombre sanglante de Clytemnestre par des hurlements sans aucune articulation. Beaucoup de tragédies grecques, en un mot, sont remplies de cette terreur portée à l'excès.

Je sais bien que les tragiques grecs, d'ailleurs supérieurs aux anglais, ont erré en prenant souvent l'horreur pour la terreur, et le dégoûtant et l'incroyable pour le tragique et le merveilleux. L'art était dans son enfance du temps d'Eschyle, comme à Londres du temps de Shakspeare : mais parmi les grandes fautes des poètes grecs, et même des vôtres, on trouve un vrai pathétique et de singulières beautés; et si quelques Français, qui ne connaissent les tragédies et les mœurs étrangères que par des traductions et sur des ouï-dire, les condamnent sans aucune restriction, ils sont, ce me semble, comme des aveugles qui assureraient qu'une rose ne peut avoir de couleurs vives, parce qu'ils en compteraient les épines à tâtons. Mais si les Grecs, et vous, vous passez les bornes de la bienséance, et si les Anglais surtout ont donné des spectacles effroyables, voulant en donner de terribles, nous autres Français, aussi scrupuleux que vous avez été téméraires, nous nous arrêtons trop, de peur de nous emporter; et quelquefois nous n'arrivons pas au tragique dans la crainte d'en passer les bornes.

Je suis bien loin de proposer que la scène devienne un lieu de carnage, comme elle l'est dans Shakspeare, et dans ses successeurs, qui, n'ayant pas son génie, n'ont imité que ses défauts; mais j'ose croire qu'il y a des situations qui ne paraissent encore que dégoûtantes et horribles aux Français, et qui, bien ménagées, représentées avec art, et surtout adoucies par le charme des beaux vers, pourraient nous faire une sorte de plaisir dont nous ne nous doutons pas.

Il n'est point de serpent ni de monstre odieux,
Qui par l'art imité ne puisse plaire aux yeux.

Bienséances et unités.

Du moins que l'on me dise pourquoi il est permis à nos héros et à nos héroïnes de théâtre de se tuer, et qu'il leur est défendu de tuer personne? La scène est-elle moins ensanglantée par la mort d'Atalide, qui se poignarde pour son amant, qu'elle ne le serait par le meurtre de César? Et si le spectacle du fils de Caton, qui paraît mort aux yeux de son père, est l'occasion d'un discours admirable de ce vieux Romain; si ce morceau a été applaudi en Angleterre et en Italie par ceux qui sont les plus grands partisans de la bienséance française; si les femmes les plus délicates n'en ont point été choquées; pourquoi les Français ne s'y accoutumeraient-ils pas? La nature n'est-elle pas la même dans tous les hommes?

Toutes ces lois de ne point ensanglanter la scène, de ne point faire parler plus de trois interlocuteurs, etc.; sont des lois qui, ce me semble, pourraient avoir quelques exceptions parmi nous, comme elles en ont eu chez les Grecs. Il n'en est pas des règles de la bienséance, toujours un peu arbitraires, comme des règles fondamentales du théâtre, qui sont les trois unités. Il y aurait de la faiblesse et de la stérilité à étendre une action au-delà de l'espace de temps et du lieu convenable. Demandez à quiconque aura inséré dans une pièce trop d'événements, la raison de cette faute: s'il est de bonne-foi, il vous dira qu'il n'a pas eu assez de génie pour remplir sa pièce d'un seul fait; et s'il prend deux jours et deux villes pour son action, croyez que c'est parce qu'il n'aurait pas eu l'adresse de la resserrer dans l'espace de trois heures et dans l'enceinte d'un palais, comme l'exige la vraisemblance. Il en est tout autrement de celui qui hasarderait un spectacle horrible sur le théâtre. Il ne choquerait point la vraisemblance; et cette hardiesse, loin de supposer de la faiblesse dans l'auteur, demanderait au contraire un grand génie pour mettre par ses vers de la véritable grandeur dans une action qui, sans un style sublime, ne serait qu'atroce et dégoûtante.

Cinquième acte de Rodogune.

Voilà ce qu'a osé tenter une fois notre grand Corneille dans sa *Rodogune.* Il fait paraître une mère qui, en présence de la cour et d'un ambassadeur, veut empoisonner son fils et sa belle-fille, après avoir tué son autre fils de sa propre main. Elle leur présente la coupe empoisonnée; et, sur leur refus et leurs soupçons, elle la boit elle-même, et meurt du poison qu'elle leur destinait. Des coups aussi terribles ne doivent pas être prodigués; et il n'appartient pas à tout le monde d'oser les frapper. Ces nouveautés demandent une grande circonspection et une exécution de maître. Les Anglais eux-mêmes avouent que Shakspeare, par exemple, a été le seul parmi eux qui ait su évoquer et faire parler des ombres avec succès.

Within that circle none durst move but he.

Pompe et dignité du spectacle dans la tragédie.

Plus une action théâtrale est majestueuse ou effrayante, plus elle deviendrait insipide, si elle était souvent répétée ; à-peu-près comme les détails de batailles, qui, étant par eux-mêmes ce qu'il y a de plus terrible, deviennent froids et ennuyeux à force de reparaître souvent dans les histoires. La seule pièce où M. Racine ait mis du spectacle, c'est son chef-d'œuvre d'*Athalie*. On y voit un enfant sur un trône, sa nourrice et des prêtres qui l'environnent, une reine qui commande à ses soldats de le massacrer, des lévites armés qui accourent pour le défendre. Toute cette action est pathétique : mais si le style ne l'était pas aussi, elle ne serait que puérile.

Plus on veut frapper les yeux par un appareil éclatant, plus on s'impose la nécessité de dire de grandes choses ; autrement on ne serait qu'un décorateur, et non un poète tragique. Il y a près de trente années qu'on représenta la tragédie de *Montezume*, à Paris. La scène ouvrait par un spectacle nouveau ; c'était un palais d'un goût magnifique et barbare. Montezume paraissait avec un habit singulier ; des esclaves armés de flèches étaient dans le fond ; autour de lui étaient huit grands de sa cour, prosternés le visage contre terre. Montezume commençait la pièce en leur disant :

> Levez-vous ; votre roi vous permet aujourd'hui
> Et de l'envisager, et de parler à lui.

Ce spectacle charma : mais voilà tout ce qu'il y eut de beau dans cette tragédie.

Pour moi, j'avoue que ce n'a pas été sans quelque crainte que j'ai introduit sur la scène française le sénat de Rome en robes rouges, allant aux opinions. Je me souvenais que, lorsque j'introduisis autrefois dans *OEdipe* un chœur de Thébains, qui disait :

> O mort, nous implorons ton funeste secours !
> O mort ! viens nous sauver, viens terminer nos jours !

le parterre, au lieu d'être frappé du pathétique qui pouvait être en cet endroit, ne sentit d'abord que le prétendu ridicule d'avoir mis ces vers dans la bouche d'acteurs peu accoutumés ; et il fit un éclat de rire. C'est ce qui m'a empêché dans *Brutus* de faire parler les sénateurs quand Titus est accusé devant eux, et d'augmenter la terreur de la situation, en exprimant l'étonnement et la douleur de ces pères de Rome, qui sans doute devaient marquer leur surprise autrement que par un jeu muet, qui même n'a pas été exécuté.

Les Anglais donnent beaucoup plus à l'action que nous ; ils parlent plus aux yeux : les Français donnent plus à l'élégance, à l'harmonie, au charme des vers. Il est certain qu'il est plus difficile de bien écrire, que de mettre sur le théâtre des assassinats, des roues, des potences, des sorciers et des revenants. Aussi la tragédie de *Caton*, qui fait tant d'honneur à M. Addisson, votre successeur dans le ministère ; cette tragédie, la seule bien écrite d'un bout à l'autre chez votre nation, à ce que je vous ai entendu dire à vous-même, ne doit sa grande réputation qu'à ses beaux vers, c'est-à-dire à des pensées fortes et vraies, exprimées en vers harmonieux. Ce sont les beautés de détail qui soutiennent les ouvrages en vers, et qui les font passer à la postérité. C'est souvent la manière singulière de dire des choses communes, c'est cet art d'embellir, par la diction, ce que pensent et ce que sentent tous les hommes, qui fait les grands poètes. Il n'y a ni sentiments recherchés, ni aventure romanesque, dans le quatrième livre de Virgile ; il est tout naturel, et c'est l'effort de l'esprit humain. M. Racine n'est si au-dessus des autres, qui ont tous dit les mêmes choses que lui, que parce qu'il les a mieux dites. Corneille n'est véritablement grand que quand il s'exprime aussi bien qu'il pense. Souvenons-nous de ce précepte de Despréaux :

Et que tout ce qu'il dit, facile à retenir,
De son ouvrage en vous laisse un long souvenir.

Voilà ce que n'ont point tant d'ouvrages dramatiques, que l'art d'un acteur, et la figure et la voix d'une actrice, ont fait valoir sur nos théâtres. Combien de pièces mal écrites ont eu plus de représentations que *Cinna* et *Britannicus!* Mais on n'a jamais retenu deux vers de ces faibles poëmes, au lieu qu'on sait une partie de *Britannicus* et de *Cinna* par cœur. En vain le *Régulus* de Pradon a fait verser des larmes par quelques situations touchantes; cet ouvrage et tous ceux qui lui ressemblent sont méprisés, tandis que leurs auteurs s'applaudissent dans leurs préfaces.

De l'amour.

Des critiques judicieux pourraient me demander pourquoi j'ai parlé d'amour dans une tragédie dont le titre est JUNIUS BRUTUS; pourquoi j'ai mêlé cette passion avec l'austère vertu du sénat romain et la politique d'un ambassadeur.

On reproche à notre nation d'avoir amolli le théâtre par trop de tendresse; et les Anglais méritent bien le même reproche depuis près d'un siècle, car vous avez toujours un peu pris nos modes et nos vices. Mais me permettrez-vous de vous dire mon sentiment sur cette matière?

Vouloir de l'amour dans toutes les tragédies me paraît un goût efféminé : l'en proscrire toujours est une mauvaise humeur bien déraisonnable.

SUR LA TRAGÉDIE.

Le théâtre, soit tragique, soit comique, est la peinture vivante des passions humaines. L'ambition d'un prince est représentée dans la tragédie; la comédie tourne en ridicule la vanité d'un bourgeois. Ici vous riez de la coquetterie et des intrigues d'une citoyenne; là vous pleurez la malheureuse passion de Phèdre : de même l'amour vous amuse dans un roman; et il vous transporte dans la *Didon* de Virgile. L'amour dans une tragédie n'est pas plus un défaut essentiel que dans l'*Énéide;* il n'est à reprendre que quand il est amené mal-à-propos, ou traité sans art.

Les Grecs ont rarement hasardé cette passion sur le théâtre d'Athènes; premièrement, parce que leurs tragédies n'ayant roulé d'abord que sur des sujets terribles, l'esprit des spectateurs était plié à ce genre de spectacles; secondement, parce que les femmes menaient une vie beaucoup plus retirée que les nôtres, et qu'ainsi le langage de l'amour n'étant pas, comme aujourd'hui, le sujet de toutes les conversations, les poètes en étaient moins invités à traiter cette passion, qui, de toutes, est la plus difficile à représenter, par les ménagements délicats qu'elle demande. Une troisième raison, qui me paraît assez forte, c'est que l'on n'avait point de comédiennes : les rôles des femmes étaient joués par des hommes masqués; il semble que l'amour eût été ridicule dans leur bouche.

C'est tout le contraire à Londres et à Paris; et il faut avouer que les auteurs n'auraient guère entendu leurs intérêts ni connu leur auditoire, s'ils n'avaient jamais fait parler les Oldfield, ou les Duclos et les Le Couvreur. Que d'ambition et de politique!

Le mal est que l'amour n'est souvent chez nos héros de théâtre que de la galanterie, et que chez les vôtres il dégénère quelquefois en débauche. Dans notre *Alcibiade*, pièce très-suivie, mais faiblement écrite, et ainsi peu estimée, on a admiré long-temps ces mauvais vers que récitait d'un ton séduisant l'*Esopus* (1) du dernier siècle :

Ah! lorsque, pénétré d'un amour véritable,
Et gémissant aux pieds d'un objet adorable,
J'ai connu dans ses yeux timides et distraits
Que mes soins de son cœur ont pu troubler la paix ;
Que, par l'aveu secret d'une ardeur mutuelle,
La mienne a pris encore une force nouvelle ;
Dans ces moments si doux, j'ai cent fois éprouvé
Qu'un mortel peut goûter un bonheur achevé.

Dans votre *Venise sauvée*, le vieux Renaud veut violer la femme de Jaffier, et elle s'en plaint en termes assez indécents, jusqu'à dire qu'il est venu à elle *vnbutton'd*, déboutonné.

(1) Le comédien Baron.

Pour que l'amour soit digne du théâtre tragique, il faut qu'il soit le nœud nécessaire de la pièce, et non qu'il soit amené par force, pour remplir le vide de vos tragédies et des nôtres, qui sont toutes trop longues; il faut que ce soit une passion véritablement tragique, regardée comme une faiblesse, et combattue par des remords. Il faut ou que l'amour conduise aux malheurs et aux crimes, pour faire voir combien il est dangereux, ou que la vertu en triomphe, pour montrer qu'il n'est pas invincible : sans cela, ce n'est plus qu'un amour d'églogue ou de comédie.

C'est à vous, Milord, à décider si j'ai rempli quelques-unes de ces conditions; mais que vos amis daignent surtout ne point juger du génie et du goût de notre nation par ce discours et par cette tragédie que je vous envoie. Je suis peut-être un de ceux qui cultivent les lettres en France avec le moins de succès; et si les sentiments que je soumets ici à votre censure sont désapprouvés, c'est à moi seul qu'en appartient le blâme.

Nous joignons ici le morceau suivant, qui faisait partie de ce Discours, et qui a été retranché dans les éditions postérieures à 1738.

« Au reste, Milord, s'il y a quelques endroits passables dans cet ouvrage, il faut que j'avoue que j'en ai l'obligation à des amis qui pensent comme vous. Ils m'encourageaient à tempérer l'austérité de Brutus par l'amour paternel, afin qu'on admirât et qu'on plaignît l'effort qu'il se fait en condamnant son fils. Ils m'exhortaient à donner à la jeune Tullie un caractère de tendresse et d'innocence, parce que si j'en avais fait une héroïne altière qui n'eût parlé à Titus que comme à un sujet qui devait servir son prince, alors Titus aurait été avili, et l'ambassadeur eût été inutile. Ils voulaient que Titus fût un jeune homme furieux dans ses passions, aimant Rome et son père, adorant Tullie, se faisant un devoir d'être fidèle au sénat même dont il se plaignait, et emporté loin de son devoir par une passion dont il avait cru être le maître. En effet, si Titus avait été de l'avis de sa maîtresse et s'était dit à lui-même de bonnes raisons en faveur des rois, Brutus alors n'eût été regardé que comme un chef de rebelles ; Titus n'aurait plus eu de remords, son père n'eût plus excité la pitié.

« Gardez, me disaient-ils, que les deux enfants de Brutus paraissent sur la scène ; vous savez que l'intérêt est perdu quand il se partage. Mais surtout que votre pièce soit simple; imitez cette beauté des Grecs, croyez que la multiplicité des événements et des intérêts compliqués n'est que la ressource des génies stériles qui ne savent pas tirer d'une seule passion de quoi faire cinq actes. Tâchez de travailler chaque scène comme si c'était la seule que vous eussiez à écrire. Ce sont les beautés de détail, etc., etc. »

PERSONNAGES.

JUNIUS BRUTUS, \
VALÉRIUS-PUBLICOLA, } consuls.

TITUS, fils de Brutus.
TULLIE, fille de Tarquin.
ALGINE, confidente de Tullie.
ARONS, ambassadeur de Porsenna.
MESSALA, ami de Titus.
PROCULUS, tribun militaire.
ALBIN, confident d'Arons.
Sénateurs.
Licteurs.

La scène est à Rome.

BRUTUS,
TRAGÉDIE.

ACTE PREMIER.

SCÈNE I.

Le théâtre représente une partie de la maison des consuls sur le mont Tarpéïen : le temple du Capitole se voit dans le fond. Les sénateurs sont assemblés entre le temple et la maison, devant l'autel de Mars. Brutus et Valérius-Publicola, consuls, président à cette assemblée : les sénateurs sont rangés en demi-cercle. Des licteurs avec leurs faisceaux sont debout derrière les sénateurs.

BRUTUS, VALÉRIUS-PUBLICOLA, LES SÉNATEURS.

BRUTUS.

Destructeurs des tyrans, vous qui n'avez pour rois
Que les Dieux de Numa, vos vertus et nos lois,
Enfin notre ennemi commence à nous connaître.
Ce superbe Toscan qui ne parlait qu'en maître,
Porsenna, de Tarquin ce formidable appui,
Ce tyran, protecteur d'un tyran comme lui,
Qui couvre de son camp les rivages du Tibre,
Respecte le sénat, et craint un peuple libre.
Aujourd'hui, devant vous abaissant sa hauteur,

Il demande à traiter par un ambassadeur.
Arons, qu'il nous députe, en ce moment s'avance;
Aux sénateurs de Rome il demande audience :
Il attend dans ce temple; et c'est à vous de voir
S'il le faut refuser, s'il le faut recevoir.

VALÉRIUS-PUBLICOLA.

Quoi qu'il vienne annoncer, quoi qu'on puisse en attendre,
Il le faut à son roi renvoyer sans l'entendre :
Tel est mon sentiment. Rome ne traite plus
Avec ses ennemis, que quand ils sont vaincus.
Votre fils, il est vrai, vengeur de sa patrie,
A deux fois repoussé le tyran d'Etrurie;
Je sais tout ce qu'on doit à ses vaillantes mains;
Je sais qu'à votre exemple il sauva les Romains :
Mais ce n'est point assez; Rome, assiégée encore,
Voit dans les champs voisins ces tyrans qu'elle abhorre.
Que Tarquin satisfasse aux ordres du sénat;
Exilé par nos lois, qu'il sorte de l'Etat;
De son coupable aspect qu'il purge nos frontières,
Et nous pourrons ensuite écouter ses prières.
Ce nom d'ambassadeur a paru vous frapper;
Tarquin n'a pu vous vaincre, il cherche à vous tromper.
L'ambassadeur d'un roi m'est toujours redoutable.
Ce n'est qu'un ennemi, sous un titre honorable,
Qui vient, rempli d'orgueil ou de dextérité,
Insulter ou trahir avec impunité.
Rome, n'écoute point leur séduisant langage :
Tout art t'est étranger; combattre est ton partage :
Confonds tes ennemis de ta gloire irrités :
Tombe, ou punis les rois; ce sont là tes traités.

ACTE I, SCÈNE I.

BRUTUS.

Rome sait à quel point sa liberté m'est chère :
Mais, plein du même esprit, mon sentiment diffère.
Je vois cette ambassade, au nom des souverains,
Comme un premier hommage aux citoyens romains.
Accoutumons des rois la fierté despotique
A traiter en égale avec la république,
Attendant que du ciel remplissant les décrets,
Quelque jour avec elle ils traitent en sujets.
Arons vient voir ici Rome encor chancelante,
Découvrir les ressorts de sa grandeur naissante,
Epier son génie, observer son pouvoir :
Romains, c'est pour cela qu'il le faut recevoir.
L'ennemi du sénat connaîtra qui nous sommes :
Et l'esclave d'un roi va voir enfin des hommes.
Que dans Rome à loisir il porte ses regards;
Il la verra dans vous : vous êtes ses remparts.
Qu'il révère en ces lieux le Dieu qui nous rassemble;
Qu'il paraisse au sénat, qu'il écoute, et qu'il tremble.

(*Les sénateurs se lèvent, et s'approchent un moment pour donner leurs voix.*)

VALÉRIUS-PUBLICOLA.

Je vois tout le sénat passer à votre avis;
Rome et vous, l'ordonnez : à regret j'y souscris.
Licteurs, qu'on l'introduise; et puisse sa présence
N'apporter en ces lieux rien dont Rome s'offense!

(*A Brutus.*)

C'est sur vous seul ici que nos yeux sont ouverts;
C'est vous qui le premier avez rompu nos fers :

BRUTUS.

De notre liberté soutenez la querelle;
Brutus en est le père, et doit parler pour elle.

SCÈNE II.

(*Arons entre par le côté du théâtre, précédé de deux licteurs et d'Albin, son confident; il passe devant les consuls et le sénat, qu'il salue; et il va s'asseoir sur un siége préparé pour lui sur le devant du théâtre.*)

LE SÉNAT, ARONS, ALBIN, SUITE.

ARONS.

Consuls, et vous Sénat, qu'il m'est doux d'être admis
Dans ce conseil sacré de sages ennemis,
De voir tous ces héros dont l'équité sévère
N'eut jusques aujourd'hui qu'un reproche à se faire;
Témoin de leurs exploits, d'admirer leurs vertus;
D'écouter Rome enfin par la voix de Brutus!
Loin des cris de ce peuple indocile et barbare
Que la fureur conduit, réunit et sépare,
Aveugle dans sa haine, aveugle en son amour,
Qui menace et qui craint, règne et sert en un jour;
Dont l'audace...

BRUTUS.

Arrêtez, sachez qu'il faut qu'on nomme
Avec plus de respect les citoyens de Rome.
La gloire du sénat est de représenter
Ce peuple vertueux que l'on ose insulter.
Quittez l'art avec nous, quittez la flatterie :
Ce poison qu'on prépare à la cour d'Etrurie

ACTE I, SCÈNE II.

N'est point encor connu dans le sénat romain.
Poursuivez.

ARONS.

Moins piqué d'un discours si hautain,
Que touché des malheurs où cet Etat s'expose,
Comme un de ses enfants j'embrasse ici sa cause.
Vous voyez quel orage éclate autour de vous ;
C'est en vain que Titus en détourna les coups :
Je vois avec regret sa valeur et son zèle
N'assurer aux Romains qu'une chute plus belle.
Sa victoire affaiblit vos remparts désolés ;
Du sang qui les inonde, ils semblent ébranlés.
Ah! ne refusez plus une paix nécessaire :
Si du peuple romain le sénat est le père,
Porsenna l'est des rois que vous persécutez.
Mais vous, du nom romain vengeurs si redoutés,
Vous des droits des mortels éclairés interprètes,
Vous qui jugez les rois, regardez où vous êtes.
Voici ce Capitole et ces mêmes autels,
Où jadis, attestant tous les Dieux immortels,
J'ai vu chacun de vous, brûlant d'un autre zèle,
A Tarquin votre roi jurer d'être fidèle.
Quels Dieux ont donc changé les droits des souverains?
Quel pouvoir a rompu des nœuds jadis si saints ?
Qui du front de Tarquin ravit le diadême ?
Qui peut de vos serments vous dégager ?

BRUTUS.

Lui-même.
N'alléguez point ces nœuds que le crime a rompus,
Ces Dieux qu'il outragea, ces droits qu'il a perdus.

BRUTUS.

Nous avons fait, Arons, en lui rendant hommage,
Serment d'obéissance, et non point d'esclavage;
Et puisqu'il vous souvient d'avoir vu dans ces lieux
Le sénat à ses pieds faisant pour lui des vœux,
Songez qu'en ce lieu même, à cet autel auguste,
Devant ces mêmes Dieux, il jura d'être juste.
De son peuple et de lui tel était le lien;
Il nous rend nos serments lorsqu'il trahit le sien :
Et dès qu'aux lois de Rome il ose être infidèle,
Rome n'est plus sujette; et lui seul est rebelle.

ARONS.

Ah! quand il serait vrai que l'absolu pouvoir
Eût entraîné Tarquin par-delà son devoir,
Qu'il en eût trop suivi l'amorce enchanteresse,
Quel homme est sans erreur, et quel roi sans faiblesse?
Est-ce à vous de prétendre au droit de le punir?
Vous, nés tous ses sujets; vous, faits pour obéir!
Un fils ne s'arme point contre un coupable père;
Il détourne les yeux, le plaint et le révère.
Les droits des souverains sont-ils moins précieux?
Nous sommes leurs enfants; leurs juges sont les Dieux.
Si le Ciel quelquefois les donne en sa colère,
N'allez pas mériter un présent plus sévère,
Trahir toutes les lois en voulant les venger,
Et renverser l'Etat au lieu de le changer.
Instruit par le malheur, ce grand maître de l'homme,
Tarquin sera plus juste et plus digne de Rome.
Vous pouvez raffermir, par un accord heureux,
Des peuples et des rois les légitimes nœuds,

Et faire encor fleurir la liberté publique
Sous l'ombrage sacré du pouvoir monarchique.

BRUTUS.

Arons, il n'est plus temps : chaque Etat a ses lois *,
Qu'il tient de sa nature, ou qu'il change à son choix.
Esclaves de leurs rois, et même de leurs prêtres,
Les Toscans semblent nés pour servir sous des maîtres,
Et de leur chaîne antique adorateurs heureux,
Voudraient que l'univers fût esclave comme eux.
La Grèce entière est libre, et la molle Ionie
Sous un joug odieux languit assujettie.
Rome eut ses souverains, mais jamais absolus :
Son premier citoyen fut le grand Romulus ;
Nous partagions le poids de sa grandeur suprême.
Numa, qui fit nos lois, y fut soumis lui-même.
Rome enfin, je l'avoue, a fait un mauvais choix :
Chez les Toscans, chez vous elle a choisi ses rois ;
Ils nous ont apporté, du fond de l'Etrurie,
Les vices de leur cour avec la tyrannie.

(*Il se lève.*)

Pardonnez-nous, grands Dieux! si le peuple romain
A tardé si long-temps à condamner Tarquin.
Le sang qui regorgea sous ses mains meurtrières,
De notre obéissance a rompu les barrières.
Sous un sceptre de fer tout ce peuple abattu
A force de malheurs a repris sa vertu.
Tarquin nous a remis dans nos droits légitimes ;
Le bien public est né de l'excès de ses crimes :

---

* Imitation des vers de Cinna (acte II, scène 1) :
Chaque peuple a le sien conforme à sa nature, etc.

Et nous donnons l'exemple à ces mêmes Toscans,
S'ils pouvaient, à leur tour, être las des tyrans.
(*Les consuls descendent vers l'autel, et le sénat se lève.*)
O Mars, Dieu des héros, de Rome et des batailles,
Qui combats avec nous, qui défends ces murailles,
Sur ton autel sacré, Mars, reçois nos serments,
Pour ce sénat, pour moi, pour tes dignes enfants.
Si dans le sein de Rome il se trouvait un traître
Qui regrettât les rois et qui voulût un maître,
Que le perfide meure au milieu des tourments;
Que sa cendre coupable, abandonnée aux vents,
Ne laisse ici qu'un nom plus odieux encore
Que le nom des tyrans que Rome entière abhorre.
  ARONS, *avançant vers l'autel.*
Et moi, sur cet autel qu'ainsi vous profanez,
Je jure au nom du roi que vous abandonnez,
Au nom de Porsenna, vengeur de sa querelle,
A vous, à vos enfants, une guerre immortelle.
(*Les sénateurs font un pas vers le Capitole.*)
Sénateurs, arrêtez, ne vous séparez pas;
Je ne me suis pas plaint de tous vos attentats.
La fille de Tarquin, dans vos mains demeurée,
Est-elle une victime à Rome consacrée?
Et donnez-vous des fers à ses royales mains,
Pour mieux braver son père et tous les souverains?
Que dis-je! tous ces biens, ces trésors, ces richesses
Que des Tarquins dans Rome épuisaient les largesses,
Sont-ils votre conquête, ou vous sont-ils donnés?
Est-ce pour les ravir que vous le détrônez?
Sénat, si vous l'osez, que Brutus les dénie.

ACTE I, SCÈNE II.

BRUTUS, *se tournant vers Arons.*

Vous connaissez bien mal et Rome et son génie.
Ces pères des Romains, vengeurs de l'équité,
Ont blanchi dans la pourpre et dans la pauvreté;
Au-dessus des trésors que sans peine ils vous cèdent,
Leur gloire est de dompter les rois qui les possèdent*.
Prenez cet or, Arons, il est vil à nos yeux.
Quant au malheureux sang d'un tyran odieux,
Malgré la juste horreur que j'ai pour sa famille,
Le sénat à mes soins a confié sa fille.
Elle n'a point ici de ces respects flatteurs
Qui des enfants des rois empoisonnent les cœurs;
Elle n'a point trouvé la pompe et la mollesse
Dont la cour des Tarquins enivra sa jeunesse :
Mais je sais ce qu'on doit de bontés et d'honneur
A son sexe, à son âge, et surtout au malheur.
Dès ce jour, en son camp que Tarquin la revoie;
Mon cœur même en conçoit une secrète joie.
Qu'aux tyrans désormais rien ne reste en ces lieux
Que la haine de Rome et le courroux des Dieux.
Pour emporter au camp l'or qu'il faut y conduire,
Rome vous donne un jour; ce temps doit vous suffire.
Ma maison cependant est votre sûreté;
Jouissez-y des droits de l'hospitalité.
Voilà ce que par moi le sénat vous annonce.
Ce soir à Porsenna rapportez ma réponse :

---

* Curius répond aux ambassadeurs Samnites qui lui offraient des trésors :

J'aime mieux commander à ceux qui les possèdent.

Reportez-lui la guerre, et dites à Tarquin
Ce que vous avez vu dans le sénat romain.

(*Aux sénateurs.*)

Et nous du Capitole allons orner le faîte
Des lauriers dont mon fils vient de ceindre sa tête;
Suspendons ces drapeaux et ces dards tout sanglants
Que ses heureuses mains ont ravis aux Toscans.
Ainsi puisse toujours, plein du même courage,
Mon sang, digne de vous, vous servir d'âge en âge!
Dieux, protégez ainsi contre nos ennemis
Le consulat du père et les armes du fils!

SCÈNE III.

ARONS, ALBIN.

(*Ils sont supposés être entrés de la salle d'audience dans un autre appartement de la maison de Brutus.*)

ARONS.

As-tu bien remarqué cet orgueil inflexible,
Cet esprit d'un sénat qui se croit invincible?
Il le serait, Albin, si Rome avait le temps
D'affermir cette audace au cœur de ses enfants.
Crois-moi, la liberté que tout mortel adore,
Que je veux leur ôter, mais que j'admire encore,
Donne à l'homme un courage, inspire une grandeur
Qu'il n'eût jamais trouvés dans le fond de son cœur.
Sous le joug des Tarquins, la cour et l'esclavage
Amollissaient leurs mœurs, énervaient leur courage;
Leurs rois, trop occupés à dompter leurs sujets,
De nos heureux Toscans ne troublaient point la paix:

ACTE I, SCÈNE III.

Mais si ce fier sénat réveille leur génie,
Si Rome est libre, Albin, c'est fait de l'Italie.
Ces lions, que leur maître avait rendus plus doux,
Vont reprendre leur rage et s'élancer sur nous.
Etouffons dans leur sang la semence féconde
Des maux de l'Italie et des troubles du monde.
Affranchissons la terre; et donnons aux Romains
Ces fers qu'ils destinaient au reste des humains.
Messala viendra-t-il? Pourrai-je ici l'entendre?
Osera-t-il...

ALBIN.

Seigneur, il doit ici se rendre;
A toute heure il y vient : Titus est son appui.

ARONS.

As-tu pu lui parler? Puis-je compter sur lui?

ALBIN.

Seigneur, ou je me trompe, ou Messala conspire
Pour changer ses destins plus que ceux de l'empire;
Il est ferme, intrépide, autant que si l'honneur
Ou l'amour du pays excitait sa valeur;
Maître de son secret, et maître de lui-même,
Impénétrable, et calme en sa fureur extrême.

ARONS.

Tel autrefois dans Rome il parut à mes yeux,
Lorsque Tarquin régnant me reçut dans ces lieux;
Et ses lettres depuis... Mais je le vois paraître.

SCÈNE IV.

ARONS, MESSALA, ALBIN.

ARONS.

Généreux Messala, l'appui de votre maître,
Eh bien! l'or de Tarquin, les présents de mon roi,
Des sénateurs romains n'ont pu tenter la foi?
Les plaisirs d'une cour, l'espérance, la crainte,
A ces cœurs endurcis n'ont pu porter d'atteinte?
Ces fiers patriciens sont-ils autant de dieux
Jugeant tous les mortels, et ne craignant rien d'eux?
Sont-ils sans passions, sans intérêt, sans vice?

MESSALA.

Ils osent s'en vanter; mais leur feinte justice,
Leur âpre austérité, que rien ne peut gagner,
N'est, dans ces cœurs hautains, que la soif de régner :
Leur orgueil foule aux pieds l'orgueil du diadême;
Ils ont brisé le joug, pour l'imposer eux-même.
De notre liberté ces illustres vengeurs,
Armés pour la défendre, en sont les oppresseurs.
Sous les noms séduisants de patrons et de pères,
Ils affectent des rois les démarches altières.
Rome a changé de fers, et, sous le joug des grands,
Pour un roi qu'elle avait, a trouvé cent tyrans.

ARONS.

Parmi vos citoyens en est-il d'assez sage
Pour détester tout bas cet indigne esclavage?

MESSALA.

Peu sentent leur état : leurs esprits égarés
De ce grand changement sont encore enivrés.

ACTE I, SCÈNE IV.

Le plus vil citoyen, dans sa bassesse extrême,
Ayant chassé les rois, pense être roi lui-même.
Mais je vous l'ai mandé, Seigneur, j'ai des amis
Qui sous ce joug nouveau sont à regret soumis ;
Qui, dédaignant l'erreur des peuples imbéciles,
Dans ce torrent fougueux restent seuls immobiles ;
Des mortels éprouvés, dont la tête et les bras
Sont faits pour ébranler ou changer les Etats.

ARONS.

De ces braves Romains que faut-il que j'espère?
Serviront-ils leur prince?

MESSALA.

Ils sont prêts à tout faire ;
Tout leur sang est à vous : mais ne prétendez pas
Qu'en aveugles sujets ils servent des ingrats.
Ils ne se piquent point du devoir fanatique *
De servir de victime au pouvoir despotique,
Ni du zèle insensé de courir au trépas,
Pour venger un tyran qui ne les connaît pas.
Tarquin promet beaucoup ; mais, devenu leur maître,
Il les oublîra tous, ou les craindra peut-être.
Je connais trop les grands : dans le malheur amis,
Ingrats dans la fortune, et bientôt ennemis.
Nous sommes de leur gloire un instrument servile,
Rejeté par dédain dès qu'il est inutile,
Et brisé sans pitié, s'il devient dangereux.
A des conditions on peut compter sur eux ;

---

* Imitation des vers d'Acomat dans Bajazet (acte I, scène 1) :
  Et ne me pique point du scrupule insensé
  De bénir mon trépas quand ils l'ont prononcé.

Ils demandent un chef digne de leur courage,
Dont le nom seul impose à ce peuple volage,
Un chef assez puissant pour obliger le roi,
Même après le succès, à nous tenir sa foi;
Ou, si de nos desseins la trame est découverte,
Un chef assez hardi pour venger notre perte.

ARONS.

Mais vous m'aviez écrit que l'orgueilleux Titus...

MESSALA.

Il est l'appui de Rome; il est fils de Brutus :
Cependant...

ARONS.

De quel œil voit-il les injustices
Dont ce sénat superbe a payé ses services?
Lui seul a sauvé Rome; et toute sa valeur
En vain du consulat lui mérita l'honneur :
Je sais qu'on le refuse.

MESSALA.

Et je sais qu'il murmure :
Son cœur altier et prompt est plein de cette injure;
Pour toute récompense il n'obtient qu'un vain bruit,
Qu'un triomphe frivole, un éclat qui s'enfuit.
J'observe d'assez près son ame impérieuse,
Et de son fier courroux la fougue impétueuse :
Dans le champ de la gloire il ne fait que d'entrer;
Il y marche en aveugle : on l'y peut égarer.
La bouillante jeunesse est facile à séduire :
Mais que de préjugés nous aurions à détruire!
Rome, un consul, un père, et la haine des rois,
Et l'horreur de la honte, et surtout ses exploits.

Connaissez donc Titus ; voyez toute son ame,
Le courroux qui l'aigrit, le poison qui l'enflamme ;
Il brûle pour Tullie.

ARONS.

Il l'aimerait ?

MESSALA.

Seigneur,
A peine ai-je arraché ce secret de son cœur :
Il en rougit lui-même ; et cette ame inflexible
N'ose avouer qu'elle aime, et craint d'être sensible.
Parmi les passions dont il est agité,
Sa plus grande fureur est pour la liberté.

ARONS.

C'est donc des sentiments et du cœur d'un seul homme
Qu'aujourd'hui, malgré moi, dépend le sort de Rome.
(*A Albin.*)
Ne nous rebutons pas : préparez-vous, Albin,
A vous rendre sur l'heure aux tentes de Tarquin.
(*A Messala.*)
Entrons chez la princesse. Un peu d'expérience
M'a pu du cœur humain donner quelque science :
Je lirai dans son ame ; et peut-être ses mains
Vont former l'heureux piége où j'attends les Romains.

FIN DU PREMIER ACTE.

ACTE SECOND.

SCÈNE I.

Le théâtre représente un appartement du palais des consuls.

TITUS, MESSALA.

MESSALA.

Non, c'est trop offenser ma sensible amitié.
Qui peut de son secret me cacher la moitié,
En dit trop et trop peu, m'offense et me soupçonne.
TITUS.
Va, mon cœur à ta foi tout entier s'abandonne;
Ne me reproche rien.
MESSALA.
                    Quoi! vous dont la douleur
Du sénat avec moi détesta la rigueur,
Qui versiez dans mon sein ce grand secret de Rome,
Ces plaintes d'un héros, ces larmes d'un grand homme!
Comment avez-vous pu dévorer si long-temps
Une douleur plus tendre, et des maux plus touchants?
De vos feux devant moi vous étouffiez la flamme.
Quoi donc! l'ambition, qui domine en votre ame,
Eteignait-elle en vous de si chers sentiments?
Le sénat a-t-il fait vos plus cruels tourments?
Le haïssez-vous plus, que vous n'aimez Tullie?

TITUS.

Ah! j'aime avec transport; je hais avec furie :
Je suis extrême en tout, je l'avoue; et mon cœur
Voudrait en tout se vaincre, et connaît son erreur.

MESSALA.

Et pourquoi, de vos mains déchirant vos blessures,
Déguiser votre amour, et non pas vos injures?

TITUS.

Que veux-tu, Messala? J'ai, malgré mon courroux,
Prodigué tout mon sang pour ce sénat jaloux.
Tu le sais, ton courage eut part à ma victoire.
Je sentais du plaisir à parler de ma gloire;
Mon cœur, enorgueilli des succès de mon bras,
Trouvait de la grandeur à venger des ingrats.
On confie aisément des malheurs qu'on surmonte :
Mais qu'il est accablant de parler de sa honte!

MESSALA.

Quelle est donc cette honte, et ce grand repentir?
Et de quels sentiments auriez-vous à rougir?

TITUS.

Je rougis de moi-même, et d'un feu téméraire,
Inutile, imprudent, à mon devoir contraire.

MESSALA.

Quoi donc! l'ambition, l'amour et ses fureurs,
Sont-ce des passions indignes des grands cœurs?

TITUS.

L'ambition, l'amour, le dépit, tout m'accable;
De ce conseil de rois l'orgueil insupportable
Méprise ma jeunesse, et me refuse un rang
Brigué par ma valeur, et payé par mon sang.

Au milieu du dépit dont mon ame est saisie,
Je perds tout ce que j'aime; on m'enlève Tullie.
On te l'enlève, hélas! trop aveugle courroux!
Tu n'osais y prétendre, et ton cœur est jaloux.
Je l'avoûrai, ce feu, que j'avais su contraindre,
S'irrite en s'échappant, et ne peut plus s'éteindre.
Ami, c'en était fait; elle partait : mon cœur
De sa funeste flamme allait être vainqueur;
Je rentrais dans mes droits : je sortais d'esclavage.
Le ciel a-t-il marqué ce terme à mon courage?
Moi le fils de Brutus, moi l'ennemi des rois,
C'est du sang de Tarquin que j'attendrais des lois!
Elle refuse encor de m'en donner, l'ingrate!
Et partout dédaigné, partout ma honte éclate.
Le dépit, la vengeance, et la honte, et l'amour,
De mes sens soulevés disposent tour à tour.

MESSALA.

Puis-je ici vous parler, mais avec confiance?

TITUS.

Toujours de tes conseils j'ai chéri la prudence.
Eh bien! fais-moi rougir de mes égarements.

MESSALA.

J'approuve et votre amour et vos ressentiments.
Faudra-t-il donc toujours que Titus autorise
Ce sénat de tyrans, dont l'orgueil nous maîtrise?
Non; s'il vous faut rougir, rougissez en ce jour
De votre patience, et non de votre amour.
Quoi! pour prix de vos feux et de tant de vaillance,
Citoyen sans pouvoir, amant sans espérance,
Je vous verrais languir victime de l'Etat,

ACTE II, SCÈNE I.

Oublié de Tullie, et bravé du sénat?
Ah! peut-être, Seigneur, un cœur tel que le vôtre
Aurait pu gagner l'une, et se venger de l'autre.

TITUS.

De quoi viens-tu flatter mon esprit éperdu?
Moi, j'aurais pu fléchir sa haine ou sa vertu?
N'en parlons plus : tu vois les fatales barrières
Qu'élèvent entre nous nos devoirs et nos pères :
Sa haine désormais égale mon amour.
Elle va donc partir?

MESSALA.

Oui, Seigneur, dès ce jour.

TITUS.

Je n'en murmure point. Le ciel lui rend justice;
Il la fit pour régner.

MESSALA.

Ah! ce ciel plus propice
Lui destinait peut-être un empire plus doux;
Et sans ce fier sénat, sans la guerre, sans vous...
Pardonnez; vous savez quel est son héritage :
Son frère ne vit plus, Rome était son partage.
Je m'emporte, Seigneur : mais si pour vous servir,
Si pour vous rendre heureux il ne faut que périr;
Si mon sang...

TITUS.

Non, ami, mon devoir est le maître :
Non, crois-moi, l'homme est libre au moment qu'il veut l'être.
Je l'avoue, il est vrai, ce dangereux poison
A pour quelques moments égaré ma raison :

Mais le cœur d'un soldat sait dompter la mollesse,
Et l'amour n'est puissant que par notre faiblesse.

MESSALA.

Vous voyez des Toscans venir l'ambassadeur;
Cet honneur qu'il vous rend...

TITUS.

Ah! quel funeste honneur!
Que me veut-il? C'est lui qui m'enlève Tullie;
C'est lui qui met le comble au malheur de ma vie.

SCÈNE II.

TITUS, ARONS.

ARONS.

Après avoir en vain, près de votre sénat,
Tenté ce que j'ai pu pour sauver cet Etat,
Souffrez qu'à la vertu rendant un juste hommage,
J'admire en liberté ce généreux courage,
Ce bras qui venge Rome, et soutient son pays
Au bord du précipice où le sénat l'a mis.
Ah! que vous étiez digne, et d'un prix plus auguste,
Et d'un autre adversaire, et d'un parti plus juste!
Et que ce grand courage, ailleurs mieux employé,
D'un plus digne salaire aurait été payé!
Il est, il est des rois, j'ose ici vous le dire,
Qui mettraient en vos mains le sort de leur empire,
Sans craindre ces vertus qu'ils admirent en vous,
Dont j'ai vu Rome éprise, et le sénat jaloux.
Je vous plains de servir sous ce maître farouche,
Que le mérite aigrit, qu'aucun bienfait ne touche;

Qui, né pour obéir, se fait un lâche honneur
D'appesantir sa main sur son libérateur;
Lui qui, s'il n'usurpait les droits de la couronne,
Devrait prendre de vous les ordres qu'il vous donne.
TITUS.
Je rends grâce à vos soins, Seigneur, et mes soupçons
De vos bontés pour moi respectent les raisons.
Je n'examine point si votre politique
Pense armer mes chagrins contre ma république,
Et porter mon dépit, avec un art si doux,
Aux indiscrétions qui suivent le courroux.
Perdez moins d'artifice à tromper ma franchise;
Ce cœur est tout ouvert, et n'a rien qu'il déguise.
Outragé du sénat, j'ai droit de le haïr;
Je le hais : mais mon bras est prêt à le servir.
Quand la cause commune au combat nous appelle,
Rome au cœur de ses fils éteint toute querelle;
Vainqueurs de nos débats, nous marchons réunis,
Et nous ne connaissons que vous pour ennemis.
Voilà ce que je suis, et ce que je veux être.
Soit grandeur, soit vertu, soit préjugé peut-être,
Né parmi les Romains, je périrai pour eux.
J'aime encor mieux, Seigneur, ce sénat rigoureux,
Tout injuste pour moi, tout jaloux qu'il peut être,
Que l'éclat d'une cour et le sceptre d'un maître.
Je suis fils de Brutus, et je porte en mon cœur
La liberté gravée et les rois en horreur.
ARONS.
Ne vous flattez-vous point d'un charme imaginaire?
Seigneur, ainsi qu'à vous la liberté m'est chère;

Quoique né sous un roi, j'en goûte les appas ;
Vous vous perdez pour elle, et n'en jouissez pas.
Est-il donc, entre nous, rien de plus despotique
Que l'esprit d'un Etat qui passe en république ?
Vos lois sont vos tyrans : leur barbare rigueur
Devient sourde au mérite, au sang, à la faveur ;
Le sénat vous opprime, et le peuple vous brave ;
Il faut s'en faire craindre, ou ramper leur esclave.
Le citoyen de Rome, insolent ou jaloux,
Ou hait votre grandeur, ou marche égal à vous.
Trop d'éclat l'effarouche ; il voit d'un œil sévère,
Dans le bien qu'on lui fait le mal qu'on lui peut faire,
Et d'un bannissement le décret odieux
Devient le prix du sang qu'on a versé pour eux.
Je sais bien que la cour, Seigneur, a ses naufrages ;
Mais ses jours sont plus beaux, son ciel a moins d'orages.
Souvent la liberté, dont on se vante ailleurs,
Etale auprès d'un roi ses dons les plus flatteurs :
Il récompense, il aime, il prévient les services ;
La gloire auprès de lui ne fuit point les délices.
Aimé du souverain, de ses rayons couvert,
Vous ne servez qu'un maître, et le reste vous sert.
Ebloui d'un éclat qu'il respecte et qu'il aime,
Le vulgaire applaudit jusqu'à nos fautes même.
Nous ne redoutons rien d'un sénat trop jaloux ;
Et les sévères lois se taisent devant nous.
Ah ! que né pour la cour, ainsi que pour les armes,
Des faveurs de Tarquin vous goûteriez les charmes !
Je vous l'ai déjà dit ; il vous aimait, Seigneur ;
Il aurait avec vous partagé sa grandeur :

Du sénat à vos pieds la fierté prosternée
Aurait...

TITUS.

J'ai vu sa cour, et je l'ai dédaignée.
Je pourrais, il est vrai, mendier son appui,
Et son premier esclave être tyran sous lui.
Grâce au ciel, je n'ai point cette indigne faiblesse :
Je veux de la grandeur, et la veux sans bassesse.
Je sens que mon destin n'était point d'obéir ;
Je combattrai vos rois, retournez les servir.

ARONS.

Je ne puis qu'approuver cet excès de constance,
Mais songez que lui-même éleva votre enfance ;
Il s'en souvient toujours : hier encor, Seigneur,
En pleurant avec moi son fils et son malheur,
Titus, me disait-il, soutiendrait ma famille,
Et lui seul méritait mon empire et ma fille.

TITUS, *en se détournant.*

Sa fille ! Dieux ! Tullie ! O vœux infortunés !

ARONS, *en regardant Titus.*

Je la ramène au roi que vous abandonnez :
Elle va, loin de vous et loin de sa patrie,
Accepter pour époux le roi de Ligurie.
Vous cependant ici servez votre sénat,
Persécutez son père, opprimez son Etat :
J'espère que bientôt ces voûtes embrasées,
Ce Capitole en cendre et ces tours écrasées,
Du sénat et du peuple éclairant les tombeaux,
A cet hymen heureux vont servir de flambeaux.

SCÈNE III.

TITUS, MESSALA.

TITUS.

Ah! mon cher Messala, dans quel trouble il me laisse!
Tarquin me l'eût donnée! ô douleur qui me presse!
Moi, j'aurais pu!... mais non, ministre dangereux,
Tu venais épier le secret de mes feux.
Hélas! en me voyant se peut-il qu'on l'ignore?
Il a lu dans mes yeux l'ardeur qui me dévore.
Certain de ma faiblesse, il retourne à sa cour
Insulter aux projets d'un téméraire amour.
J'aurais pu l'épouser! lui consacrer ma vie!
Le ciel à mes desirs eût destiné Tullie!
Malheureux que je suis!

MESSALA.

Vous pourriez être heureux;
Arons pourrait servir vos légitimes feux.
Croyez-moi.

TITUS.

Bannissons un espoir si frivole;
Rome entière m'appelle aux murs du Capitole.
Le peuple rassemblé sous ces arcs triomphaux,
Tout chargés de ma gloire et pleins de mes travaux,
M'attend pour commencer les serments redoutables,
De notre liberté garants inviolables.

MESSALA.

Allez servir ces rois *.

* Il désigne les consuls et les sénateurs de Rome.

TITUS.
Oui, je les veux servir;
Oui, tel est mon devoir, et je le veux remplir.
MESSALA.
Vous gémissez pourtant !
TITUS.
Ma victoire est cruelle.
MESSALA.
Vous l'achetez trop cher.
TITUS.
Elle en sera plus belle.
Ne m'abandonne point dans l'état où je suis.
MESSALA.
Allons, suivons ses pas; aigrissons ses ennuis :
Enfonçons dans son cœur le trait qui le déchire.

SCÈNE IV.

BRUTUS, MESSALA.

BRUTUS.
Arrêtez, Messala, j'ai deux mots à vous dire.
MESSALA.
A moi, Seigneur?
BRUTUS.
A vous. Un funeste poison
Se répand en secret sur toute ma maison.
Tibérinus mon fils, aigri contre son frère,
Laisse éclater déjà sa jalouse colère;
Et Titus, animé d'un autre emportement,
Suit contre le sénat son fier ressentiment.

L'ambassadeur toscan, témoin de leur faiblesse,
En profite avec joie autant qu'avec adresse.
Il leur parle; et je crains les discours séduisants
D'un ministre vieilli dans l'art des courtisans.
Il devait dès demain retourner vers son maître;
Mais un jour quelquefois est beaucoup pour un traître.
Messala, je prétends ne rien craindre de lui;
Allez lui commander de partir aujourd'hui :
Je le veux.

MESSALA.

C'est agir sans doute avec prudence,
Et vous serez content de mon obéissance.

BRUTUS.

Ce n'est pas tout : mon fils avec vous est lié;
Je sais sur son esprit ce que peut l'amitié.
Comme sans artifice, il est sans défiance;
Sa jeunesse est livrée à votre expérience.
Plus il se fie à vous, plus je dois espérer
Qu'habile à le conduire, et non à l'égarer,
Vous ne voudrez jamais, abusant de son âge,
Tirer de ses erreurs un indigne avantage,
Le rendre ambitieux, et corrompre son cœur.

MESSALA.

C'est de quoi dans l'instant je lui parlais, Seigneur.
Il sait vous imiter, servir Rome et lui plaire;
Il aime aveuglément sa patrie et son père.

BRUTUS.

Il le doit; mais surtout il doit aimer les lois :
Il doit en être esclave, en porter tout le poids.
Qui veut les violer, n'aime point sa patrie.

MESSALA.
Nous avons vu tous deux si son bras l'a servie.
BRUTUS.
Il a fait son devoir.
MESSALA.
　　　　　Et Rome eût fait le sien,
En rendant plus d'honneurs à ce cher citoyen.
BRUTUS.
Non, non : le consulat n'est point fait pour son âge ;
J'ai moi-même à mon fils refusé mon suffrage.
Croyez-moi, le succès de son ambition
Serait le premier pas vers la corruption.
Le prix de la vertu serait héréditaire ;
Bientôt l'indigne fils du plus vertueux père,
Trop assuré d'un rang d'autant moins mérité,
L'attendrait dans le luxe et dans l'oisiveté.
Le dernier des Tarquins en est la preuve insigne.
Qui naquit dans la pourpre, en est rarement digne.
Nous préservent les cieux d'un si funeste abus,
Berceau de la mollesse et tombeau des vertus !
Si vous aimez mon fils, je me plais à le croire,
Représentez-lui mieux sa véritable gloire ;
Etouffez dans son cœur un orgueil insensé :
C'est en servant l'Etat qu'il est récompensé.
De toutes les vertus mon fils doit un exemple ;
C'est l'appui des Romains que dans lui je contemple.
Plus il a fait pour eux, plus j'exige aujourd'hui.
Connaissez à mes vœux l'amour que j'ai pour lui ;
Tempérez cette ardeur de l'esprit d'un jeune homme :
Le flatter c'est le perdre, et c'est outrager Rome.

MESSALA.

Je me bornais, Seigneur, à le suivre aux combats;
J'imitais sa valeur et ne l'instruisais pas.
J'ai peu d'autorité : mais s'il daigne me croire,
Rome verra bientôt comme il chérit la gloire.

BRUTUS.

Allez donc, et jamais n'encensez ses erreurs;
Si je hais les tyrans, je hais plus les flatteurs.

SCÈNE V.

MESSALA, *seul*.

Il n'est point de tyran plus dur, plus haïssable,
Que la sévérité de ton cœur intraitable.
Va, je verrai peut-être à mes pieds abattu
Cet orgueil insultant de ta fausse vertu.
Colosse qu'un vil peuple éleva sur nos têtes,
Je pourrai t'écraser, et les foudres sont prêtes.

FIN DU SECOND ACTE.

ACTE TROISIÈME.

SCÈNE I.

ARONS, ALBIN, MESSALA.

ARONS, *une lettre à la main.*

Je commence à goûter une juste espérance ;
Vous m'avez bien servi par tant de diligence :
Tout succède à mes vœux. Oui, cette lettre, Albin,
Contient le sort de Rome et celui de Tarquin.
Avez-vous dans le camp réglé l'heure fatale ?
A-t-on bien observé la porte Quirinale ?
L'assaut sera-t-il prêt, si par nos conjurés
Les remparts cette nuit ne nous sont point livrés ?
Tarquin est-il content ? crois-tu qu'on l'introduise,
Ou dans Rome sanglante, ou dans Rome soumise ?

ALBIN.

Tout sera prêt, Seigneur, au milieu de la nuit.
Tarquin de vos projets goûte déjà le fruit ;
Il pense de vos mains tenir son diadème ;
Il vous doit, a-t-il dit, plus qu'à Porsenna même.

ARONS.

Ou les Dieux, ennemis d'un prince malheureux,[*]
Confondront des desseins si grands, si dignes d'eux,

---

[*] Tarquin.

Ou demain sous ses lois Rome sera rangée,
Rome en cendre, peut-être, et dans son sang plongée.
Mais il vaut mieux qu'un roi, sur le trône remis,
Commande à des sujets malheureux et soumis,
Que d'avoir à dompter, au sein de l'abondance,
D'un peuple trop heureux l'indocile arrogance.
  (*A Albin.*)
Allez, j'attends ici la princesse en secret.
  (*A Messala.*)
Messala, demeurez.

SCÈNE II.

ARONS, MESSALA.

ARONS.
Eh bien! qu'avez-vous fait?
Avez-vous de Titus fléchi le fier courage?
Dans le parti des rois pensez-vous qu'il s'engage?

MESSALA.
Je vous l'avais prédit, l'inflexible Titus
Aime trop sa patrie, et tient trop de Brutus.
Il se plaint du sénat, il brûle pour Tullie;
L'orgueil, l'ambition, l'amour, la jalousie,
Le feu de son jeune âge et de ses passions,
Semblaient ouvrir son ame à mes séductions :
Cependant, qui l'eût cru? la liberté l'emporte!
Son amour est au comble, et Rome est la plus forte.
J'ai tenté, par degrés, d'effacer cette horreur
Que pour le nom de roi Rome imprime en son cœur.
En vain j'ai combattu ce préjugé sévère :

Le seul nom des Tarquins irritait sa colère ;
De son entretien même il m'a soudain privé,
Et je hasardais trop si j'avais achevé.

ARONS.

Ainsi de le fléchir Messala désespère.

MESSALA.

J'ai trouvé moins d'obstacle à vous donner son frère ;
Et j'ai du moins séduit un des fils de Brutus.

ARONS.

Quoi! vous auriez déjà gagné Tibérinus?
Par quels ressorts secrets? par quelle heureuse intrigue?

MESSALA.

Son ambition seule a fait toute ma brigue.
Avec un œil jaloux il voit, depuis long-temps,
De son frère et de lui les honneurs différents.
Ces drapeaux suspendus à ces voûtes fatales,
Ces festons de lauriers, ces pompes triomphales,
Tous les cœurs des Romains et celui de Brutus
Dans ces solennités volant devant Titus,
Sont pour lui * des affronts qui, dans son ame aigrie,
Echauffent le poison ** de sa secrète envie.
Et cependant Titus, sans haine et sans courroux,
Trop au-dessus de lui pour en être jaloux,
Lui tend encor la main de son char de victoire,
Et semble en l'embrassant l'accabler de sa gloire.
J'ai saisi ces moments, j'ai su peindre à ses yeux
Dans une cour brillante un rang plus glorieux.
J'ai pressé, j'ai promis, au nom de Tarquin même,
Tous les honneurs de Rome après le rang suprême ;

* Tiberinus, frère de Titus. — ** V. la même figure, *Rem.* pag. 335.

BRUTUS.

Je l'ai vu s'éblouir, je l'ai vu s'ébranler;
Il est à vous, Seigneur, et cherche à vous parler.

ARONS.

Pourra-t-il nous livrer la porte Quirinale?

MESSALA.

Titus seul y commande; et sa vertu fatale
N'a que trop arrêté le cours de vos destins :
C'est un dieu qui préside au salut des Romains.
Gardez de hasarder cette attaque soudaine,
Sûre avec son appui, sans lui trop incertaine.

ARONS.

Mais si du consulat il a brigué l'honneur,
Pourrait-il dédaigner la suprême grandeur,
Et Tullie et le trône offerts à son courage?

MESSALA.

Le trône est un affront à sa vertu sauvage.

ARONS.

Mais il aime Tullie.

MESSALA.

Il l'adore, Seigneur.
Il l'aime d'autant plus qu'il combat son ardeur.
Il brûle pour la fille en détestant le père;
Il craint de lui parler, il gémit de se taire;
Il la cherche, il la fuit, il dévore ses pleurs;
Et de l'amour encore il n'a que les fureurs.
Dans l'agitation d'un si cruel orage,
Un moment quelquefois renverse un grand courage.
Je sais quel est Titus : ardent, impétueux,
S'il se rend, il ira plus loin que je ne veux.
La fière ambition qu'il renferme dans l'ame,

Au flambeau de l'amour peut rallumer sa flamme.
Avec plaisir sans doute il verrait à ses pieds
Des sénateurs tremblants les fronts humiliés ;
Mais je vous tromperais, si j'osais vous promettre
Qu'à cet amour fatal il veuille se soumettre.
Je peux parler encore, et je vais aujourd'hui...

ARONS.

Puisqu'il est amoureux, je compte encor sur lui.
Un regard de Tullie, un seul mot de sa bouche,
Peut plus pour amollir cette vertu farouche
Que les subtils détours et tout l'art séducteur
D'un chef de conjurés et d'un ambassadeur.
N'espérons des humains rien que par leur faiblesse.
L'ambition de l'un, de l'autre la tendresse,
Voilà des conjurés qui serviront mon roi ;
C'est d'eux que j'attends tout ; ils sont plus forts que moi.

(*Tullie entre. Messala se retire.*)

SCÈNE III.

TULLIE, ARONS, ALGINE.

ARONS.

Madame, en ce moment je reçois cette lettre
Qu'en vos augustes mains mon ordre est de remettre,
Et que jusqu'en la mienne a fait passer Tarquin.

TULLIE.

Dieux ! protégez mon père, et changez son destin !

(*Elle lit.*)

« Le trône des Romains peut sortir de sa cendre :
« Le vainqueur de son roi peut en être l'appui.

« Titus est un héros; c'est à lui de défendre
« Un sceptre que je veux partager avec lui.
« Vous, songez que Tarquin vous a donné la vie;
« Songez que mon destin va dépendre de vous.
« Vous pourriez refuser le roi de Ligurie;
« Si Titus vous est cher, il sera votre époux. »
Ai-je bien lu?... Titus!... Seigneur... est-il possible?
Tarquin, dans ses malheurs jusqu'alors inflexible,
Pourrait... mais d'où sait-il?... et comment?... Ah! Seigneur,
Ne veut-on qu'arracher les secrets de mon cœur?
Epargnez les chagrins d'une triste princesse;
Ne tendez point de piége à ma faible jeunesse.

ARONS.

Non, Madame, à Tarquin je ne sais qu'obéir,
Ecouter mon devoir, me taire et vous servir.
Il ne m'appartient point de chercher à comprendre
Des secrets qu'en mon sein vous craignez de répandre.
Je ne veux point lever un œil présomptueux
Vers le voile sacré que vous jetez sur eux.
Mon devoir seulement m'ordonne de vous dire
Que le Ciel veut par vous relever cet empire,
Que ce trône est un prix qu'il met à vos vertus.

TULLIE.

Je servirais mon père, et serais à Titus!
Seigneur, il se pourrait...

ARONS.

N'en doutez point, Princesse.
Pour le sang de ses rois ce héros s'intéresse.
De ces républicains la triste austérité
De son cœur généreux révolte la fierté :

ACTE III, SCÈNE III.

Les refus du sénat ont aigri son courage ;
Il penche vers son prince : achevez cet ouvrage.
Je n'ai point dans son cœur prétendu pénétrer ;
Mais puisqu'il vous connaît, il vous doit adorer.
Quel œil, sans s'éblouir, peut voir un diadême
Présenté par vos mains, embelli par vous-même?
Parlez-lui seulement, vous pourrez tout sur lui.
De l'ennemi des rois triomphez aujourd'hui.
Arrachez au sénat, rendez à votre père
Ce grand appui de Rome et son dieu tutélaire ;
Et méritez l'honneur d'avoir entre vos mains,
Et la cause d'un père, et le sort des Romains.

SCÈNE IV.

TULLIE, ALGINE.

TULLIE.

Ciel, que je dois d'encens à ta bonté propice !
Mes pleurs t'ont désarmé, tout change ; et ta justice,
Aux feux dont j'ai rougi rendant leur pureté,
En les récompensant, les met en liberté.

(*A Algine.*)

Va le chercher, va, cours. Dieux! il m'évite encore :
Faut-il qu'il soit heureux, hélas! et qu'il l'ignore?
Mais n'écouté-je point un espoir trop flatteur?
Titus pour le sénat a-t-il donc tant d'horreur?
Que dis-je? hélas! devrais-je au dépit qui le presse
Ce que j'aurais voulu devoir à sa tendresse?

ALGINE.

Je sais que le sénat alluma son courroux,
Qu'il est ambitieux, et qu'il brûle pour vous.

TULLIE.

Il fera tout pour moi, n'en doute point : il m'aime.
(*Algine sort.*)
Va, dis-je... Cependant, ce changement extrême...
Ce billet!... De quels soins mon cœur est combattu!
Eclatez, mon amour, ainsi que ma vertu!
La gloire, la raison, le devoir, tout l'ordonne.
Quoi! mon père à mes feux va devoir sa couronne!
De Titus et de lui je serai le lien!
Le bonheur de l'Etat va donc naître du mien!
Toi que je peux aimer, quand pourrai-je t'apprendre
Ce changement du sort où nous n'osions prétendre?
Quand pourrai-je, Titus, dans mes justes transports,
T'entendre sans regrets, te parler sans remords?
Tous mes maux sont finis : Rome, je te pardonne :
Rome, tu vas servir si Titus t'abandonne;
Sénat, tu vas tomber si Titus est à moi :
Ton héros m'aime; tremble, et reconnais ton roi.

SCÈNE V.

TITUS, TULLIE.

TITUS.

Madame, est-il bien vrai? Daignez-vous voir encore
Cet odieux Romain que votre cœur abhorre,
Si justement haï, si coupable envers vous,
Cet ennemi?

TULLIE.

Seigneur, tout est changé pour nous.
Le destin me permet... Titus,... il faut me dire
Si j'avais sur votre ame un véritable empire.

TITUS.

Eh! pouvez-vous douter de ce fatal pouvoir,
De mes feux, de mon crime et de mon désespoir?
Vous ne l'avez que trop, cet empire funeste :
L'amour vous a soumis mes jours que je déteste.
Commandez, épuisez votre juste courroux;
Mon sort est en vos mains.

TULLIE.

Le mien dépend de vous.

TITUS.

De moi! Titus tremblant ne vous en croit qu'à peine.
Moi, je ne serais plus l'objet de votre haine!
Ah! Princesse, achevez; quel espoir enchanteur
M'élève en un moment au faîte du bonheur?

TULLIE, *en donnant la lettre.*

Lisez, rendez heureux, vous, Tullie et mon père.
(*Tandis qu'il lit.*)
Je puis donc me flatter... Mais quel regard sévère?
D'où vient ce morne accueil et ce front consterné?
Dieux!...

TITUS.

Je suis des mortels le plus infortuné :
Le sort, dont la rigueur à m'accabler s'attache,
M'a montré mon bonheur, et soudain me l'arrache;
Et pour combler les maux que mon cœur a soufferts,
Je puis vous posséder, je vous aime, et vous perds.

TULLIE.

Vous, Titus?

TITUS.

Ce moment a condamné ma vie

Au comble des horreurs ou de l'ignominie,
A trahir Rome ou vous; et je n'ai désormais
Que le choix des malheurs, ou celui des forfaits.

TULLIE.

Que dis-tu? quand ma main te donne un diadême,
Quand tu peux m'obtenir, quand tu vois que je t'aime!
Je ne m'en cache plus : un trop juste pouvoir,
Autorisant mes vœux, m'en a fait un devoir.
Hélas! j'ai cru ce jour le plus beau de ma vie :
Et le premier moment où mon ame ravie
Peut de ses sentiments s'expliquer sans rougir,
Ingrat, est le moment qu'il m'en faut repentir!
Que m'oses-tu parler de malheur et de crime?
Ah! servir des ingrats contre un roi légitime,
M'opprimer, me chérir, détester mes bienfaits,
Ce sont-là mes malheurs, et voilà tes forfaits.
Ouvre les yeux, Titus, et mets dans la balance
Les refus du sénat et la toute-puissance.
Choisis de recevoir ou de donner la loi,
D'un vil peuple ou d'un trône, et de Rome ou de moi.
Inspirez-lui, grands Dieux! le parti qu'il doit prendre.

TITUS, *en lui rendant la lettre.*

Mon choix est fait.

TULLIE.

Eh bien! crains-tu de me l'apprendre?
Parle, ose mériter ta grâce ou mon courroux.
Quel sera ton destin?...

TITUS.

D'être digne de vous,
Digne encor de moi-même, à Rome encor fidèle;

ACTE III, SCÈNE V.

Brûlant d'amour pour vous, de combattre pour elle;
D'adorer vos vertus, mais de les imiter;
De vous perdre, Madame, et de vous mériter.

TULLIE.

Ainsi donc pour jamais...

TITUS.

Ah! pardonnez, Princesse :
Oubliez ma fureur; épargnez ma faiblesse;
Ayez pitié d'un cœur de soi-même ennemi,
Moins malheureux cent fois quand vous l'avez haï.
Pardonnez, je ne puis vous quitter ni vous suivre.
Ni pour vous, ni sans vous, Titus ne saurait vivre;
Et je mourrai plutôt qu'un autre ait votre foi.

TULLIE.

Je te pardonne tout; elle est encore à toi.

TITUS.

Eh bien! si vous m'aimez, ayez l'ame romaine,
Aimez ma république, et soyez plus que reine;
Apportez-moi pour dot, au lieu du rang des rois,
L'amour de mon pays, et l'amour de mes lois.
Acceptez aujourd'hui Rome pour votre mère,
Son vengeur pour époux, Brutus pour votre père :
Que les Romains, vaincus en générosité,
A la fille des rois doivent leur liberté.

TULLIE.

Qui? moi, j'irais trahir...

TITUS.

Mon désespoir m'égare;
Non, toute trahison est indigne et barbare.

Je sais ce qu'est un père, et ses droits absolus ;
Je sais... que je vous aime... et ne me connais plus.

TULLIE.

Ecoute au moins ce sang qui m'a donné la vie.

TITUS.

Eh! dois-je écouter moins mon sang et ma patrie?

TULLIE.

Ta patrie! ah barbare! en est-il donc sans moi?

TITUS.

Nous sommes ennemis... La nature, la loi,
Nous impose à tous deux un devoir si farouche.

TULLIE.

Nous ennemis! ce nom peut sortir de ta bouche!

TITUS.

Tout mon cœur la dément.*

TULLIE.

Ose donc me servir ;
Tu m'aimes, venge-moi.

SCÈNE VI.

BRUTUS, ARONS, TITUS, TULLIE, MESSALA,
ALBIN, PROCULUS, licteurs.

BRUTUS, *à Tullie.*

Madame, il faut partir.
Dans les premiers éclats des tempêtes publiques,
Rome n'a pu vous rendre à vos dieux domestiques,
Tarquin même en ce temps, prompt à vous oublier,
Et du soin de nous perdre occupé tout entier,

* Dément ma bouche.

ACTE III, SCÈNE VI.

Dans nos calamités confondant sa famille,
N'a pas même aux Romains redemandé sa fille.
Souffrez que je rappelle un triste souvenir :
Je vous privai d'un père, et dus vous en servir.
Allez, et que du trône où le ciel vous appelle
L'inflexible équité soit la garde éternelle.
Pour qu'on vous obéisse, obéissez aux lois;
Tremblez en contemplant tout le devoir des rois;
Et si de vos flatteurs la funeste malice
Jamais dans votre cœur ébranlait la justice,
Prête alors d'abuser du pouvoir souverain,
Souvenez-vous de Rome, et songez à Tarquin :
Et que ce grand exemple, où mon espoir se fonde,
Soit la leçon des rois et le bonheur du monde.
(A Arons.)
Le sénat vous la rend, Seigneur; et c'est à vous
De la remettre aux mains d'un père et d'un époux.
Proculus va vous suivre à la porte Sacrée.

TITUS, *éloigné.*

O de ma passion fureur désespérée!
(Il va vers Arons.)
Je ne souffrirai point, non... permettez, Seigneur...
(Brutus et Tullie sortent avec leur suite.)
(Arons et Messala restent.)
Dieux! ne mourrai-je point de honte et de douleur?
(A Arons.)
Pourrai-je vous parler?

ARONS.

Seigneur, le temps me presse;
Il me faut suivre ici Brutus et la princesse :

Je puis d'une heure encor retarder son départ;
Craignez, Seigneur, craignez de me parler trop tard.
Dans son appartement nous pouvons l'un et l'autre
Parler de ses destins, et peut-être du vôtre.

(*Il sort.*)

SCÈNE VII.

TITUS, MESSALA.

TITUS.

Sort qui nous as rejoints et qui nous désunis,
Sort, ne nous as-tu faits que pour être ennemis?
Ah! cache, si tu peux, ta fureur et tes larmes.

MESSALA.

Je plains tant de vertus, tant d'amour et de charmes.
Un cœur tel que le sien méritait d'être à vous.

TITUS.

Non, c'en est fait; Titus n'en sera point l'époux.

MESSALA.

Pourquoi? Quel vain scrupule à vos desirs s'oppose?

TITUS.

Abominables lois que la cruelle impose!
Tyrans que j'ai vaincus, je pourrais vous servir!
Peuples que j'ai sauvés, je pourrais vous trahir!
L'amour, dont j'ai six mois vaincu la violence,
L'amour aurait sur moi cette affreuse puissance!
J'exposerais mon père à ses tyrans cruels!
Et quel père! un héros, l'exemple des mortels,
L'appui de son pays, qui m'instruisit à l'être,
Que j'imitai, qu'un jour j'eusse égalé peut-être...

ACTE III, SCÈNE VII.

Après tant de vertus, quel horrible destin!

MESSALA.

Vous eûtes les vertus d'un citoyen romain;
Il ne tiendra qu'à vous d'avoir celles d'un maître :
Seigneur, vous serez roi dès que vous voudrez l'être.
Le Ciel met dans vos mains, en ce moment heureux,
La vengeance, l'empire, et l'objet de vos feux.
Que dis-je? ce consul, ce héros que l'on nomme
Le père, le soutien, le fondateur de Rome,
Qui s'enivre à vos yeux de l'encens des humains,
Sur les débris d'un trône écrasé par vos mains;
S'il eût mal soutenu cette grande querelle,
S'il n'eût vaincu par vous, il n'était qu'un rebelle.
Seigneur, embellissez ce grand nom de vainqueur
Du nom plus glorieux de pacificateur;
Daignez nous ramener ces jours où nos ancêtres,
Heureux, mais gouvernés, libres, mais sous des maîtres,
Pesaient dans la balance, avec un même poids,
Les intérêts du peuple et la grandeur des rois.
Rome n'a point pour eux une haine immortelle;
Rome va les aimer, si vous régnez sur elle.
Ce pouvoir souverain que j'ai vu tour à tour
Attirer de ce peuple et la haine et l'amour,
Qu'on craint en des Etats, et qu'ailleurs on desire,
Est des gouvernements le meilleur ou le pire;
Affreux sous un tyran, divin sous un bon roi.

TITUS.

Messala, songez-vous que vous parlez à moi,
Que désormais en vous je ne vois plus qu'un traître,
Et qu'en vous épargnant je commence de l'être?

MESSALA.

Eh bien! apprenez donc que l'on va vous ravir
L'inestimable honneur dont vous n'osez jouir;
Qu'un autre accomplira ce que vous pouviez faire.

TITUS.

Un autre! arrête; Dieux! parle... qui?

MESSALA.

Votre frère.

TITUS.

Mon frère?

MESSALA.

A Tarquin même il a donné sa foi.

TITUS.

Mon frère trahit Rome?

MESSALA.

Il sert Rome et son roi;
Et Tarquin, malgré vous, n'acceptera pour gendre
Que celui des Romains qui l'aura pu défendre.

TITUS.

Ciel!... perfide!... écoutez : mon cœur long-temps séduit
A méconnu l'abîme où vous m'avez conduit.
Vous pensez me réduire au malheur nécessaire
D'être ou le délateur ou complice d'un frère :
Mais plutôt votre sang...

MESSALA.

Vous pouvez m'en punir :
Frappez, je le mérite en voulant vous servir.
Du sang de votre ami, que cette main fumante
Y joigne encor le sang d'un frère et d'une amante;

Et leur tête à la main, demandez au sénat
Pour prix de vos vertus l'honneur du consulat;
Ou moi-même à l'instant déclarant les complices,
Je m'en vais commencer ces affreux sacrifices.

TITUS.

Demeure, malheureux, ou crains mon désespoir.

SCÈNE VIII.

TITUS, MESSALA, ALBIN.

ALBIN.

L'ambassadeur toscan peut maintenant vous voir;
Il est chez la princesse.

TITUS.

Oui, je vais chez Tullie...
J'y cours. O Dieux de Rome! ô Dieux de ma patrie!
Frappez, percez ce cœur de sa honte alarmé,
Qui serait vertueux, s'il n'avait point aimé.
C'est donc à vous, sénat, que tant d'amour s'immole!

(*A Messala.*)

A vous, ingrats!... Allons... Tu vois ce Capitole
Tout plein des monuments de ma fidélité.

MESSALA.

Songez qu'il est rempli d'un sénat détesté.

TITUS.

Je le sais, mais du Ciel qui tonne sur ma tête
J'entends la voix qui crie : Arrête, ingrat, arrête :
Tu trahis ton pays... Non, Rome! non, Brutus!
Dieux qui me secourez, je suis encor Titus.

La gloire a de mes jours accompagné la course ;
Je n'ai point de mon sang déshonoré la source :
Votre victime est pure ; et s'il faut qu'aujourd'hui
Titus soit aux forfaits entraîné malgré lui,
S'il faut que je succombe au destin qui m'opprime,
Dieux ! sauvez les Romains, frappez avant le crime.

FIN DU TROISIÈME ACTE.

ACTE QUATRIÈME.

SCÈNE I.

TITUS, ARONS, MESSALA.

TITUS.

Oui, j'y suis résolu, partez ; c'est trop attendre :
Honteux, désespéré, je ne veux rien entendre ;
Laissez-moi ma vertu, laissez-moi mes malheurs.
Fort contre vos raisons, faible contre ses pleurs,
Je ne la verrai plus. Ma fermeté trahie
Craint moins tous vos tyrans qu'un regard de Tullie.
Je ne la verrai plus ! oui, qu'elle parte... Ah Dieux !

ARONS.

Pour vos intérêts seuls arrêté dans ces lieux,
J'ai bientôt passé l'heure avec peine accordée,
Que vous-même, Seigneur, vous m'aviez demandée.

TITUS.

Moi, je l'ai demandée !

ARONS.

Hélas ! que pour vous deux
J'attendais en secret un destin plus heureux !
J'espérais couronner des ardeurs si parfaites,
Il n'y faut plus penser.

TITUS.

Ah ! cruel que vous êtes !

BRUTUS.

Vous avez vu ma honte et mon abaissement,
Vous avez vu Titus balancer un moment.
Allez, adroit témoin de mes lâches tendresses,
Allez à vos deux rois annoncer mes faiblesses :
Contez à ces tyrans terrassés par mes coups
Que le fils de Brutus a pleuré devant vous.
Mais ajoutez au moins, que parmi tant de larmes,
Malgré vous et Tullie, et ses pleurs, et ses charmes,
Vainqueur encor de moi, libre, et toujours Romain,
Je ne suis point soumis par le sang de Tarquin ;
Que rien ne me surmonte, et que je jure encore
Une guerre éternelle à ce sang que j'adore.

ARONS.

J'excuse la douleur où vos sens sont plongés ;
Je respecte en partant vos tristes préjugés.
Loin de vous accabler, avec vous je soupire :
Elle en mourra, c'est tout ce que je peux vous dire.
Adieu, Seigneur.

MESSALA.

O ciel !

SCÈNE II.

TITUS, MESSALA.

TITUS.

Non, je ne puis souffrir
Que des remparts de Rome on la laisse sortir :
Je veux la retenir au péril de ma vie.

MESSALA.

Vous voulez...

ACTE IV, SCÈNE II.

TITUS.

Je suis loin de trahir ma patrie.
Rome l'emportera, je le sais; mais enfin
Je ne puis séparer Tullie et mon destin.
Je respire, je vis, je périrai pour elle.
Prends pitié de mes maux; courons, et que ton zèle
Soulève nos amis, rassemble nos soldats.
En dépit du sénat, je retiendrai ses pas;
Je prétends que dans Rome elle reste en otage :
Je le veux.

MESSALA.

Dans quels soins votre amour vous engage!
Et que prétendez-vous, par ce coup dangereux,
Que d'avouer sans fruit un amour malheureux?

TITUS.

Eh bien! c'est au sénat qu'il faut que je m'adresse.
Va de ces rois de Rome adoucir la rudesse;
Dis-leur que l'intérêt de l'Etat, de Brutus...
Hélas! que je m'emporte en desseins superflus!

MESSALA.

Dans la juste douleur où votre ame est en proie,
Il faut, pour vous servir...

TITUS.

Il faut que je la voie;
Il faut que je lui parle : elle passe en ces lieux;
Elle entendra du moins mes éternels adieux.

MESSALA.

Parlez-lui, croyez-moi.

TITUS.

Je suis perdu; c'est elle.

SCÈNE III.

TITUS, MESSALA, TULLIE, ALGINE.

ALGINE.

On vous attend, Madame.

TULLIE.

Ah ! sentence cruelle !
L'ingrat me touche encore ; et Brutus à mes yeux
Paraît un dieu terrible armé contre nous deux.
J'aime, je crains, je pleure, et tout mon cœur s'égare.
Allons.

TITUS.

Non, demeurez.

TULLIE.

Que me veux-tu, barbare ?
Me tromper, me braver ?

TITUS.

Ah ! dans ce jour affreux,
Je sais ce que je dois, et non ce que je veux ;
Je n'ai plus de raison, vous me l'avez ravie.
Eh bien ! guidez mes pas, gouvernez ma furie ;
Régnez donc en tyran sur mes sens éperdus ;
Dictez, si vous l'osez, les crimes de Titus.
Non, plutôt que je livre aux flammes, au carnage,
Ces murs, ces citoyens qu'a sauvés mon courage ;
Qu'un père abandonné par un fils furieux,
Sous le fer de Tarquin...

TULLIE.

M'en préservent les Dieux !

La nature te parle, et sa voix m'est trop chère,
Tu m'as trop bien appris à trembler pour un père;
Rassure-toi : Brutus est désormais le mien ;
Tout mon sang est à toi, qui te répond du sien ;
Notre amour, mon hymen, mes jours en sont le gage :
Je serai dans tes mains, sa fille, son otage.
Peux-tu délibérer ? Penses-tu qu'en secret
Brutus te vît au trône avec tant de regret ?
Il n'a point sur son front placé le diadême :
Mais sous un autre nom n'est-il pas roi lui-même ?
Son règne est d'une année ; et bientôt... Mais hélas !
Que de faibles raisons, si tu ne m'aimes pas !
Je ne dis plus qu'un mot. Je pars... et je t'adore.
Tu pleures, tu frémis ; il en est temps encore :
Achève, parle, ingrat ! que te faut-il de plus ?

TITUS.

Votre haine ; elle manque au malheur de Titus.

TULLIE.

Ah ! c'est trop essuyer tes indignes murmures,
Tes vains engagements, tes plaintes, tes injures ;
Je te rends ton amour dont le mien est confus,
Et tes trompeurs serments, pires que tes refus.
Je n'irai point chercher au fond de l'Italie
Ces fatales grandeurs que je te sacrifie,
Et pleurer loin de Rome, entre les bras d'un roi,
Cet amour malheureux que j'ai senti pour toi.
J'ai réglé mon destin : Romain dont la rudesse
N'affecte de vertu que contre ta maîtresse,
Héros pour m'accabler, timide à me servir ;
Incertain dans tes vœux, apprends à les remplir.

Tu verras qu'une femme, à tes yeux méprisable,
Dans ses projets au moins était inébranlable ;
Et par la fermeté dont ce cœur est armé,
Titus, tu connaîtras comme il t'aurait aimé.
Au pied de ces murs même où régnaient mes ancêtres,
De ces murs que ta main défend contre leurs maîtres,
Où tu m'oses trahir, et m'outrager comme eux,
Où ma foi fut séduite, où tu trompas mes feux,
Je jure à tous les dieux qui vengent les parjures,
Que mon bras, dans mon sang effaçant mes injures,
Plus juste que le tien, mais moins irrésolu,
Ingrat, va me punir de t'avoir mal connu ;
Et je vais...

TITUS, *l'arrêtant.*

Non, Madame, il faut vous satisfaire.
Je le veux, j'en frémis, et j'y cours pour vous plaire :
D'autant plus malheureux, que, dans ma passion,
Mon cœur n'a pour excuse aucune illusion ;
Que je ne goûte point, dans mon désordre extrême,
Le triste et vain plaisir de me tromper moi-même ;
Que l'amour aux forfaits me force de voler ;
Que vous m'avez vaincu sans pouvoir m'aveugler ;
Et qu'encore indigné de l'ardeur qui m'anime,
Je chéris la vertu, mais j'embrasse le crime.
Haïssez-moi, fuyez, quittez un malheureux
Qui meurt d'amour pour vous et déteste ses feux ;
Qui va s'unir à vous, sous ces affreux augures,
Parmi les attentats, le meurtre et les parjures.

TULLIE.

Vous insultez, Titus, à ma funeste ardeur ;

ACTE IV, SCÈNE III.

Vous sentez à quel point vous régnez dans mon cœur.
Oui, je vis pour toi seul, oui, je te le confesse :
Mais malgré ton amour, mais malgré ma faiblesse,
Sois sûr que le trépas m'inspire moins d'effroi,
Que la main d'un époux qui craindrait d'être à moi,
Qui se repentirait d'avoir servi son maître,
Que je fais souverain, et qui rougit de l'être.
Voici l'instant affreux qui va nous éloigner.
Souviens-toi que je t'aime, et que tu peux régner.
L'ambassadeur m'attend; consulte, délibère :
Dans une heure avec moi tu reverras mon père.
Je pars, et je reviens sous ces murs odieux,
Pour y rentrer en reine, ou périr à tes yeux.

TITUS.

Vous ne périrez point. Je vais...

TULLIE.

Titus, arrête ;
En me suivant plus loin, tu hasardes ta tête ;
On peut te soupçonner : demeure ; adieu, résous
D'être mon meurtrier, ou d'être mon époux.

SCÈNE IV.

TITUS, *seul.*

Tu l'emportes, cruelle, et Rome est asservie ;
Reviens régner sur elle, ainsi que sur ma vie.
Reviens, je vais me perdre, ou vais te couronner ;
Le plus grand des forfaits est de t'abandonner.
Qu'on cherche Messala : ma fougueuse imprudence
A de son amitié lassé la patience.
Maîtresse, amis, Romains, je perds tout en un jour.

SCÈNE V.

TITUS, MESSALA.

TITUS.

Sers ma fureur enfin, sers mon fatal amour;
Viens, suis-moi.

MESSALA.

Commandez, tout est prêt; mes cohortes
Sont au mont Quirinal, et livreront les portes.
Tous nos braves amis vont jurer avec moi
De reconnaître en vous l'héritier de leur roi.
Ne perdez point de temps; déjà la nuit plus sombre
Voile nos grands desseins du secret de son ombre.

TITUS.

L'heure approche; Tullie en compte les moments...
Et Tarquin, après tout, eut mes premiers serments.
(Le fond du théâtre s'ouvre.)
Le sort en est jeté. Que vois-je? c'est mon père!

SCÈNE VI.

BRUTUS, TITUS, MESSALA, licteurs.

BRUTUS.

Viens, Rome est en danger; c'est en toi que j'espère.
Par un avis secret le sénat est instruit
Qu'on doit attaquer Rome au milieu de la nuit.
J'ai brigué pour mon sang, pour le héros que j'aime,
L'honneur de commander dans ce péril extrême;

ACTE IV, SCÈNE VI.

Le sénat te l'accorde : arme-toi, mon cher fils;
Une seconde fois, va sauver ton pays;
Pour notre liberté va prodiguer ta vie;
Va, mort ou triomphant, tu feras mon envie.

TITUS.

Ciel!...

BRUTUS.

Mon fils!...

TITUS.

Remettez, Seigneur, en d'autres mains
Les faveurs du sénat et le sort des Romains.

MESSALA.

Ah! quel désordre affreux de son ame s'empare!

BRUTUS.

Vous pourriez refuser l'honneur qu'on vous prépare?

TITUS.

Qui? moi, Seigneur!

BRUTUS.

Et quoi! votre cœur égaré
Des refus du sénat est encore ulcéré?
De vos prétentions je vois les injustices.
Ah! mon fils, est-il temps d'écouter vos caprices?
Vous avez sauvé Rome, et n'êtes pas heureux!
Cet immortel honneur n'a pas comblé vos vœux!
Mon fils au consulat a-t-il osé prétendre
Avant l'âge où les lois permettent de l'attendre?
Va, cesse de briguer une injuste faveur;
La place où je t'envoie, est ton poste d'honneur.
Va, ce n'est qu'aux tyrans que tu dois ta colère :
De l'Etat et de toi je sens que je suis père.

Donne ton sang à Rome, et n'en exige rien ;
Sois toujours un héros ; sois plus, sois citoyen.
Je touche, mon cher fils, au bout de ma carrière ;
Tes triomphantes mains vont fermer ma paupière :
Mais, soutenu du tien, mon nom ne mourra plus ;
Je renaîtrai pour Rome, et vivrai dans Titus.
Que dis-je ? je te suis. Dans mon âge débile,
Les Dieux ne m'ont donné qu'un courage inutile ;
Mais je te verrai vaincre, ou mourrai comme toi,
Vengeur du nom romain, libre encore, et sans roi.

TITUS.

Ah ! Messala !

SCÈNE VII.

BRUTUS, VALÉRIUS, TITUS, MESSALA.

VALÉRIUS.
Seigneur, faites qu'on se retire.
BRUTUS, *à son fils.*
Cours, vole...
(*Titus et Messala sortent.*)
VALÉRIUS.
On trahit Rome.
BRUTUS.
Ah ! qu'entends-je ?
VALÉRIUS.
On conspire,
Je n'en saurais douter ; on nous trahit, Seigneur.
De cet affreux complot j'ignore encor l'auteur ;

ACTE IV, SCÈNE VII.

Mais le nom de Tarquin vient de se faire entendre,
Et d'indignes Romains ont parlé de se rendre.

BRUTUS.

Des citoyens romains ont demandé des fers!

VALÉRIUS.

Les perfides m'ont fui par des chemins divers;
On les suit. Je soupçonne et Ménas et Lélie,
Ces partisans des rois et de la tyrannie,
Ces secrets ennemis du bonheur de l'Etat,
Ardents à désunir le peuple et le sénat.
Messala les protége; et dans ce trouble extrême,
J'oserais soupçonner jusqu'à Messala même,
Sans l'étroite amitié dont l'honore Titus.

BRUTUS.

Observons tous leurs pas, je ne puis rien de plus;
La liberté, la loi dont nous sommes les pères,
Nous défend des rigueurs peut-être nécessaires.
Arrêter un Romain sur de simples soupçons,
C'est agir en tyrans, nous qui les punissons.
Allons parler au peuple, enhardir les timides,
Encourager les bons, étonner les perfides.
Que les pères de Rome et de la liberté
Viennent rendre aux Romains leur intrépidité;
Quels cœurs en nous voyant ne reprendront courage!
Dieux! donnez-nous la mort plutôt que l'esclavage.
Que le sénat nous suive.

SCÈNE VIII.

BRUTUS, VALÉRIUS, PROCULUS.

PROCULUS.

Un esclave, Seigneur,
D'un entretien secret implore la faveur.

BRUTUS.

Dans la nuit? à cette heure?

PROCULUS.

Oui, d'un avis fidèle
Il apporte, dit-il, la pressante nouvelle.

BRUTUS.

Peut-être des Romains le salut en dépend :
Allons, c'est les trahir que tarder un moment.
(*A Proculus.*)
Vous, allez vers mon fils : qu'à cette heure fatale
Il défende surtout la porte Quirinale,
Et que la terre avoue, au bruit de ses exploits,
Que le sort de mon sang est de vaincre les rois.

FIN DU QUATRIÈME ACTE.

ACTE CINQUIÈME.

SCÈNE I.

BRUTUS, LES SÉNATEURS, PROCULUS,
LICTEURS, L'ESCLAVE VINDEX.

BRUTUS.

Oui, Rome n'était plus; oui, sous la tyrannie
L'auguste liberté tombait anéantie.
Vos tombeaux se rouvraient; c'en était fait : Tarquin
Rentrait dès cette nuit la vengeance à la main.
C'est cet ambassadeur, c'est lui dont l'artifice
Sous les pas des Romains creusait ce précipice.
Enfin, le croirez-vous? Rome avait des enfants
Qui conspiraient contre elle, et servaient les tyrans :
Messala conduisait leur aveugle furie;
A ce perfide Arons il vendait sa patrie.
Mais le ciel a veillé sur Rome et sur vos jours.
Cet esclave a d'Arons écouté les discours.

(*En montrant l'esclave.*)

Il a prévu le crime; et son avis fidèle
A réveillé ma crainte, a ranimé mon zèle.
Messala, par mon ordre arrêté cette nuit,
Devant vous à l'instant allait être conduit;
J'attendais que du moins l'appareil des supplices
De sa bouche infidèle arrachât ses complices;
Mes licteurs l'entouraient, quand Messala soudain,
Saisissant un poignard qu'il cachait dans son sein,

Et qu'à vous, sénateurs, il destinait peut-être :
Mes secrets, a-t-il dit, que l'on cherche à connaître,
C'est dans ce cœur sanglant qu'il faut les découvrir ;
Et qui sait conspirer, sait se taire et mourir.
On s'écrie, on s'avance ; il se frappe, et le traître
Meurt encore en Romain, quoique indigne de l'être.
Déjà des murs de Rome Arons était parti ;
Assez loin vers le camp nos gardes l'ont suivi :
On arrête à l'instant Arons avec Tullie.
Bientôt, n'en doutez point, de ce complot impie
Le ciel va découvrir toutes les profondeurs ;
Publicola partout en cherche les auteurs.
Mais quand nous connaîtrons le nom des parricides,
Prenez garde, Romains, point de grâce aux perfides :
Fussent-ils nos amis, nos frères, nos enfants ;
Ne voyez que leur crime, et gardez vos serments.
Rome, la liberté, demandent leur supplice ;
Et qui pardonne au crime, en devient le complice.

(*A l'esclave.*)

Et toi dont la naissance et l'aveugle destin
N'avait fait qu'un esclave, et dut faire un Romain,
Par qui le sénat vit, par qui Rome est sauvée,
Reçois la liberté que tu m'as conservée ;
Et prenant désormais des sentiments plus grands,
Sois l'égal de mes fils, et l'effroi des tyrans.
Mais qu'est-ce que j'entends ? quelle rumeur soudaine ?

PROCULUS.

Arons est arrêté, Seigneur, et je l'amène.

BRUTUS.

De quel front pourra-t-il... ?

SCÈNE II.

LES SÉNATEURS, BRUTUS, ARONS, LICTEURS.

ARONS.

Jusques à quand, Romains,
Voulez-vous profaner tous les droits des humains?
D'un peuple révolté conseils vraiment sinistres,
Pensez-vous abaisser les rois dans leurs ministres?
Vos licteurs insolents viennent de m'arrêter;
Est-ce mon maître ou moi que l'on veut insulter?
Et chez les nations ce rang inviolable...

BRUTUS.

Plus ton rang est sacré, plus il te rend coupable;
Cesse ici d'attester des titres superflus.

ARONS.

L'ambassadeur d'un roi!...

BRUTUS.

Traître, tu ne l'es plus :
Tu n'es qu'un conjuré, paré d'un nom sublime,
Que l'impunité seule enhardissait au crime.
Les vrais ambassadeurs, interprètes des lois,
Sans les déshonorer savent servir leurs rois;
De la foi des humains discrets dépositaires,
La paix seule est le fruit de leurs saints ministères;
Des souverains du monde ils sont les nœuds sacrés,
Et partout bienfaisants, sont partout révérés.
A ces traits, si tu peux, ose te reconnaître :
Mais si tu veux au moins rendre compte à ton maître

Des ressorts, des vertus, des lois de cet Etat,
Comprends l'esprit de Rome, et connais le sénat.
Ce peuple auguste et saint sait respecter encore
Les lois des nations que ta main déshonore ;
Plus tu les méconnais, plus nous les protégeons ;
Et le seul châtiment qu'ici nous t'imposons,
C'est de voir expirer les citoyens perfides
Qui liaient avec toi leurs complots parricides.
Tout couvert de leur sang répandu devant toi,
Va d'un crime inutile entretenir ton roi ;
Et montre, en ta personne, aux peuples d'Italie,
La sainteté de Rome et ton ignominie.
Qu'on l'emmène, licteurs.

SCÈNE III.

LES SÉNATEURS, BRUTUS, VALÉRIUS, PROCULUS.

BRUTUS.

Eh bien ! Valérius,
Ils sont saisis sans doute, ils sont au moins connus ?
Quel sombre et noir chagrin, couvrant votre visage,
De maux encor plus grands semble être le présage ?
Vous frémissez.

VALÉRIUS.

Songez que vous êtes Brutus.

BRUTUS.

Expliquez-vous...

VALÉRIUS.

Je tremble à vous en dire plus.

(Il lui donne des tablettes.)
Voyez, Seigneur, lisez, connaissez les coupables.

BRUTUS, *prenant les tablettes.*
Me trompez-vous, mes yeux? O jours abominables!
O père infortuné! Tibérinus? mon fils!
Sénateurs, pardonnez... Le perfide est-il pris?

VALÉRIUS.
Avec deux conjurés il s'est osé défendre;
Ils ont choisi la mort plutôt que de se rendre;
Percé de coups, Seigneur, il est tombé près d'eux :
Mais il reste à vous dire un malheur plus affreux,
Pour vous, pour Rome entière, et pour moi plus sensible.

BRUTUS.
Qu'entends-je!

VALÉRIUS.
Reprenez cette liste terrible
Que chez Messala même a saisi Proculus.

BRUTUS.
Lisons donc... je frémis, je tremble : ciel! Titus!
(Il se laisse tomber entre les bras de Proculus.)

VALÉRIUS.
Assez près de ces lieux, je l'ai trouvé sans armes,
Errant, désespéré, plein d'horreur et d'alarmes :
Peut-être il détestait cet horrible attentat.

BRUTUS.
Allez, Pères conscrits, retournez au sénat;
Il ne m'appartient plus d'oser y prendre place :
Allez, exterminez ma criminelle race.
Punissez-en le père; et jusque dans mon flanc
Recherchez sans pitié la source de leur sang.

Je ne vous suivrai point, de peur que ma présence
Ne suspendît de Rome ou fléchît la vengeance.

SCÈNE IV.

BRUTUS, seul.

Grands Dieux, à vos décrets tous mes vœux sont soumis!
Dieux vengeurs de nos lois, vengeurs de mon pays,
C'est vous qui par mes mains fondiez sur la justice
De notre liberté l'éternel édifice :
Voulez-vous renverser ses sacrés fondements?
Et contre votre ouvrage armez-vous mes enfants?
Ah! que Tibérinus, en sa lâche furie,
Ait servi nos tyrans, ait trahi sa patrie,
Le coup en est affreux ; le traître était mon fils.
Mais, Titus! un héros! l'amour de son pays!
Qui dans ce même jour, heureux et plein de gloire,
A vu par un triomphe honorer sa victoire!
Titus, qu'au Capitole ont couronné mes mains!
L'espoir de ma vieillesse, et celui des Romains!
Titus! Dieux!

SCÈNE V.

BRUTUS, VALÉRIUS, SUITE, LICTEURS.

VALÉRIUS.

Du sénat la volonté suprême
Est que sur votre fils vous prononciez vous-même.

BRUTUS.

Moi?

ACTE V, SCÈNE V.

VALÉRIUS.

Vous seul.

BRUTUS.

Et du reste en a-t-il ordonné?

VALÉRIUS.

Des conjurés, Seigneur, le reste est condamné;
Au moment où je parle, ils ont vécu peut-être.

BRUTUS.

Et du sort de mon fils le sénat me rend maître?

VALÉRIUS.

Il croit à vos vertus devoir ce rare honneur.

BRUTUS.

O patrie!

VALÉRIUS.

Au sénat que dirai-je, Seigneur?

BRUTUS.

Que Brutus voit le prix de cette grâce insigne,
Qu'il ne la cherchait pas... mais qu'il s'en rendra digne...
Mais mon fils s'est rendu sans daigner résister!
Il pourrait... pardonnez si je cherche à douter;
C'était l'appui de Rome, et je sens que je l'aime.

VALÉRIUS.

Seigneur, Tullie...

BRUTUS.

Eh bien?

VALÉRIUS.

Tullie, au moment même,
N'a que trop confirmé ces soupçons odieux.

BRUTUS.

Comment, Seigneur?

VALÉRIUS.

A peine elle a revu ces lieux,
A peine elle aperçoit l'appareil des supplices,
Que, sa main consommant ces tristes sacrifices,
Elle tombe, elle expire, elle immole à nos lois
Ce reste infortuné de nos indignes rois.
Si l'on nous trahissait, Seigneur, c'était pour elle.
Je respecte en Brutus la douleur paternelle :
Mais tournant vers ces lieux ses yeux appesantis,
Tullie en expirant a nommé votre fils.

BRUTUS.

Justes Dieux!

VALÉRIUS.

C'est à vous à juger de son crime.
Condamnez, épargnez, ou frappez la victime;
Rome doit approuver ce qu'aura fait Brutus.

BRUTUS.

Licteurs, que devant moi l'on amène Titus.

VALÉRIUS.

Plein de votre vertu, Seigneur, je me retire :
Mon esprit étonné vous plaint et vous admire;
Et je vais au sénat apprendre avec terreur
La grandeur de votre ame et de votre douleur.

SCÈNE VI.

BRUTUS, PROCULUS.

BRUTUS.

Non, plus j'y pense encore, et moins je m'imagine
Que mon fils des Romains ait tramé la ruine;

Pour son père et pour Rome il avait trop d'amour :
On ne peut à ce point s'oublier en un jour.
Je ne le puis penser, mon fils n'est point coupable.

PROCULUS.

Messala, qui forma ce complot détestable,
Sous ce grand nom peut-être a voulu se couvrir;
Peut-être on hait sa gloire, on cherche à la flétrir.

BRUTUS.

Plût au ciel!

PROCULUS.

De vos fils c'est le seul qui vous reste;
Qu'il soit coupable ou non de ce complot funeste,
Le sénat indulgent vous remet ses destins;
Ses jours sont assurés, puisqu'ils sont dans vos mains.
Vous saurez à l'Etat conserver ce grand homme;
Vous êtes père enfin.

BRUTUS.

Je suis consul de Rome.

SCÈNE VII.

BRUTUS, PROCULUS, TITUS *dans le fond du théâtre,*
avec des licteurs.

PROCULUS.

Le voici.

TITUS.

C'est Brutus! ô douloureux moments!
O terre, entr'ouvre-toi sous mes pas chancelants!
Seigneur, souffrez qu'un fils...

BRUTUS.

Arrête, téméraire;
De deux fils que j'aimai les Dieux m'avaient fait père.
J'ai perdu l'un. Que dis-je? ah! malheureux Titus!
Parle, ai-je encore un fils?

TITUS.

Non, vous n'en avez plus.

BRUTUS.

Réponds donc à ton juge, opprobre de ma vie.
(*Il s'assied.*)
Avais-tu résolu d'opprimer ta patrie?
D'abandonner ton père au pouvoir absolu?
De trahir tes serments?

TITUS.

Je n'ai rien résolu.
Plein d'un mortel poison dont l'horreur me dévore,
Je m'ignorais moi-même, et je me cherche encore;
Mon cœur, encor surpris de son égarement,
Emporté loin de soi, fut coupable un moment;
Ce moment m'a couvert d'une honte éternelle;
A mon pays que j'aime il m'a fait infidèle :
Mais ce moment passé, mes remords infinis
Ont égalé mon crime, et vengé mon pays.
Prononcez mon arrêt. Rome, qui vous contemple,
A besoin de ma perte, et veut un grand exemple.
Par mon juste supplice il faut épouvanter
Les Romains, s'il en est qui puissent m'imiter.
Ma mort servira Rome autant qu'eût fait ma vie;
Et ce sang en tout temps utile à sa patrie,

ACTE V, SCÈNE VII.

Dont je n'ai qu'aujourd'hui souillé la pureté,
N'aura coulé jamais que pour la liberté.

BRUTUS.

Quoi! tant de perfidie avec tant de courage!
De crimes, de vertus, quel horrible assemblage!
Quoi! sous ces lauriers même, et parmi ces drapeaux,
Que ton sang à mes yeux rendait encor plus beaux,
Quel démon t'inspira cette horrible inconstance?

TITUS.

Toutes les passions, la soif de la vengeance,
L'ambition, la haine, un instant de fureur...

BRUTUS.

Achève, malheureux.

TITUS.

Une plus grande erreur,
Un feu qui de mes sens est même encor le maître,
Qui fit tout mon forfait, qui l'augmente peut-être.
C'est trop vous offenser par cet aveu honteux,
Inutile pour Rome, indigne de nous deux.
Mon malheur est au comble, ainsi que ma furie;
Terminez mes forfaits, mon désespoir, ma vie,
Votre opprobre et le mien. Mais si dans les combats
J'avais suivi la trace où m'ont conduit vos pas,
Si je vous imitai, si j'aimai ma patrie,
D'un remords assez grand si ma faute est suivie,

(*Il se jette à genoux.*)

A cet infortuné daignez ouvrir les bras;
Dites du moins : Mon fils, Brutus ne te hait pas.
Ce mot seul me rendant mes vertus et ma gloire,
De la honte où je suis, défendra ma mémoire.

BRUTUS.
On dira que Titus, descendant chez les morts,
Eut un regard de vous pour prix de ses remords;
Que vous l'aimiez encore, et que malgré son crime
Votre fils dans la tombe emporta votre estime.
BRUTUS.
Son remords me l'arrache. O Rome! ô mon pays!
Proculus... à la mort que l'on mène mon fils.
Lève-toi, triste objet d'horreur et de tendresse :
Lève-toi, cher appui qu'espérait ma vieillesse :
Viens embrasser ton père : il t'a dû condamner;
Mais s'il n'était Brutus, il t'allait pardonner.
Mes pleurs, en te parlant, inondent ton visage :
Va, porte à ton supplice un plus mâle courage;
Va, ne t'attendris point; sois plus Romain que moi,
Et que Rome t'admire en se vengeant de toi.
TITUS.
Adieu; je vais périr digne encor de mon père.
(On l'emmène.)

SCÈNE VIII.

BRUTUS, PROCULUS.

PROCULUS.
Seigneur, tout le sénat, dans sa douleur sincère,
En frémissant du coup qui doit vous accabler...
BRUTUS.
Vous connaissez Brutus, et l'osez consoler!
Songez qu'on nous prépare une attaque nouvelle.
Rome seule a mes soins; mon cœur ne connaît qu'elle.

Allons, que les Romains, dans ces moments affreux,
Me tiennent lieu du fils que j'ai perdu pour eux;
Que je finisse au moins ma déplorable vie
Comme il eût dû mourir, en vengeant la patrie.

SCÈNE IX.

BRUTUS, PROCULUS, UN SÉNATEUR.

LE SÉNATEUR.

Seigneur...

BRUTUS.

Mon fils n'est plus?

LE SÉNATEUR.

C'en est fait... et mes yeux...

BRUTUS.

Rome est libre, il suffit... Rendons grâces aux Dieux.

FIN DU PREMIER VOLUME.

COMMENTAIRE GRAMMATICAL

DE LAHARPE,

AVEC

DES REMARQUES DE L'ÉDITEUR ACTUEL. *

~~~~~~~~~~~~~~~~~~~~~~~~~~~~~~~~~~~~~

OEDIPE.

Acte I, scène I, page 79.

Thèbes depuis long-temps aux horreurs consacrée,
Du reste des vivants semble être séparée.

Consacrée aux horreurs est une expression vague et inexacte. — Laharpe observe ailleurs que *consacré*, dans ce sens, devrait s'employer en bonne part. On doit du moins le supposer ainsi, adressé à des êtres abstraits personnifiés.

Ibid. page 80.

Oui, Seigneur, elle vit; mais la contagion
Jusqu'au pied de *son* trône apporte *son* poison.

L'un des deux pronoms se rapporte à la reine, l'autre à la contagion. Voilà ce qui rend, dit Laharpe, notre versification si épineuse. — On peut dire, en général, que dans la prose même l'emploi des pronoms sans équivoque est très-difficile.

---

* On a en général séparé ces Remarques de l'Éditeur par un tiret.

Acte I, scène I, page 81.

Le monstre, chaque jour, dans Thèbe épouvantée
Proposait une énigme *avec art concertée.*

Cette expression *est-elle juste* en parlant d'une simple enigme ?

Ibid. page 82.

Jeune, et dans l'âge heureux qui méconnaît la crainte.

Méconnaître pour *ne pas connaître* est inexact. *Méconnaître* veut dire, *ne pas reconnaître.*

Acte I, scène III, page 89.

Dans un château voisin, conduit secrètement,
Je dérobai sa tête à leur emportement.

Conduit secrètement, pour, *lui étant conduit,* etc., forme une construction irrégulière, mais usitée dans la poésie : ces sortes d'ablatifs absolus sont permis, même en prose, lorsqu'ils rendent la phrase plus rapide, sans nuire à la clarté.

Acte II, scène II, page 95.

Comment donc pouviez-vous du joug de l'hyménée
Une seconde fois tenter la destinée ?

Tenter la destinée du joug de l'hyménée ne paraît bon ni en vers, ni en prose.

Ibid. page 96.

Je ne reconnus point cette *brûlante flamme,*
... Qui sur mon esprit répandant son poison,
De son charme fatal a séduit ma raison.

Une flamme qui répand du poison est une métaphore incohérente ; et *qui séduit de son charme* ne l'est pas moins.

Acte II, scène III, page 98.

Vous savez quels fléaux ont éclaté sur nous.

Peut-on dire que *des fléaux éclatent?*

Acte II, scène IV, page 100.

... C'est donc là... Philoctète!...
Lui... que le Ciel... à sa perte animé,
A souffrir des affronts n'a point accoutumé.

Sa, par la construction, se rapporte au Ciel, et par le sens à Philoctète.

Ibid. page 103.

J'ai fait des souverains, et n'ai point voulu l'être.

L'ellipse d'un sujet au singulier, exprimé comme régime au pluriel, est une irrégularité; mais si l'on ne permettait pas ces sortes de licence, il n'y aurait plus moyen de faire des vers.

Acte III, scène I, page 106.

Madame, vous savez *jusqu'à quelle insolence*
Le peuple a de ses cris *fait monter la licence.*

Cet amas de mots est fort éloigné de la précision, dit Laharpe. — *Fait monter*, d'ailleurs, pour *porté*, est de l'enflure.

Ibid. page 107.

A leur malignité rien n'échappe et ne fuit.

On ne dit pas *fuir à;* mais ce mot se trouve joint avec art au mot *échappe*, qui est l'expression propre. — Faire passer un mot en l'associant au terme propre, était un art particulier à Racine.

Acte III, scène v, page 117.

> Et dans son zèle aveugle un peuple opiniâtre,
> De ses liens sacrés imbécile idolâtre.

Idolâtre, par lui-même, est adjectif, et par conséquent ne peut recevoir d'épithète : il n'est substantif que dans un seul cas ; c'est lorsque l'on dit en parlant des peuples qu'on nomme païens, *les idolâtres*. — Ce jugement nous paraît trop rigoureux. Le poète substantive ici très-bien ce mot, dans le sens figuré d'*adorateurs*.

Acte IV, scène I, page 124.

> Et pensant triompher des horreurs de son sort,
> J'ordonnai par pitié qu'on lui donnât la mort.

Prévenir les horreurs serait plus juste que *triompher*, etc.

Ibid. Quelques vers plus loin :

> Dans le cours *triomphant* de ses destins prospères.

Ce même terme est ici un pur remplissage.

Acte V, scène II, page 137.

> Le prince vous adopte au lieu de son fils mort.

Au lieu et *à la place* ne sont pas toujours deux locutions synonymes. *A la place* est ce qu'il faudrait ici. On dit, un tel est nommé *au lieu* de son rival, et *à la place* de son prédécesseur.

MARIAMNE.

Acte I, scène I, page 166.

Sa beauté, sa naissance, et surtout *ses malheurs*,
D'un peuple qui nous hait *ont séduit* tous les cœurs.

Le *malheur ne séduit pas* : on sent que la propriété du terme manque. — Mais *séduit*, dans la bouche d'un ennemi de Mariamne, peut s'entendre en mauvaise part : ou même le mot *malheurs* associé avec *beauté*, etc., a le sens de *beauté malheureuse*, et rend plus juste l'expression du verbe *séduire*.

Ibid. page 167.

... *Son retour* en resserre les nœuds ;
Et *ses* trompeurs appas sont toujours dangereux.

Contresens grammatical. De ces deux pronoms qui semblent avoir le même sujet, l'un se rapporte à Hérode, l'autre à Mariamne.

Acte I, scène II, page 172.

...... En vain vous déguisez
Pour qui je suis trahie, et qui vous séduisez.

Vous déguisez pour qui... Cette phrase ne semble pas française. — Cependant elle est claire ; et l'ellipse de sens se supplée aisément.

Ibid. même page.

Les orages passés ont indigné vos yeux.

On peut dire en poésie, *des yeux indignés ;* mais peut-on dire *indigner des yeux ?* dit le commentateur. C'est au goût, ajoute-t-il, à décider ces nuances. — Si le goût n'est qu'une raison fine ou délicate, la raison elle-même peut prononcer. On voit que des *yeux indignés* est une expression tolérée dans ce sens passif; mais que la figure est forcée dans le sens actif, *ont indigné*.

Acte I, scène III, page 173.

La jalousie éclaire, et l'amour se décèle.

Éclaire demande un régime. — Ce jugement est trop général. *Éclairer*, pris absolument, ne paraît choquer ici, que parce que le verbe qui suit dans le même vers, a un régime.

Ibid. page 174.

Il revient triomphant sur ce sanglant théâtre.

On dit, *théâtre* des crimes, des malheurs, etc. *Théâtre* ne se met guère au figuré sans une phrase accessoire. — Mais ici *sanglant théâtre* est pour *théâtre de sang*.

Ibid. page 175.

Leurs désastres communs ont terminé leur cours.

Voltaire blâme une phrase semblable dans Corneille. — Il s'agit de la répétition de *leurs* et *leur*, qui ne fait au reste équivoque que pour l'oreille; car on voit bien que *leurs* se rapporte aux personnes, et *leur cours* à *désastres*.

Acte II, scène I, page 177.

Tous mes soins m'ont *trahi*; tout fait mon désespoir.

Faute inexcusable, il faut *trahie*.

Même faute, acte V, scène II.

Dans son perfide sang Mazaël est *plongé*;
Et du moins à demi mon bras vous a *vengé*.

Vous a vengé, pour *vous a vengée*, est un solécisme. — Ces licences, répétées pour le besoin de la mesure ou de la rime, sont des exemples qui violent une règle générale et fondée, et ils ne doivent point être imités.

Acte II, scène I, pages 177-178.

Je vois qu'il est des temps où tout l'effort humain
Tombe sous la fortune, et se débat en vain.

Un *effort* ne peut pas *tomber* ni se *débattre*. — Voltaire l'a sans doute senti; mais il a été gêné par la rime : il a voulu dire, *l'homme, quelque effort qu'il fasse, tombe,* etc.

Ibid. page 178.

Malheureux qui n'attend son bonheur que du temps!

Cacophonie de la consonnance *attend* et *temps*. — Ce qui rappelle celle quoique plus choquante encore, *O fortunatam natam,* etc., de Cicéron.

Ibid. même page.

Et d'envieux secrets, et de lâches amis?

Envieux ne se met point en substantif dans le style noble. — Ce mot, dit l'éditeur du Commentaire, n'a rien de bas en cet endroit, surtout avec une épithète, et des accessoires qui le relèvent.

Ibidem.

Il faut que je combatte et ma chute prochaine,
Et cet affront secret, et la publique haine.

Combattre une *chute* et un *affront,* n'est pas clair.

Acte II, scène IV, page 183.

Je vais me présenter aux rois des souverains.

Voltaire a dit ailleurs, *les souverains des rois,* toujours en parlant des Romains. Il y a une sorte de recherche à vouloir mettre de la différence entre deux mots synonymes. — L'expression néanmoins est plus heureuse dans la seconde manière, parce que la différence s'y fait mieux sentir dans l'ordre des idées.

Acte II, scène v, page 186.

... Mes faibles enfants, que rien ne peut défendre,
Et qu'une mère en pleurs amène auprès de lui,
Du bout de l'univers, implorer son appui?

Amène implorer, mauvaise construction. — C'est du moins une construction elliptique un peu forcée, surtout à cause de l'éloignement des deux verbes.

Ibid. même page.

Je vois que mes malheurs excitent vos refus.

On s'attire des refus; on ne les *excite* point.

Ibid. page 188.

Oui, je vous devrai tout; mais moi je vous *expose* :
Vous courez à la mort, et j'en serai la cause.

Le mot *expose* ne se met guère ainsi sans un régime.

Acte III, scène II, page 192.

Abandonné ces lieux consacrés aux forfaits!

Peut-être ne faudrait-il employer le mot *consacrés* qu'en bonne part. — Voltaire avait déjà dit dans Œdipe (acte I, scène 1), *aux horreurs consacrée,* en parlant de Thèbes.

Acte III, scène III, page 193.

Il voulut la punir de l'avoir trop aimée.

Phrase incorrecte dans l'exacte grammaire. C'est un contre-sens dans les mots : on entend bien l'idée. Elle se retrouve dant *Gengiskan* :

Et je vous punirais de vous avoir aimée.

Mais ici, c'est un furieux qui parle. — L'incorrection provient de ce que *d'avoir,* qui doit se rapporter au régime de *punir,* s'y rapporte d'une manière louche dans le premier cas, à cause des deux pronoms d'un sens différent, et dans le second cas se rapporte au sujet et non à l'objet de l'action de punir.

Acte III, scène V, page 200.

. . . . Ma rigueur implacable,
En me rendant plus craint, m'a fait plus misérable.

Rendre plus craint n'est pas une phrase française. — Les participes passifs s'emploient mal avec *rendre*, qui désigne, dans ce sens, l'action de *faire*.

Acte IV, scène II, page 206.

Seigneur, votre vengeance est-elle en sûreté?

Est-elle assurée serait le mot propre.

Acte IV, scène IV, page 212.

Vous plaindrez, mais trop tard, ce cœur infortuné,
Que, seul dans l'univers, vous avez soupçonné.

Voilà de ces amphibologies grammaticales qui sont les inconvénients de notre langue. *Seul* peut se rapporter également au cœur de Mariamne et à Hérode. Le sens néanmoins est clair.

Ibid. page 215.

Que ton crime et le mien soient noyés dans mes larmes.

Noyer un crime dans les larmes est de mauvais goût.

Acte IV, scène V, même page.

Tu veux ma mort! Eh bien, je vais remplir ta haine.

Remplir ta haine ne paraît pas français. — Ce serait plutôt *satisfaire, assouvir*. Mais l'assujettissement de la mesure a fait préférer *remplir* (accomplir ce que veut) *ta haine*.

Acte V, scène VII, page 226.

Nos prêtres, nos Hébreux, dans les cris, dans les larmes,
Conjuraient vos soldats, levaient les mains vers eux,
Et demandaient la mort avec des cris affreux.

Nos prêtres dans les cris, demandaient avec des cris. On ne peut se dissimuler que cette phrase est mauvaise. — Ce sont du moins des négligences, mais qui font tache dans un récit expressif et rapide.

~~~~~~

BRUTUS.

Acte I, scène I, page 264.

Tout art t'est étranger; combattre est ton partage, etc.

Ce vers est dur par la répétition des *t* et de l'*r*. — Mais au reste le style est sévère, sans inversion et sans épithète.

Acte I, scène II, page 267.

Sa victoire affaiblit vos remparts désolés;
Du sang qui les inonde, ils semblent ébranlés.

Ce dernier vers n'offre point une image assez naturelle. — Une idée forte ne peut être bien rendue que par une expression pathétique et vraie sans exagération.

Ibid. même page.

Vous, des droits des mortels, éclairés interprètes.

Éclairé est au nombre des adjectifs qui ne peuvent être placés qu'après le substantif. — D'ailleurs c'est un participe adjectif, et sans la virgule, on le rapporterait plutôt à *mortels*.

Acte I, scène IV, page 275.

...... Seigneur, j'ai des amis
Qui *sous* ce joug nouveau sont à regret soumis.

On dit *soumis à un joug*, et non *sous un joug* : cependant l'analogie n'est point blessée.

Ibid. page 276.

...... et la haine des rois
Et l'*horreur de la honte*...

Mots mal assemblés, dit Laharpe. — On dirait bien, néanmoins, l'*horreur des affronts*.

Acte II, scène IV, page 289.

Nous préservent les Cieux d'un si funeste abus,
Berceau de la mollesse, et tombeau des vertus !

Berceau et *tombeau* forment dans ce vers une affectation blâmable. — Elle est d'autant plus sensible, que toute cette scène est d'un goût pur et sévère.

Acte III, scène II, page 293.

Tous les cœurs des Romains,.....
Dans ces solennités, volant devant Titus.

Cette expression des *cœurs qui volent devant Titus*, peut paraître hasardée. Mais Racine a dit :

Je vois voler partout les cœurs à mon passage.

Acte III, scène VII, page 306.

Vous pensez me réduire au malheur nécessaire
D'être ou le délateur, ou complice d'un frère.

Il faudrait, pour la régularité, *ou le complice*.

Acte IV, scène III, page 313.

Tout mon sang est à toi, *qui te répond du sien.*

Construction qui peut être permise en poésie, mais qui n'est point exacte en prose. Il faudrait répéter, *tout mon sang qui,* etc.

Dans le vers suivant,

Notre amour, mon hymen, mes jours en sont le gage,

On ne saurait trop dire sur quoi tombe ce mot *gage.* Le *gage* de quoi? le sens se devine; mais il n'est pas exprimé.

Ibid. même page.

Ah! c'est trop essuyer tes indignes murmures,
Tes vains engagements, tes plaintes, tes injures.

Essuyer tes engagements, ces mots ne vont point ensemble. — Voltaire a sans doute cru pouvoir faire passer ces mots à la faveur des autres.

Acte IV, scène IV, page 315.

Maîtresse, amis, Romains, je perds tout en un jour.

Je perds tout : ce mot est employé ici en deux sens différents. *Je perds ma maîtresse et mes amis* exprime la perte réelle que fait Titus. *Je perds les Romains* exprime la perte dont il menace les Romains. — Y a-t-il de l'art dans ce rapprochement, ou un défaut de style?

Acte IV, scène VII, page 319.

Arrêter un Romain sur de simples soupçons,
C'est agir en tyrans, *nous* qui les punissons.

Voilà de ces hardiesses qui enrichissent la langue. Cette construction n'est pas usitée, et elle est nécessaire.

Acte V, scène I, page 321.

J'attendais que du moins l'appareil des supplices
De sa bouche infidèle arrachât (sous-entendu l'*aveu* de) ses complices.

Figure hardie, mais difficile à condamner en poésie.

Acte V, scène VII, page 330.

Mais ce moment passé, mes remords infinis
Ont égalé mon crime, et vengé mon pays.

Remords *infinis*, le mot est impropre. — Ce mot qui paraît dire beaucoup, et qui motive *ont égalé*, n'a plus d'ailleurs qu'un sens vague. On le trouve aussi employé pour la rime dans *Mahomet*.

Voyez la Remarque (acte I, scène IV).

FIN DU COMMENTAIRE GRAMMATICAL DU PREMIER VOLUME.

TABLE DES PIÈCES

CONTENUES

DANS CE VOLUME.

Préface des Éditeurs............................ Pag. j
OEDIPE, tragédie avec des chœurs............... 1
   Lettres à M. de Genonville, concernant la critique de l'*OEdipe* de Sophocle, de l'*OEdipe* de Corneille, et de celui de Voltaire.
      Ire Lettre.............................. 5
      IIe Lettre.............................. 6
      IIIe Lettre............................. 8
      IVe Lettre............................. 25
      Ve Lettre.............................. 35
      VIe Lettre............................. 45
      VIIe Lettre............................ 49
   Préface de l'édition de 1729................. 57
   Épître dédicatoire à Madame, femme du Régent..... 76
   Variantes.................................. 147
MARIAMNE, tragédie............................. 151
   Préface de la première édition.................. 153
   Extrait de la préface de l'édition de 1730........ 160
   Variante................................... 230
BRUTUS, tragédie............................... 235
   Discours sur la Tragédie. A milord Bolingbroke..... 237
Commentaire grammatical.......................... 334

L.-É. HERHAN, IMPRIMEUR-STÉRÉOTYPE,
RUE TRAÎNÉE, N°. 15, PRÈS DE SAINT-EUSTACHE.

www.ingramcontent.com/pod-product-compliance
Lightning Source LLC
Chambersburg PA
CBHW070847170426
43202CB00012B/1975